Lyon

Cofondateurs : Philippe GLOAGUEN et Michel DUVAL

Directeur de collection et auteur
Philippe GLOAGUEN

Rédacteurs en chef adjoints
Amanda KERAVEL
et Benoît LUCCHINI

Directrice de la coordination
Florence CHARMETANT

Directrice administrative
Bénédicte GLOAGUEN

Directeur du développement
Gavin's CLEMENTE-RUÏZ

Direction éditoriale
Catherine JULHE

Rédaction
Isabelle AL SUBAIHI
Mathilde de BOISGROLLIER
Thierry BROUARD
Marie BURIN des ROZIERS
Véronique de CHARDON
Fiona DEBRABANDER
Anne-Caroline DUMAS
Géraldine LEMAUF-BEAUVOIS
Olivier PAGE
Alain PALLIER
Anne POINSOT
André PONCELET

Conseiller à la rédaction
Pierre JOSSE

Administration
Carole BORDES
Éléonore FRIESS

2017

hachette

TABLE DES MATIÈRES

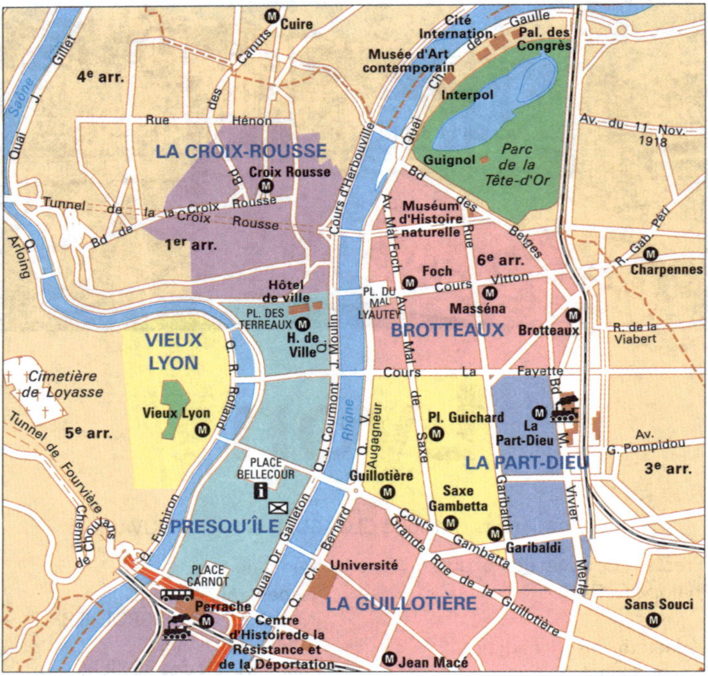

PRÉAMBULE

Recommandation à ceux qui souhaitent profiter des réductions et avantages proposés dans *Le Routard* par les hôteliers et les restaurateurs.

À l'hôtel, pensez à les demander au moment de la réservation ou, si vous n'avez pas réservé, **à l'arrivée.** Ils ne sont valables que pour les réservations en direct et ne sont pas cumulables avec d'autres offres promotionnelles (notamment sur internet). Au restaurant, parlez-en **au moment** de la commande et surtout **avant** que l'addition soit établie. Poser votre *Routard* sur la table ne suffit pas : le personnel de salle n'est pas toujours au courant et une fois le ticket de caisse imprimé, il est souvent difficile de modifier le total. En cas de doute, montrez la notice relative à l'établissement dans *Le Routard* de l'année et, bien sûr, ne manquez pas de nous faire part de toute difficulté rencontrée.

☎ **112 :** c'est le numéro d'urgence commun à la France et à tous les pays de l'UE, à composer en cas d'accident, agression ou détresse. Il permet de se faire localiser et aider en français, tout en améliorant les délais d'intervention des services de secours.

La maison Henri-IV

© Vauthier/wallis.fr

LA RÉDACTION DU ROUTARD

(sans oublier nos 50 enquêteurs, aussi sur le terrain)

© R. Delalande et E. Dessons

Thierry, Anne-Caroline, Éléonore, Olivier, Pierre, Benoît, Alain, Fiona, Gavin's, André, Véronique, Bénédicte, Jean-Sébastien, Mathilde, Amanda, Isabelle, Géraldine, Marie, Carole, Philippe, Florence, Anne.

La saga du *Routard* : en 1971, deux étudiants, Philippe et Michel, avaient une furieuse envie de découvrir le monde. De retour du Népal germe l'idée d'un guide différent qui regrouperait tuyaux malins et itinéraires sympas, destiné aux jeunes fauchés en quête de liberté. 1973. Après 19 refus d'éditeurs et la faillite de leur première maison d'édition, l'aventure commence vraiment avec Hachette. Aujourd'hui, Le *Routard*, c'est plus d'une cinquantaine d'enquêteurs impliqués et sincères. Ils parcourent le monde toute l'année dans l'anonymat et s'acharnent à restituer leurs coups de cœur avec passion.

Merci à tous les Routards qui partagent nos convictions : liberté et indépendance d'esprit ; découverte et partage ; sincérité, tolérance et respect des autres.

NOS SPÉCIALISTES LYON

Gérard Bouchu : bourguignon d'origine, donc volontiers sédentaire, devenu par hasard journaliste spécialisé dans les voyages et la gastronomie. Il a ajouté en 1995 un sac à dos à ses sacs isothermes, pour pouvoir travailler tout en gardant le goût des pays visités. Trekkeur urbain plus que voyageur solitaire, il a toujours aussi soif et faim de nouveautés.

Amanda, Mathilde et Marie : quand l'une arpente les routes bretonnes en quête de la meilleure pâte à crêpes, l'autre explore le bocage normand à coups de gorgées de cidre, pendant que la troisième chausse les skis pour dégoter le meilleur refuge alpin. La curiosité, l'enthousiasme et la gourmandise sont leur meilleur sonar, que complètent deux décennies d'expérience à user leurs semelles sur les routes de l'Hexagone. Un trio complice et indépendant qui essaie, entre deux voyages, de garder la ligne.

UN GRAND MERCI À NOS AMI(E)S SUR PLACE

Pour cette nouvelle édition, nous remercions particulièrement :

- **Stéphanie Engelvin** et l'équipe de l'office de tourisme Pavillon Only Lyon.
- Vous, chers lecteurs, pour votre abondant courrier, dans lequel nous trouvons une foule d'infos, les bons plans, les moins bons – et des critiques qui nous permettent d'avancer.

Pictogrammes du Routard

Établissements

- Hôtel, auberge, chambre d'hôtes
- Camping
- Restaurant
- Boulangerie, sandwicherie
- Glacier
- Café, salon de thé
- Café, bar
- Bar musical
- Club, boîte de nuit
- Salle de spectacle
- Office de tourisme
- Poste
- Boutique, magasin, marché
- Accès Internet
- Hôpital, urgences

Sites

- Plage
- Site de plongée
- Piste cyclable, parcours à vélo

Transports

- Aéroport
- Gare ferroviaire
- Gare routière, arrêt de bus
- Station de métro
- Station de tramway
- Parking
- Taxi
- Taxi collectif
- Bateau
- Bateau fluvial

Attraits et équipements

- Présente un intérêt touristique
- Recommandé pour les enfants
- Adapté aux personnes handicapées
- Ordinateur à disposition
- Connexion wifi
- Inscrit au Patrimoine mondial de l'Unesco

Tout au long de ce guide, découvrez toutes les photos de la destination sur • *routard.com* • Attention au coût de connexion à l'étranger, assurez-vous d'être en wifi !

Le *Routard* est imprimé sur un papier issu de forêts gérées.

I.S.B.N. 978-2-01-323693-5

CALUIRE-ET-CUIRE
voir plan détachable
4e arr.
LA CROIX-ROUSSE
1er arr.
9e arr.
6e arr.
BROTTEAUX
VIEUX LYON
FOURVIÈRE
5e arr.
LA PART-DIEU
PRESQU'ÎLE
LA GUILLOTIÈRE
CONFLUENCE
2e arr.
7e arr.
SAINTE-FOY-LÈS-LYON
LA MULATIÈRE
OULLINS
SAINT-FONS
voir plan Confluence
Gare de Vaise
Valmy
Gorge de Loup
Cimetière de Loyasse
Vieux Lyon
Cuire
Croix Rousse
Hôtel de ville
PL. DES TERREAUX
H. de Ville
Cité Internation.
Pal. des Congrès
Musée d'Art contemporain
Interpol
Guignol
Parc de la Tête-d'Or
Foch
Masséna
Brotteaux
PL. DU MAL LYAUTEY
Pl. Guichard
La Part-Dieu
PLACE BELLECOUR
Guillotière
Saxe Gambetta
Garibaldi
PLACE CARNOT
Perrache
Université
Centre d'Histoire de la Résistance et de la Déportation
Jean Macé
LA MOUCHE
Place Jean Jaurès
Musée des Confluences
Halle Tony-Garnier
Debourg
St. de Gerland
Cité Scolaire Internationale
Aquarium de Lyon
Stade de Gerland
Mur peint de la Coupe du monde
MÂCON, PARIS
ST-ÉTIENNE, MARSEILLE
A 6
A 7
N 6
Bd Périphérique
Tunnel de Fourvière
Tunnel de la Croix Rousse
Saône
Rhône

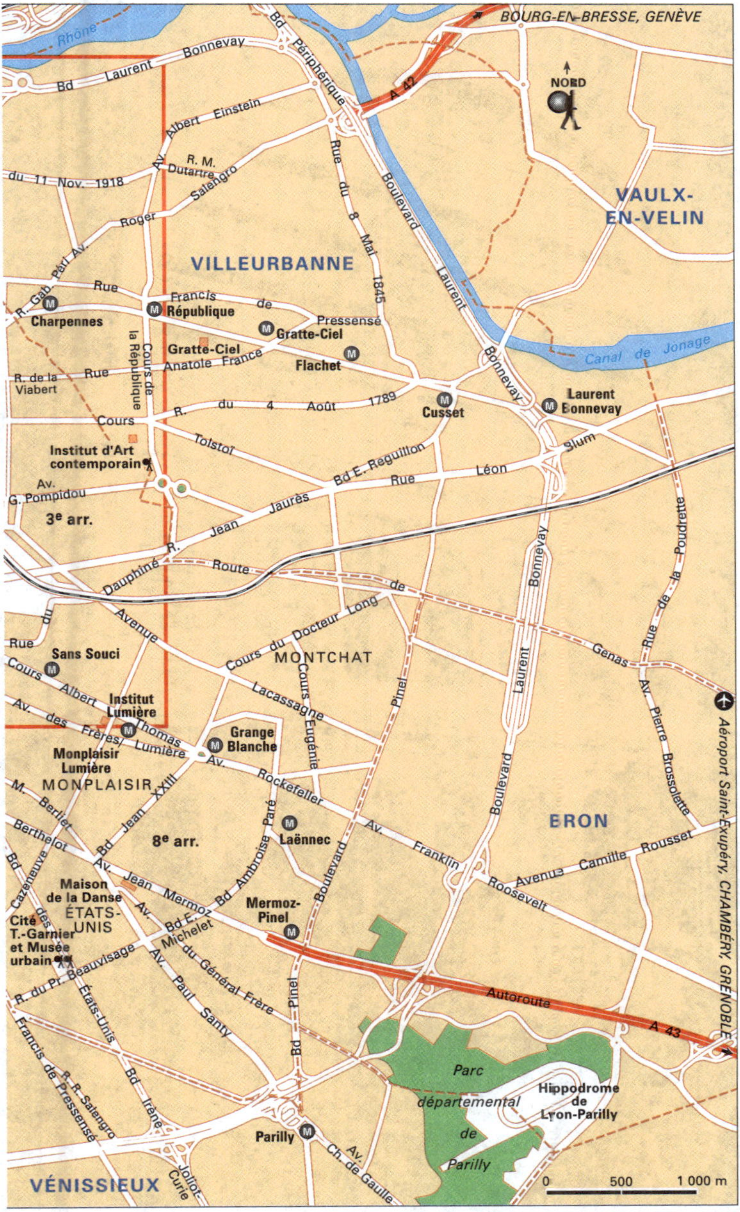

BOURG-EN-BRESSE, GENÈVE
NORD
Rhône
VAULX-EN-VELIN
VILLEURBANNE
Canal de Jonage
Charpennes
République
Gratte-Ciel
Flachet
Cusset
Laurent Bonnevay
Institut d'Art contemporain
3e arr.
MONTCHAT
Sans Souci
Institut Lumière
Grange Blanche
Monplaisir Lumière
MONPLAISIR
8e arr.
Laënnec
BRON
Maison de la Danse
ÉTATS-UNIS
Cité T.-Garnier et Musée urbain
Mermoz-Pinel
Aéroport Saint-Exupéry, CHAMBÉRY, GRENOBLE
A 43
Autoroute
A 42
Parc départemental de Parilly
Hippodrome de Lyon-Parilly
Parilly
VÉNISSIEUX
0 500 1 000 m

LYON

L'opéra de Lyon

Façade de l'opéra de Lyon © Jean Nouvel/ADAGP, Paris, 2016
© Rieger Bertrand/hemis.fr

Entre Saône et Rhône, l'ancienne capitale des Gaules, de la soie et de l'imprimerie, Lyon la bonne vivante, est devenue l'une des métropoles majeures de la France et de l'Europe actuelle, sur le plan économique, gastronomique mais aussi, ce qui ravit les Lyonnais, sur le plan culturel. On la disait secrète, froide, frimeuse. C'était peut-être vrai, mais on l'aimait déjà avec ses travers et on l'aime encore plus maintenant qu'elle s'épanouit. L'Unesco, qui a inscrit 500 ha de la cité au Patrimoine mondial de l'humanité, ne s'y est pas trompé. Les façades du vieux Lyon et de la Croix-Rousse ont un peu plus de rose aux joues chaque année, comme pour rapprocher la cité de la Méditerranée. Et pour ceux qui la traversent en voiture, et pestent contre ses embouteillages, Lyon s'est dotée d'un musée symbole, à la confluence de la Saône et du Rhône, qui ne passe pas inaperçu. Une invitation à faire halte pour découvrir un musée aux multiples facettes et qui est devenu l'un des plus visités de France.
La ville dont on célébrait à la fin du siècle dernier les murs peints et les bouchons, les marchés de jour et les éclairages de nuit, les ponts jetés entre deux mondes, deux styles de vie, entre Fourvière et la Croix-Rousse, ne cesse d'évoluer. Aujourd'hui, les amoureux du street art et du polar se retrouvent sur ses rives, profitent d'une ville verte ayant reconquis ses berges, une ville où le piéton, le cycliste, le tramway se partagent l'espace libéré par les voitures. Ville du passé, attachée à ses traditions, à ses cercles, Lyon est aussi, et c'est ce qui fait sa force et son charme, une ville de créateurs où l'art de vivre tient plus de « l'art » que du cochon, désormais, au cas où vous en seriez encore à l'image des vieux « bouchons » que certains gardent dans leur jus, pour plaire aux visiteurs étrangers. Une ville où les jeunes chefs, les petits-fils de monsieur Paul, sont rois.

© Spani Arnaud/hemis.fr

Le vieux Lyon

NOS COUPS DE CŒUR

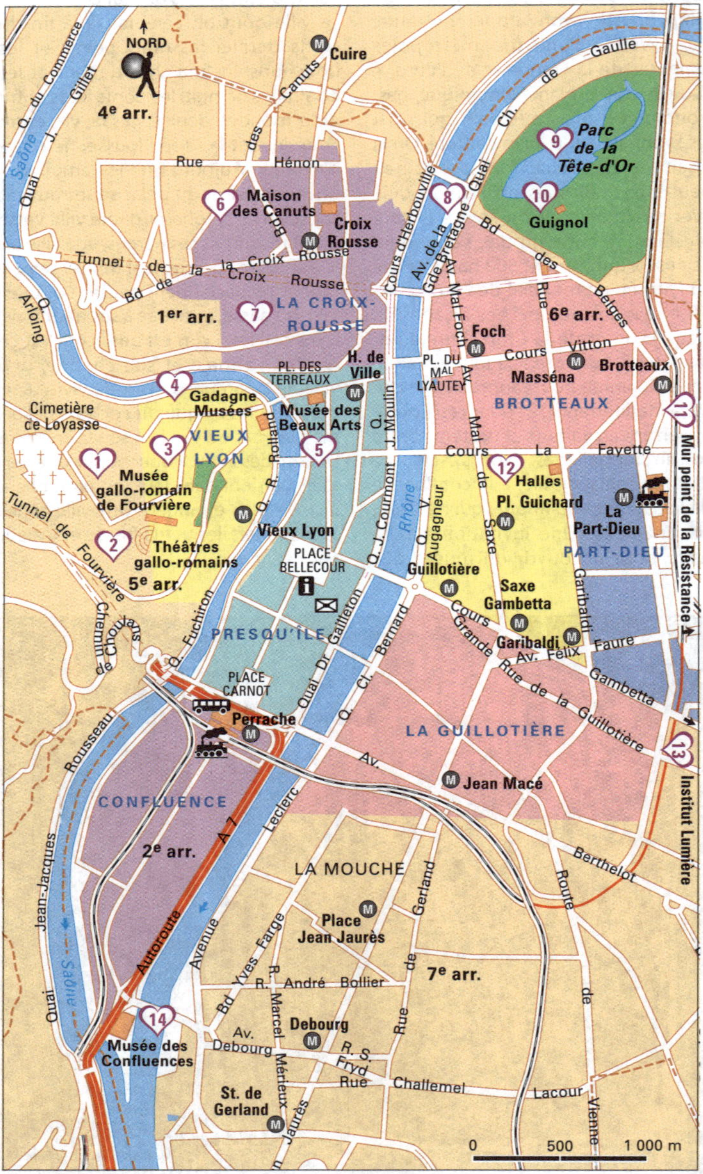

1 **Prenez la « ficelle » pour accéder à l'esplanade de la basilique de Fourvière afin d'embrasser le panorama le plus grandiose de la ville.** Fichée au sommet de sa colline, la basilique de Fourvière fut élevée dans la seconde moitié du XIXe s à la suite d'un vœu : les Lyonnais avaient promis que si les Prussiens n'envahissaient pas la ville, ils bâtiraient un vaste édifice religieux. Allure massive, créneaux, tourelles, ce château fort du Ciel possède ses passages dérobés, ses souterrains, ses tribunes… et un observatoire public aménagé dans une des tours. De là-haut, vue inoubliable. Et ne passez pas à côté du musée gallo-romain de Lyon-Fourvière, aussi intéressant par son architecture souterraine que par son contenu, qui retrace les origines de Lyon. *p. 78*

Participer à l'un des nombreux festivals de la ville.
Notamment à celui des Nuits de Fourvière, pendant lequel, de juin à début août, toutes les musiques et tous les publics se rencontrent dans le site chargé d'histoire de l'amphithéâtre romain de Fourvière. Sous le ciel étoilé, on peut écouter la bossa-nova de Gilberto Gil, découvrir Bartabas et ses chevaux, assister à un concert de Björk ou à un récital de Montserrat Caballé. *p. 137*
Bon à savoir : • nuits-de-fourviere.com •

Trabouler, évidemment !
Notamment dans le vieux Lyon, où les traboules, ces passages privés permettant de passer d'une rue à l'autre, traversent quelques superbes cours intérieures Renaissance qui dévoilent souvent, par la même occasion, un escalier à vis et un puits. *p. 84*

4 **Prendre une demi-journée pour visiter les Gadagne musées, véritable voyage dans le temps, dont on ressort avec un regard neuf, ému, sur la ville et sur l'univers des marionnettes.**

Achevée en 2009, la rénovation du musée d'Histoire de Lyon et du musée des Marionnettes du monde est une belle réussite, d'abord sur le plan architectural. Il a fallu respecter l'édifice, remarquable demeure Renaissance classée Monument historique, tout en créant de nouveaux espaces pour accueillir les collections de ces deux musées majeurs. Pour profiter de la vue sur Lyon, déjeunez sur place ! *p. 89*

5 **Découvrir le formidable musée des Beaux-Arts de la ville, tout particulièrement pour admirer les tableaux d'artistes modernes, offerts par la compagne de Sacha Guitry.**

Le musée, situé dans une ancienne abbaye bénédictine, abrite un cloître magnifique transformé au XIXe s en jardin public. Parmi les statues au grand air, deux œuvres de Rodin ainsi qu'un bronze de Bourdelle. Le musée des Beaux-Arts, intelligemment rénové par les architectes Dubois et Wilmotte, est le plus grand musée régional français. 70 salles couvrent l'art pharaonique jusqu'aux peintures du XXe s.
p. 101

6 Découvrir le passé textile de la ville en visitant la Maison des Canuts, dans le quartier de la Croix-Rousse.

La Maison des Canuts est le seul lieu où fonctionne encore un métier à tisser Jacquard. Ses perfectionnements permirent le développement de la soierie lyonnaise, et transformèrent également la ville et son urbanisme. La visite, commentée, est passionnante. On comprend mieux comment, en 5 siècles d'histoire, Lyon a été façonnée par le textile. Elle permet également de saisir la complexité du savoir-faire et la sophistication des productions que l'on ira ensuite admirer au musée des Tissus et des Arts décoratifs sur la presqu'île. *p. 76*

7 **Arpenter les pentes de la Croix-Rousse en fin de journée et écluser un verre de beaujolais à l'heure de l'apéritif.**

Le quartier des canuts et des traboules, perché sur sa colline, regarde de haut l'agitation de la presqu'île à ses pieds. Héritiers des établissements où se réunissait une classe ouvrière rebelle, les bars de la Croix-Rousse sont certainement les plus accueillants de la ville. Les pentes, ces ruelles étroites qui montent vers la Croix-Rousse, sont jonchées de bistrots. Ouvrez les yeux et les oreilles, vous n'aurez aucun mal à trouver où faire une halte. *p. 107*

8 **Se promener sur les rives de la Saône jalonnées d'œuvres d'art en remontant au nord jusqu'à l'île Barbe...**

... enfourcher un Vélo'V, un de ces vélos en libre-service, ou chausser ses rollers puis traverser le tunnel des modes doux à la Croix-Rousse pour ensuite arpenter les berges aménagées du Rhône, entre le parc de la Tête-d'Or et le quartier de la Confluence. Les aménagements, sur la rive gauche des berges du Rhône, ont tracé sur 7 km de long, du parc de la Tête-d'Or au parc de Gerland, des pistes cyclables, terrasses, cafés, restaurants... Une belle invitation à la balade ! *p. 111*

9 Flâner le dimanche après-midi au parc de la Tête-d'Or.
Faire du vélo dans les allées, prendre le soleil allongé sur la pelouse, visiter le jardin botanique, s'extasier devant la grande roseraie aux beaux jours, applaudir Guignol, singer les animaux du jardin zoologique, qui compte environ 400 pensionnaires… En un mot, décompresser dans ce magnifique poumon de verdure, devenu le rendez-vous de nombreux Lyonnais. Il faut dire qu'avec ses 117 ha, c'est l'un des plus grands parcs urbains de France. *p. 111*
Bon à savoir : *l'ensemble du parc, ouvert de 6h à 20h30 (22h30 en été), est entièrement gratuit.*

© René Mattes © Véritable Théâtre Guignol du Vieux Lyon & du Parc

10 **Assister à un spectacle de Guignol, quel que soit l'âge de ses artères.** Laurent Mourguet, canut au chômage, créa en 1808 le personnage de Guignol, à la fois naïf et roublard, proche des préoccupations populaires. Avant de devenir marionnettiste professionnel, il était arracheur de dents dans les foires, et ses marionnettes permettaient de distraire ses patients ! Petits et grands se tordent encore de rire aux aventures de Guignol et aux coups de bâton reçus par le gendarme. Et pan, et pan, et pan ! Émotion garantie ! Allez donc le voir au théâtre du parc de la Tête-d'Or, ou dans nos adresses citées dans la rubrique « Le théâtre de Guignol ». *p. 75*

© Wilfried Louvet/onlyfrance.fr

11 **Sillonner la ville et pousser jusqu'au quartier des États-Unis à la recherche des plus beaux murs peints.**

Il fut un temps où les murs aveugles étaient tristes et gris. Au début des années 1980, de jeunes artistes proposèrent de leur donner couleur et vie. Par le biais de grandes fresques, ils choisirent d'évoquer les célébrités lyonnaises, l'imprimerie, les tisseurs de soie, le cinéma, les grands cuisiniers… et bien d'autres choses encore. En tout, il en existe près de 150 ! Le nez en l'air, partez à la découverte de cette immense galerie à ciel ouvert qui donne une autre vision de la ville. *p. 119*

12 Allez faire un tour aux halles de Lyon, un monument en béton élevé à la gloire de la cuisine lyonnaise.

Juste pour déjeuner sur place et/ou rapporter quelques spécialités lyonnaises à la maison. Rosette, saucisson de Lyon, saucisson à cuire, sabodet, cervelas pistaché et/ou truffé, fromages en tout genre, vins des coteaux lyonnais… *p. 62*

13 **Arrêt sur image à l'Institut Lumière, dans le 8e arrondissement de Lyon, nouvelle zone industrielle de la ville dès le début du XIXe s.**
Dans l'imposante villa des frères Lumière, on se captive pour l'histoire de cette famille hors du commun, à l'origine d'inventions géniales. C'est bien là qu'est né le cinéma en 1895. Les amateurs s'assiéront avec émotion dans la magnifique salle de projection, ouverte en fonction des séances. *p. 117*
Bon à savoir : *séances tlj sf lun et séance jeune public mer et sam 14h30.*

© Forget-Sagaphoto/onlyfrance.fr

14 **Côtoyer un monumental squelette de dinosaure ou de mammouth au musée des Confluences, qui interroge la terre depuis les origines et l'humanité dans son histoire et sa géographie.**

Un musée à l'image de la ville aux multiples facettes, qui est entrée de plain-pied dans le monde actuel tout en ne cessant de tisser des liens avec son passé. Profiter de cette incursion à la confluence de la Saône et du Rhône pour découvrir cette ancienne zone industrielle reconvertie en quartier aux innovantes réalisations architecturales. C'est actuellement l'un des plus grands chantiers européens ! *p. 122*

© Wilfried Louvet/onlyfrance.fr

15 **Reprendre des forces dans un bouchon en commandant les incontournables de la cuisine lyonnaise avec un pot de beaujolais.**

Il est quasiment impossible de passer à Lyon sans s'arrêter au moins une fois dans un bouchon, ces institutions où l'on sert les plats traditionnels locaux : andouillette, tête de veau, saucisson chaud, cervelle de canut (fromage blanc aux herbes)... La tradition a du bon et il reste quelques lieux vraiment typiques. Mais attention aux intitulés bouchonnants : dans le vieux Lyon, certains restos n'ont parfois de bouchon que le nom. Alors, méfiez-vous des imitations ! *p. 48, 143*

Bon à savoir : *pour trier le bon grain de l'ivraie, se fier aux adresses labellisées (voir, par exemple, • lesbouchonslyonnais.org •)*

© René Mattes

16 **Passer une nuit blanche pour admirer sites, quais et monuments magnifiquement illuminés.**

S'appuyant sur sa traditionnelle Fête des lumières qui se déroule autour du 8 décembre, Lyon brille chaque jour de mille feux dès que le soleil disparaît derrière la colline de Fourvière. Le plan Lumière illumine toutes les nuits 250 monuments, sites et quais. Conçues et scénographiées par le célèbre ingénieur lumière Alain Guilhot, ces illuminations magnifiques mettent en valeur le patrimoine architectural de la ville, attirent le regard sur des détails oubliés, donnent un relief exceptionnel aux cours d'eau qui se rejoignent à Lyon. C'est bien la ville des frères Lumière ! *p. 138*

Lu sur routard.com

Balades dans Lyon
(tiré du carnet de voyage d'Émilie Kovacs)

Lyon a le don d'émerveiller ses visiteurs grâce à ses nombreux sites, musées et monuments. Mais la capitale des Gaules séduit aussi par sa simplicité, son art de vivre et son dynamisme. Voici des idées de balades dans Lyon, à faire sans modération !

L'esplanade de la ***colline de Fourvière*** offre une vue imprenable sur la ville. L'imposante basilique de Fourvière est dominée par la statue de l'Immaculée Conception en bronze doré. Installée sur le clocher le 8 décembre 1852, elle rend hommage à la Vierge, qui aurait protégé les Lyonnais de la peste et du choléra. Depuis, chaque 8 décembre, les habitants célèbrent la fête des Lumières. Baladez-vous dans le charmant parc des Hauteurs, avant de vous diriger vers le plus ancien théâtre antique gallo-romain de France, au caractère majestueux. Vous pourrez ensuite descendre vers le ***vieux Lyon*** par la rue de l'Antiquaille puis la montée Saint-Barthélemy. Découvrir absolument l'horloge astronomique de la cathédrale Saint-Jean, faire une visite guidée des traboules, se régaler dans un bouchon et finir en flânant le long des quais de Saône.

Perché sur la colline du même nom, le quartier coloré de la ***Croix-Rousse*** recèle de jolis points de vue, des cafés-théâtres, des placettes, des escaliers dérobés et des ateliers d'artistes. C'est ici que les canuts travaillaient autrefois le tissage de la soie. Un art à découvrir lors d'une visite à la Maison des Canuts, mais aussi sur le mur peint des Canuts. En redescendant vers les quais de Saône, vous croiserez les anciennes usines de Vaise, réhabilitées en cinémas. Puis direction l'île Barbe : ce site médiéval est un petit paradis de verdure très agréable pour les promeneurs. Cap ensuite de l'autre côté de la presqu'île de Lyon, sur les bords du Rhône, pour vous rendre au parc de la ***Tête-d'Or.*** Véritable poumon vert, il comprend un lac, un zoo, une roseraie et un jardin botanique.

La presqu'île est le centre-ville de Lyon. Commencez votre exploration place Bellecour où trône la statue équestre de Louis XIV, imaginée par Lemot. Pour une virée shopping, arpentez les rues en traversant la place des Jacobins, celle des Célestins et celle des Terreaux, où jaillit la fontaine de Buren. Attardez-vous ensuite au musée des Beaux-Arts, et dans les coulisses de l'opéra revisité par Jean Nouvel. La presqu'île est particulièrement animée la nuit. Les Lyonnais comme les touristes se pressent dans les restaurants de la rue des Marronniers, et les fêtards dans les bars de la rue Sainte-Catherine et des pentes de la Croix-Rousse. À l'extrême sud de la presqu'île se trouve le nouveau quartier ***Confluence,*** à l'architecture contemporaine. Point d'orgue de ce secteur en pleine mutation, le musée des Confluences est dédié à l'histoire naturelle et aux sociétés du monde.

Retrouvez l'intégralité de cet article sur

routard.com

Et découvrez plein d'autres récits et infos

ITINÉRAIRES CONSEILLÉS

Une journée

Avant tout déplacement, achetez la précieuse ***Lyon City Card*** qui permet l'accès illimité aux transports en commun et aux musées. Promenade dans la presqu'île le matin, depuis la gare de Lyon-Perrache ***(place Carnot ; 1)*** jusqu'à la ***place des Terreaux (3)*** en passant par la ***place Bellecour (2),*** centre névralgique de la ville. De part et d'autre de la ***rue Victor-Hugo (4)*** et de la ***rue de la République (5),*** piétonnes et commerçantes, des découvertes réjouissantes vous attendent, comme le ***quartier résidentiel d'Ainay (6),*** le ***musée de l'Imprimerie et de la Communication graphique (7),*** installé dans un hôtel Renaissance, ou encore ***l'opéra (8)*** réhabilité par Jean Nouvel. Déjeunez en terrasse ou dans une de nos petites adresses dans l'air du temps. En début d'après-midi, traversez la Saône pour une visite (guidée si possible) du ***vieux Lyon (9).*** Vous arrivez ***quartier Saint-Paul (10).*** La ***rue de la Juiverie (11),*** surtout occupée par des artisans d'art, était jusqu'au

XIVe s l'épicentre du quartier juif. Les remarquables ***Gadagne musées (12),*** consacrés à l'Histoire de Lyon et aux marionnettes du monde, sont incontournables. Réservez le passionnant musée Miniature et Cinéma pour un autre jour et admirez la ***cathédrale Saint-Jean (13).*** Le funiculaire vous fera grimper à la ***basilique de Fourvière (14).*** Depuis l'esplanade, la vue sur la ville est saisissante ! Finissez la journée en flânant dans la pittoresque ***rue Saint-Georges (15)*** qui a conservé son tracé médiéval. Dans cette rue, le ***musée des Automates (16)*** ravira les amateurs du genre. Dîner dans un bouchon centenaire, où la quenelle est maison et l'ambiance joyeuse.

2 jours

Le temps d'une montée en ficelle, prolonger la balade du vieux Lyon par un coup d'œil aux magnifiques ***ruines gallo-romaines (1),*** sans faire l'impasse sur le ***musée de Fourvière (2).*** Ajouter aux visites de la 1re journée la découverte d'un autre ***musée*** original, ***Miniature et Cinéma (3),*** qui ravira les amoureux du 7e art. Et si vous traînez sur les quais Romain Rolland un dimanche matin, jetez un œil au ***marché de la Création (4)*** qui réunit peintres, sculpteurs, créateurs de bijoux… Déjeuner dans un restaurant tenu par l'un des jeunes chefs qui font aujourd'hui la réputation de la ville, sur la presqu'île de préférence pour pouvoir rayonner facilement, et compléter votre visite des musées : ***musée des Beaux-Arts (5), musée des Tissus et des Arts décoratifs (6).*** C'est le moment de partir explorer la colline de la ***Croix-Rousse (7)*** dont les pentes présentent de nombreux points de vue. En soirée, la ville propose également tout un programme de réjouissances. De nombreux spectacles originaux et abordables sont montés à ***l'opéra (8),*** à l'espace culturel ***Les Subsistances (9)*** ou à la ***Maison de la Danse (10).*** Ne pas oublier non plus les ***spectacles de Guignol,*** notamment ceux donnés en soirée par le collectif des Zonzons ***(11).***

La Saône, vue de la presqu'île

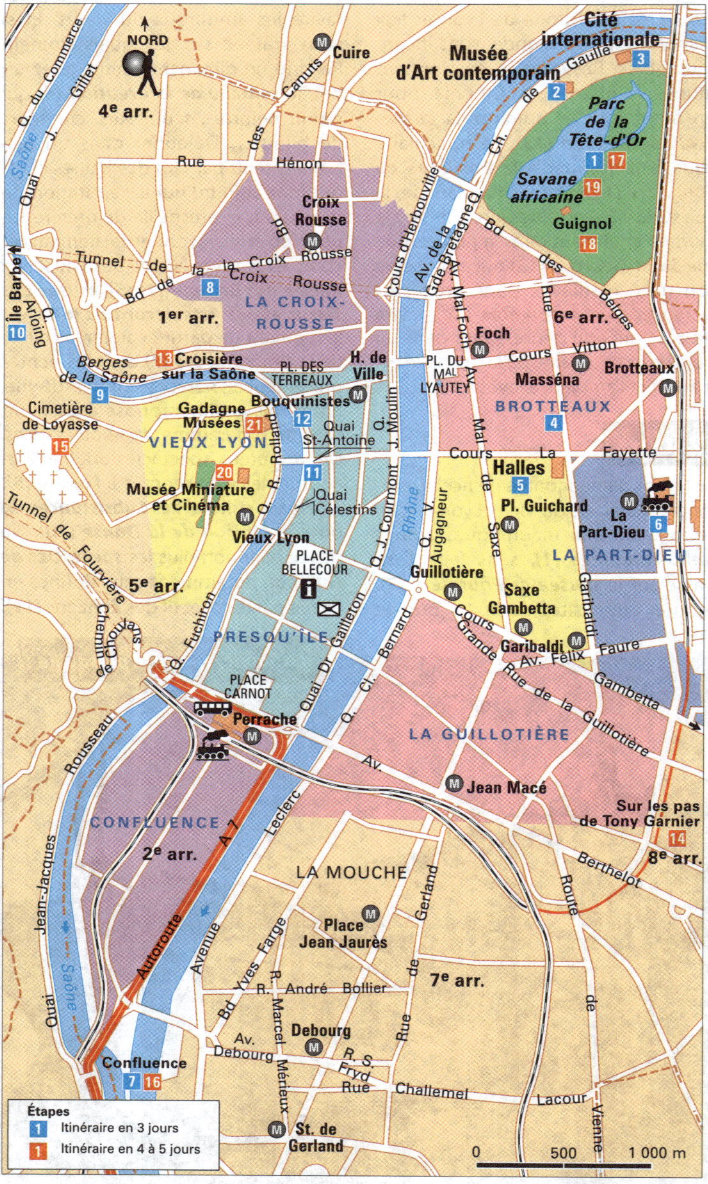
NORD
4e arr.
Cuire
Musée d'Art contemporain
Cité internationale
Parc de la Tête-d'Or
Savane africaine
Guignol
Croix Rousse
LA CROIX-ROUSSE
1er arr.
6e arr.
Foch
Brotteaux
Masséna
BROTTEAUX
Croisière sur la Saône
Berges de la Saône
H. de Ville
PL. DES TERREAUX
PL. DU Mal LYAUTEY
Bouquinistes
Cimetière de Loyasse
Gadagne Musées
VIEUX LYON
Quai St-Antoine
Halles
Musée Miniature et Cinéma
Quai Célestins
Pl. Guichard
La Part-Dieu
LA PART-DIEU
Vieux Lyon
PLACE BELLECOUR
5e arr.
Guillotière
Saxe Gambetta
PRESQU'ÎLE
Garibaldi
PLACE CARNOT
Perrache
LA GUILLOTIÈRE
Jean Macé
Sur les pas de Tony Garnier
CONFLUENCE
2e arr.
8e arr.
LA MOUCHE
Place Jean Jaurès
7e arr.
Debourg
Confluence
St. de Gerland
Étapes
Itinéraire en 3 jours
Itinéraire en 4 à 5 jours
0 500 1 000 m

3 jours

Vous avez tout le loisir d'aller vous promener dans le ***parc de la Tête-d'Or (1)*** et de pousser jusqu'au ***musée d'Art contemporain (2)*** et à la ***Cité internationale (3).*** Pour ménager vos guiboles, optez pour le ***Vélo'V,*** les fameux vélos en libre-service : les longues allées du parc s'étirent à perte de vue ! D'un coup de pédales, traversez l'élégant ***quartier des Brotteaux (4),*** et à midi, faites une pause ***aux halles*** (***5 ;*** fermées le lundi), le ventre toujours aussi gourmand de Lyon. Si vous avez un train à prendre, la ***gare de la Part-Dieu (6)*** est toute proche. Par beau temps, n'hésitez pas à longer ***les berges du Rhône*** à vélo et à vous laisser descendre vers ***Confluence (7).*** En remontant le fleuve rive gauche, cap sur le ***tunnel de la Croix-Rousse (8),*** réservé aux modes de déplacement doux, avant de rejoindre les ***berges de la Saône (9).*** La balade se poursuit vers ***l'île Barbe (10),*** au nord. Vous pouvez aussi, le dimanche matin, flâner sur les quais de Saône, du ***quai Saint-Antoine au quai des Célestins (11),*** en musardant au marché, puis aller jusqu'au ***quai de la Pêcherie*** et ses ***bouquinistes (12).*** Offrez-vous, le soir, un bar à vins pour vous réconcilier avec e Beaujolais tout proche.

4 à 5 jours

Enfin, ne pensez pas être désœuvré si vous disposez de 4 ou 5 jours : pourquoi pas une ***croisière sur la Saône (13),*** une promenade guidée dans le 8e arrondissement, ***sur les pas de Tony Garnier (14),*** l'exploration du ***cimetière de Loyasse (15)...*** Gardez des forces pour découvrir le nouveau quartier autour de la ***Confluence (16),*** ville du futur en perpétuelle mutation, et, l'été, préférez la navette fluviale pour vous y rendre.

Si vous voyagez avec vos enfants, c'est au ***parc de la Tête-d'Or (17)*** qu'ils voudront retourner, entre deux visites, pour revoir les facéties de ***Guignol (18),*** la ***Savane africaine (19),*** le petit train et les nombreuses animations. Les musées de la ville proposent également de nombreux ateliers thématiques destinés aux bambins, sans compter ceux qui leur sont particulièrement consacrés : ***musées Miniature et Cinéma (20),*** des ***Marionnettes du monde à Gadagne musées (21),*** etc. Bon voyage !

La soierie Saint-Georges

© Tripelon-Jarry/onlyfrance.fr

Le quartier de la Confluence

BON À SAVOIR AVANT LE DÉPART

ABC de Lyon

- ***Chef-lieu*** du département du Rhône (69) et capitale de la région Auvergne-Rhône-Alpes.
- ***Population :*** 496 300 hab. (les Lyonnais), 3e ville française.
- ***Le Grand Lyon :*** 1,3 million d'habitants. La communauté urbaine regroupe 59 communes.
- ***Maire :*** Gérard Collomb (PS).
- ***Nombre de restaurants :*** 2 000 !
- ***Nombre de traboules :*** environ 320 !

ADRESSES ET INFOS UTILES

Office de tourisme – pavillon Only Lyon *(plan et zoom détachables C5) : pl. Bellecour, 69002. ☎ 04-72-77-69-69. • lyon-france.com • monweekendalyon.com • Ⓜ Bellecour. Tlj 9h-18h. Fermé 1er janv, 1er mai et 25 déc.* Pour préparer votre séjour, consultez le site de l'office. À disposition, plan de ville, guide *Collector* (bonnes adresses), guide hébergements, calendrier des visites guidées... Réservations en ligne (hébergements, activités, visites guidées...). Deux applications iPhone avec géolocalisation et réalité augmentée, conçues par Lyon Tourisme (0,99 € l'une), peuvent être téléchargées : l'une concerne les *traboules*, l'autre les *murs peints.* Egalement une ***centrale de réservation*** sur place (même tél) pour organiser son séjour : hébergement, visites guidées, vente de la carte *Lyon City Card*. Un invité d'honneur dans ce pavillon entièrement rénové : Paul Bocuse, un chef en or qui méritait bien cette statue de bronze auprès de qui vous pourrez vous faire photographier.

– ***Les greeters*** du Grand Lyon. Profitez aussi du « service » *• lyoncitygreeter.com •* Sur le modèle de New York, des bénévoles proposent des visites accompagnées afin de faire découvrir des aspects insolites et plus intimes de leur ville. Rien à voir avec les visites guidées habituelles, ce sont des amoureux de Lyon qui vous font partager leurs (coins) secrets et répondent à vos propres envies. Très sympa, une façon de découvrir la ville de façon personnalisée et conviviale.

– ***Lyon City Card*** *• lyoncitycard.com •* Très pratique, elle permet d'utiliser directement et gratuitement les transports en commun. Elle donne accès gratuitement à 22 musées et leurs expositions temporaires, aux visites guidées de l'office de tourisme, aux visites d'ateliers de soierie, aux visites insolites des toits de Fourvière, aux croisières promenades sur la Saône (avril à octobre) et aux spectacles de Guignol. Et en bonus, des réductions à des activités de loisir, opéra et théâtre. Plusieurs formules (1, 2 ou 3 jours) 22-42 € et pour 3 € de plus, possibilité de louer un Vélo'V durant 3 jours consécutifs. Se renseigner à l'office de tourisme. Réduction si vous l'achetez via Internet (et pour les juniors ou les étudiants). Une *Lyon City Card* spéciale Fête des lumières existe également.

– ***Lyon en direct :*** ☎ *04-72-10-30-30. Lun-ven 8h30-18h, sam 8h-12h (répondeur vocal 24h/24).* Vie culturelle, associative, sports, institutions, questions administratives, etc.

ℹ ***Comité régional du tourisme Auvergne-Rhône-Alpes :*** *8, rue Paul-Montrochet, 69002.* ☎ *04-26-73-31-59.* • *rhonealpes-tourisme.fr* •

ℹ ***Comité départemental du tourisme du Rhône :*** *142 bis, av. du Maréchal-de-Saxe, 69003.* ☎ *04-72-56-70-40.* • *rhonetourisme.com* • Fermé au public mais peut, sur demande, envoyer de la documentation sur le département.

■ ***Gîtes de France***

– ***Association départementale du tourisme rural du Rhône*** *(labels « Gîtes de France » et « Bienvenue à la ferme ») :* *1, rue du Général-Plessier, 69002.* ☎ *04-72-77-17-50.* • *gites-de-france-rhone.com* • Ⓜ *Perrache. Lun-ven 9h-12h30, 13h30-17h30.* Pour demander des brochures ou réserver dans le département du Rhône exclusivement.

SITES INSCRITS AU PATRIMOINE MONDIAL DE L'UNESCO

UNESCO – Organisation des Nations Unies pour l'éducation, la science et la culture

En coopération avec le centre du patrimoine mondial de l'UNESCO

Pour figurer sur la liste du Patrimoine mondial, les sites doivent avoir une valeur universelle exceptionnelle et satisfaire à au moins un des dix critères de sélection. La protection, la gestion, l'authenticité et l'intégrité des biens sont également des considérations importantes.

Le patrimoine est l'héritage du passé, dont nous profitons aujourd'hui et que nous transmettons aux générations à venir. Nos patrimoines culturel et naturel sont deux sources irremplaçables de vie et d'inspiration. Ces sites appartiennent à tous les peuples du monde, sans tenir compte du territoire sur lequel ils sont situés. Pour plus d'informations : • *whc.unesco.org* •

Grâce à la loi Malraux, le ***vieux Lyon*** est devenu dès 1964 le premier « secteur sauvegardé » de France. Ce classement a permis de mettre en valeur ce quartier, considéré comme le plus bel ensemble Renaissance du pays.

Depuis décembre 1998, ce ne sont plus uniquement les 25 ha du vieux Lyon qui sont protégés, mais 500 ha du ***centre historique*** de Lyon qui sont inscrits par l'Unesco au Patrimoine mondial de l'humanité.

SITES INTERNET

• ***routard.com*** • Rejoignez la plus grande communauté francophone de voyageurs ! Échangez avec les routarnautes : forums, photos, avis d'hôtels. Retrouvez aussi toutes les informations actualisées pour choisir et préparer vos voyages : plus de 200 fiches pays, une centaine de dossiers pratiques et un magazine en ligne pour découvrir tous les secrets de votre destination. Enfin, comparez les offres pour organiser et réserver votre voyage au meilleur prix. Routard.com, le voyage à portée de clics !

• ***monweekendalyon.com*** • Newsletter hebdomadaire avec des idées de sorties pour le week-end, les événements culturels et sportifs étant mis en ligne et renouvelés chaque mercredi.

• ***lyon.fr*** • Site officiel de la ville. Tout, tout, tout, vous saurez tout sur Lyon : archives, restos, spectacles, expos, fêtes, environnement, projets, itinéraires de visites...

• ***le-lyonnais.org*** • Que faire dans les alentours de Lyon ? Une foule de choses dans les monts et coteaux du Lyonnais que vous retrouverez sur ce site organisé par thèmes (balades, patrimoine, loisirs & activités, événements, gastronomie & terroirs).

• ***lyoncapitale.fr*** • L'hebdo des « esprits libres ». Pour découvrir Lyon sous toutes ses facettes et sur le bout des doigts.

LYON

• Plan d'ensemble de la ville et zoom détachables en fin de guide

ADRESSES ET INFOS UTILES

Infos touristiques

– ***Promenades contées :*** *sur résa au 📱 06-73-47-70-72 ou 06-59-90-06-47. • lyon-insolite.fr • Tarif : 180 €/2h. En français slt et pour les groupes autoconstitués.* Contacter Jean-Luc Chavent ou Éloïse Boisroux, guides indépendants et conteurs émérites, qui vous montreront un Lyon différent au travers de balades à la carte.

– ***Cybèle :*** *☎ 04-20-88-00-34. • cybele-arts.fr • Compter 10-25 €/pers.* Des visites guidées des quartiers de Lyon vraiment pas comme les autres : Clémence et Olivier, le duo à l'origine de l'initiative, parlent d'« extraplorations » ! Sur les pentes de la Croix-Rousse, façon jeu de rôles, en pleine révolte des Canuts ou accompagné par un comédien dans le théâtre des Célestins. C'est évidemment ludique, souvent drôle et on en apprend vraiment beaucoup. Chaque dernier samedi du mois, Cybèle se met en 4 avec le Fluchte-samedi. Quatre balades insolites tout au long de la journée.

– ***Croisières sur la Saône :*** *avec la société **Lyon City Boat** (plan détachable B6), 13 bis, quai Rambaud, 69002. ☎ 04-78-42-96-81. • lyoncityboat.com • Croisières commentées : île Barbe (1h) ou Confluence (1h10) et Lyon autrement (1h en matinée) 11,50 €/pers (billets sur place, 2, quai des Célestins). Dîner-croisière ou journée-croisière jusqu'à Neuville-sur-Saône (au nord).*

– Également des ***visites guidées dans un autobus à impériale*** avec des commentaires disponibles dans plusieurs langues *(• lyon.opentour.com •).*

■ ***Centre régional information jeunesse Rhône-Alpes – site Lyon :*** *66, cours Charlemagne, 69002. ☎ 04-72-77-00-66. • crijrhonealpes.fr • Lun et mer 10h-12h30, 13h30-18h ; mar, jeu et ven 13h30-18h.* Informations sur les loisirs, les sports, les vacances, les formations, les métiers, la vie quotidienne, la santé, les séjours à l'étranger.

Transports

• Plan détachable en fin de guide

Commençons par les transports terrestres. Il y a ***3 grandes gares SNCF*** à Lyon : *ttes fermées 1h-4h. ☎ 36-35 (0,34 €/mn).* Très bien desservie, Lyon est reliée par le TGV à Paris, Lille, Marseille, Montpellier, Nantes, Rennes, Bruxelles, et par train traditionnel à Bordeaux, Saint-Étienne, Toulouse et beaucoup d'autres villes.

🚂 ***Gare SNCF de la Part-Dieu*** *(plan détachable F4) : bd Vivier-Merle, 69003. Sur la rive gauche du Rhône.* Créée en 1983 pour remplacer la gare des Brotteaux, depuis réhabilitée pour accueillir bureaux et commerces, c'est la gare de la vallée du Rhône, donc pour les trains en partance vers le Nord, le Sud et le Sud-Est. C'est la plus grande gare de correspondance d'Europe.

Gare SNCF de Perrache *(plan détachable B-C6) : cours de Verdun, 69002. Sur la presqu'île, au sud de Bellecour.* Dessert en priorité les destinations vers le Sud et l'Ouest, mais la plupart des TGV de Paris s'y arrêtent. En attendant sa rénovation, un pôle de rencontres qui est loin de faire l'unanimité. A côté de la gare SNCF, ***gare routière de Perrache*** d'où partent les cars pour différentes destinations régionales et nationales (voir le chapitre « Comment y aller ? »)

Gare SNCF Saint-Exupéry TGV : *à l'aéroport du même nom.* Magnifique construction de béton comme deux ailes d'oiseau, conçue par l'Espagnol Calatrava. Véritable « plate-forme multimodale », comme on dit dans les ministères (air, rail, route). Des TGV, venus de Paris et du Nord, empruntent cette ligne récente.

Signalons au passage la ***gare Jean-Macé*** *(plan détachable D6),* elle dessert principalement des destinations internes au département et à la région.

– Pour ceux et celles qui doivent prendre l'avion depuis Lyon, l'aéroport est désormais facilement accessible. Il se trouve à 25 km à l'est de Lyon. En voiture, autoroute A 43 (Chambéry, Grenoble).

✈ ***Aéroport international de Lyon-Saint-Exupéry :*** *à 25 km à l'est de la ville.* ☎ *0826-800-826 (0,15 €/mn).* • *lyonaeroports.com* • Cet aéroport international fonctionne 24h/24. En taxi, la liaison avec le centre-ville coûte entre 50 et 60 € en journée (70-80 € la nuit), péage de l'autoroute compris. Le tramway *Rhônexpress* relie le centre-ville à l'aéroport en 25 mn.

■ ***Rhônexpress :*** • *rhonexpress.fr* • *Tram ttes les 15 mn, entre la Part-Dieu et l'aéroport Lyon-Saint-Exupéry, tlj 6h-21h ; et ttes les 30 mn, 5h-6h et 21h-0h40. Compter 30 mn de trajet et 14,70 € l'aller simple, 25,90 € l'A/R. Réduc. Gratuit moins de 12 ans.* Un tram relie le centre de Lyon à l'aéroport. Idéal pour éviter les célèbres bouchons lyonnais. Possibilité de coupler son billet *Rhônexpress* avec la *Lyon City Card* (voir plus haut).

Transports urbains

■ ***TCL (Transports en commun lyonnais) :*** ☎ *04-26-10-12-12.* • *tcl.fr* • *Infos dans les stations de métro Vieux-Lyon, Perrache, Bellecour, Cordeliers, Part-Dieu, Croix-Rousse... Les 4 lignes du métro (A, B, C et D) circulent de 5h à minuit et quadrillent la ville en se croisant en 4 points.* Très pratique, propre et rarement bondé. 2 funiculaires complètent le réseau en montant vers Fourvière ou Saint-Just. Également 5 lignes de tramway (T1 : IUT Feyssine – Debourg ; T2 : Perrache – Saint-Priest ; T3 : Part-Dieu – Meyzieu ; T4 : La Doua-Gaston Berger – Feyzin ; T5 : Grange-Blanche – Parc-du-Chêne ou Eurexpo). Ce réseau est renforcé par des bus et trolleybus qui rayonnent sur le Grand Lyon. Carnet de 10 tickets 16,20 €. On peut acheter des tickets à l'unité (1,80 € au distributeur, 2 € dans le bus), le ticket *Liberté 2 heures* (3 €) ou un *pass* journalier (5,50 €), bien pratique. Quand le métro s'endort, il vous reste les 4 lignes de bus *Pleine lune* avec 2 points de départ du centre-ville (Terreaux et Hôtel-de-Ville) et 4 itinéraires desservant les principaux lieux de sortie en fin de semaine. Ticket *Liberté soirée* pour les noctambules, valable de 19h jusqu'à la fin du service (3 €). Transports inclus dans la Lyon City Card (de 1 à 3 jours), vendue à l'office de tourisme ainsi que dans les gares Part-Dieu, Perrache et Bellecour.

– Également des lignes urbaines de ***bus*** qui sillonnent toute la ville. Pour profiter du paysage, prenez la ligne S6 qui mène sur le plateau de la Croix-Rousse au départ d'Hôtel-de-ville, ou encore la S1 de la gare Saint-Paul passant par Bellecour jusqu'au quartier de la Confluence.

■ ***Taxis : Allo Taxi,*** ☎ *04-78-28-23-23.* ***Taxi-radio,*** ☎ *04-72-10-86-86.* ***Taxi Lyonnais,*** ☎ *04-78-26-81-81.* Tarifs élevés, variables selon les compagnies. Attention, pas évident de trouver un taxi en maraude hors du centre-ville.

■ ***Stations Vélo'V :*** • *velov.grandlyon.com* • *Un système qui met à disposition plus de 4 000 vélos, tlj 24h/24. Abonnement de 1 j. (1,50 €), 7 j. (5 €) ou 1 an (25 €) et offre City Card 3 j. (3 €). Gratuit les premières 30 mn, puis 1 €*

la ½ h supplémentaire. Caution : 150 €. CB acceptées aux bornes. 345 stations réparties dans la ville et à Villeurbanne. Comme dans toutes les villes munies de ce dispositif, on part de la station de son choix et, la balade terminée, on dépose son vélo à n'importe quelle autre station. Plan des stations *Vélo'V* disponible à l'office de tourisme. 540 km de pistes cyclables dans le Grand Lyon.

■ **Vaporetto :** *circule début avr-fin déc, ttes les heures 10h (gare Saint-Paul)-21h30 (Confluence). Ticket 2 €, gratuit moins de 7 ans ; résa possible • lyon-france.com •* Comptez 30 mn de Saint-Paul à Confluence, avec 1 arrêt intermédiaire quai Tilsitt au niveau de la passerelle Saint-Georges. *Attention,* sachez que le Vaporetto est très prisé le week-end quand il fait beau et, souvent, il n'y a pas de place pour tout le monde !

■ **Cyclopolitain :** *résa au ☎ 04-78-30-35-90. • lyon.cyclopolitain.com • On trouve les vélos-taxis lun-sam 12h-19h sur la presqu'île, aux points suivants : Carnot, Ampère, Bellecour, République, Cordeliers et Terreaux. Également sur résa par tél. Compter 2 €/pers et par km. Visites insolites commentées 40 €/h, chasses au trésor enfants et adultes 55 € et rallyes urbains 10 €/pers (compter 1h à 2h).* Véhicule électrique conduit par un chauffeur avec 2 places passagers (sorte de pousse-pousse moderne et confortable). Un moyen original, écolo et pas fatigant pour se déplacer dans la ville.

■ **Bluely :** *5, pl. Aristide-Briand, 69003 (centre d'informations). • bluely.eu •* La voiture électrique en libre-service a fait son apparition à Lyon avec une cinquantaine de stations. Abonnement à la semaine, au mois ou à l'année.

■ **Balades à rollers :** *l'association* **Générations Roller** *(• generations roller.fr •) organise des randonnées ouvertes à ts le ven soir. Participation gratuite, mais l'adhésion de 25 €/pers est conseillée.* Pour les débutants débrouillards, le rendez-vous est donné à 20h30, place Bellecour, pour une randonnée d'un peu plus de 1h et de 12 km en moyenne. Retour place Bellecour à 22h, où la relève est prise par les plus sportifs pour une rando de 25 km. Pour ceux qui n'aiment pas les surprises, le parcours, changeant tous les vendredis, est indiqué sur le site internet de l'association. Les protections (en particulier le casque) sont vivement recommandées.

■ **Location de voitures :** ***Hertz,*** *☎ 04-72-33-89-99, à la gare de Lyon Part-Dieu.* ***Avis,*** *☎ 0820-61-16-60 (aéroport, 0,12 €/mn).* ***Europcar,*** *☎ 0825-00-25-22 (Part-Dieu, 0,15 €/mn).* ***Ada,*** *42, quai du Docteur-Gailleton, 69002 ; ☎ 04-78-37-93-93 (Lyon-Perrache).* Les grandes compagnies se trouvent à l'aéroport, aux gares, en centre-ville (dans le 3e arrondissement).

■ **Parkings :** *les* ***parkings du centre*** *gérés par* Lyon Parc Auto *(☎ 04-72-41-65-25, • lpa.fr •) restent ouv tte la nuit.* Beaucoup ont été aménagés au bout des lignes de métro afin d'inciter les automobilistes à préférer les transports collectifs. Ces parcs-relais vous permettent de garer votre voiture en tête de ligne, gratuitement, sur présentation de votre titre de transport lyonnais. Ils sont décorés par des artistes (jetez un œil à celui des Célestins, même si vous n'avez pas de voiture). *Le* ***parking de Bellecour*** *(☎ 04-78-42-68-58), également ouv 24h/24.*

Les rendez-vous typiques (puces, marchés, etc.)

On vous signale plus loin les célèbres halles et autres lieux où l'on trouve à boire et à manger en toutes saisons (Où faire son marché ? Où acheter de bons produits locaux ?) mais voici déjà quelques rendez-vous de la chine à noter sur vos tablettes, à ne pas manquer, notamment, si vous venez passer un week-end à Lyon.

– **La cité des Antiquaires** *(plan détachable F1-2)* **:** *117, bd de Stalingrad, 69100* ***Villeurbanne.*** *☎ 04-72-69-00-00. • cite-antiquaires.fr • Jeu, sam et dim 10h-19h, ven sur rdv ; 1er juin-31 août, fermeture à 13h dim.* Un vrai centre commercial de l'antiquité, sur deux niveaux, avec atrium et escaliers roulants. Pour les amateurs de meubles, peintures et beaux objets de tous styles. C'est le deuxième passage obligé après la rue Auguste-Comte, qui est dans la presqu'île.

– **Les puces du Canal :** *1, rue du Canal, 69100* ***Villeurbanne.*** *☎ 04-72-04-65-65. • pucesducanal.com • Dim 7h-15h ;*

petit marché jeu et sam 8h-12h (15h sam). On y va d'abord pour l'ambiance, le folklore. Mais, comme dans tous les marchés aux puces, on fouille, on chine et on fait parfois de bonnes affaires. Environ 400 stands, professionnels et particuliers confondus, certains sous abris, les autres en plein air. L'hiver et par temps pluvieux, on patauge dans la gadoue, on se réchauffe en buvant un chocolat chaud ou en mangeant une merguez. Des puces, on repart toujours avec un petit quelque chose, un vieil ours en peluche, un meuble ou une pièce détachée introuvable. Alors, que vous soyez collectionneur ou curieux, n'oubliez pas de marchander.

– ***Le marché de la Création :*** *ts les dim mat sur les quais de Saône, quai Romain-Rolland de Saint-Jean à Saint-Paul, 8h-13h30.* Le rendez-vous des artistes et des artisans de toute la région Rhône-Alpes, des peintres (essentiellement), des sculpteurs, des créateurs de bijoux... Pour dépenser 3 sous ou 1 mois de salaire, on trouve de tout sous les arbres des quais de Saône.

– ***Les bouquinistes :*** *ts les w-e 10h-18h, sur le quai de la Pêcherie, à partir du pont de la Feuillée.*

Où s'informer ?

En dehors du *Progrès* qui rencontre la dure concurrence des gratuits *20 Minutes* et de *Métro,* voici les autres publications locales susceptibles d'intéresser le routard que vous êtes !

– ***Lyon poche :*** l'hebdo de l'actualité culturelle à consulter en ligne. • *lyonpoche.com* •

– ***Le Petit Bulletin :*** l'hebdo gratuit de la vie culturelle lyonnaise (ciné, théâtre, musique, expos, conférences...). Tous les programmes ponctués de chroniques et d'interviews. Disponible dans plus de 1 000 points de la ville : FNAC, commerces de proximité... une référence pour beaucoup de Lyonnais. • *petit-bulletin.fr/lyon/* •

– ***Lyon capitale (Lyon cap')*** est quant à lui le mensuel « des esprits libres » ; un regard sur l'actu qui nous plaît bien. En kiosque le mardi. • *lyoncapitale.fr* •

– ***... 491 :*** mensuel culturel gratuit, qui propose un regard critique sur les concerts, spectacles, films, expositions... • *491.fr* •

– ***Grain de sel*** et ***Bulles de gones :*** bimestriels gratuits d'infos culturelles à destination des enfants. On les trouve dans les mairies, à l'office de tourisme... • *grainsdesel.com* • *bullesdegones.com* •

– Côté guides, on trouve aussi ***Le Petit Paumé,*** édité tous les ans en septembre par les étudiants de l'E.M. Lyon. Exhaustif, bien fait et gratuit. Quant à l'office de tourisme, il édite ***Collector.*** Tout aussi pratique... et tout aussi gratuit !

OÙ DORMIR ?

Ville de congrès, Lyon a l'habitude d'accueillir du monde et s'est équipée en conséquence. Toutefois, en période de manifestations importantes comme la Fête des lumières, il vaut mieux s'y prendre à l'avance et savoir que les hôtels majorent leurs tarifs pour l'occasion. À l'inverse, la plupart des hôtels proposent aussi des ***tarifs « spécial week-end ».***

APPART'HÔTELS

■ ***Lyon sweet home :*** ☎ *04-72-32-02-74.* • *reservation@lyonsweethome.com* • *lyon-sweet-home.com* • *Doubles 54-60 € ; studios avec cuisine équipée 65-80 € (tarifs dégressifs au-delà de 3 nuits) ; compter de 10 à 20 €/pers supplémentaire.* Association centralisant une quarantaine de chambres et studios (pouvant accueillir jusqu'à 4 personnes) chez l'habitant, dans divers quartiers de Lyon, notamment le vieux Lyon et la Croix-Rousse.

■ **Airbnb :** *résa sur • airbnb.fr •* Des milliers de logements à tous les prix, dans tous les quartiers. 10 € de réduc à Lyon avec le code « LYON2017 » au moment de payer.

Appart'Hôtel Odalys Bioparc *(hors plan détachable par G6, **47**) : 60, av. Rockefeller, 69008. ☎ 04-78-77-18-18. • bioparc@odalys.fr • odalys-city.com • Ⓜ Laennec ; Ⓣ T2 et T5, arrêt Vinatier. En formule hôtelière, 59-95 €/nuit pour 2 pers, 98-129 €/nuit pour 4 pers. Petit déj 11 €. Tarifs dégressifs selon durée du séjour en formule locative (7 nuits min).* Située sur le site Bioparc, cette résidence hôtelière est composée de 133 studios et appartements décorés avec raffinement et entièrement équipés (kitchenette).

■ **Appart'City** : *☎ 0820-881-881 (0,12 €/mn). • appartcity.com • studios 40-100 €. Petit déj. offert sur présentation du Routard de l'année (pour 2 nuits maximum).* Ces appartements offrent un équipement de standing avec un coin cuisine aménagé et équipé, ainsi qu'un espace bureau avec toute la connectique nécessaire et internet. En couple ou en famille pour ses vacances, l'appart-hôtel permet d'économiser sur son budget restauration. Ces établissements proposent des services (parfois) identiques à ceux des hôtels, avec, selon la gamme, accueil 24h/24, ménage quotidien, espace détente avec salle de sport, laverie, parking, restaurant... et parfois, sauna et hammam.

Appart'hôtel Odalys *(plan Confluence, B1, **49**) : 7, cours Bayard, 69002. ☎ 04-78-82-49-02. • confluence@odalys.fr • odalys-vacances.com • Ⓣ T1, arrêt Sainte-Blandine. 72-92 € la nuit pour un studio 2 pers, 99-129 € pour 4 (linge de lit et de toilette fournis, lits faits à l'arrivée et ménage quotidien).* Une résidence confortable, au cœur de cet étonnant quartier où Lyon s'invente un nouveau futur. Appartements agréables avec kitchenette. Sur place : piscine intérieure, salle de fitness et laverie. Resto.

CAMPINGS DANS LES ENVIRONS DE LYON

Indigo International Lyon : *porte de Lyon, 69570 **Dardilly.** ☎ 04-78-35-64-55. • lyon@camping-indigo.com • camping-indigo.com • Accès par l'A 6, sortie nº 33.2 (depuis Lyon) ; bus nº 89 depuis la station de métro Gare-de-Vaise (ligne D). Ouv tte l'année. Emplacement 19,20-22,20 € pour 2 pers. Également loc de mobile homes (1 à 3 chambres) 44-115 €/nuit ; roulottes 65-95 € ; tentes toile et bois 41-68 €.* Très confortable : restaurant et bar de mi-juin à mi-septembre. Piscine, ping-pong, volley-ball... 200 emplacements ombragés au bord de l'A 6. Vraiment idéal pour une simple halte. De plus, vous trouverez de nombreuses activités à proximité, ainsi que des grandes surfaces, une station-service et toutes les commodités.

Camping Les Barolles : *88, av. Foch, 69230 **Saint-Genis-Laval.** ☎ 04-78-56-05-56. • contact@campingdesbarolles.fr • campingdesbarolles.fr • À 20 mn de bus au sud de Lyon. Très bien desservi, notamment par le bus nº 10 depuis Bellecour (7 km env). Ouv tte l'année. Forfait nuit env 18,50 € pour 2 pers. Également loc de mobile home 275 € pour 4 pers. Sur présentation de ce guide, réduc de 1 € sur le prix de l'emplacement.* Dans la même famille depuis 1960, petit camping modeste de 45 emplacements, à proximité du joli parc de Beauregard. Bar et épicerie sur place.

AUBERGES DE JEUNESSE

Auberge de jeunesse du vieux Lyon (zoom détachable B5, **11**) : *41-45, montée du Chemin-Neuf, 69005. ☎ 04-78-15-05-50. • lyon@hifrance.org • hifrance.org • Ⓜ Saint-Jean, puis funiculaire (à Lyon, on l'appelle la « ficelle ») station « Minimes ». Depuis la gare de Perrache, bus nº 31. Ouv tte l'année, sf dernière sem de déc. Nuitée 23,70 €, draps et petit déj inclus. Serviette de toilette env 4 €. Carte d'adhérent FUAJ obligatoire. Réduc de 10 % sur le prix de la chambre sur* *présentation de ce guide.* Cette belle auberge qui domine la ville n'est qu'à 10 mn du vieux Lyon : 180 lits (4-6 par chambre, avec ou sans sanitaires). Bar, garage à vélos, laverie, et même une superbe terrasse avec vue magnifique sur la ville. Snack et cuisine à la disposition des résidents. Tout le confort, un accueil et une ambiance sympas et, en prime, des animations qui font de cette auberge un vrai lieu de vie (expo photos, soirées à thème).

Cool & Bed (plan détachable A3, **12**) : *32, quai Arloing, 69009. ☎ 04-26-18-05-28. • contact@coolandbed.com • coolandbed.com • Ⓜ Valmy. Bus 31 de la gare de Perrache, arrêt Pont Koenig rive droite. Nuit 20-26 €, petit déj inclus ; serviette de toilette en supplément. Apéro maison offert sur présentation de ce guide.* Une petite structure conviviale de 44 lits répartis en dortoirs de 6 (dont un seulement pour les filles), 8 ou 16 lits. Une auberge de jeunesse un chouïa excentrée, mais rien de grave (20 mn du vieux Lyon), bien desservie (10 mn à pied du métro, à 50 m de l'arrêt de bus et une station de Vélo'V à deux pas). Une pièce commune avec un toit cathédrale baignée de lumière, un bar, une cuisine à disposition, quelques jeux... Atmosphère sympa et aménagements récents. Bref, une bonne escale.

Guesthouse Le Flâneur (plan détachable D6, **44**) : *56, rue Sébastien-Gryphe, 69007. ☎ 09-81-99-16-97. • hello@leflaneur-guesthouse.com • leflaneur-guesthouse.com • Ⓜ Guillotière ; Ⓣ T1, arrêt Saint-André. Ouv 24h/24, 7j./7. Compter 19-25 €/nuit et par pers ; 60 € la double.* Le *Flâneur,* un joli nom pour une *guesthouse* où l'on est à l'écoute des autres, entre amoureux du voyage et de la ville. Au cœur de la Guillotière, un quartier qui a su conserver son âme. Espace de repos très friendly avec jeux, bibliothèque, expositions. Première auberge montée en SCOP, en coopérative, autrement dit, *Le Flâneur* propose dortoirs et chambres individuelles, dans un esprit cooool et forcément solidaire à Lyon. 64 lits répartis en 7 dortoirs (dont un réservé aux filles). Décor minimaliste, confort optimal, ou presque. Accueil top.

Slo living hostel (plan détachable D-E5, **45**) : *5, rue Bonnefoi, 69003. ☎ 04-78-59-06-90. • slo-hostel.com • Ⓜ Guillotière. Nuitée 25-32 € en dortoir 4-8 pers. Doubles 75-85 € ; petit déj 5 €. Dîner dim-lun sur la table commune. Apéritif maison offert sur présentation de ce guide.* Une auberge de jeunesse nouvelle génération qui joue la carte design, confort et convivialité. Les dortoirs sont immaculés, les lits superposés en bois blanc confortables, et la déco aussi esthétique que pratique. Salles de bains et toilettes communs dans les dortoirs. Beaux volumes dans le lobby convivial où domine le bois clair, dans un esprit scandinave. Sympathique patio et bar à vins qui l'est tout autant. Bel accueil.

HÔTELS ET CHAMBRES D'HÔTES

Autour de la colline de Fourvière et dans le vieux Lyon

Prix moyens

Hôtel Saint-Paul (zoom détachable C4, **13**) : *6, rue Lainerie, 69005. ☎ 04-78-28-13-29. • reservation@hotelsaintpaul.eu • hotelstpaul.fr • Ⓜ Vieux-Lyon ; bus C3 depuis la gare de la Part-Dieu. Doubles 75-125 €.* Le seul 2-étoiles du vieux Lyon dans un ancien relais de poste sous Louis XI. À deux pas du lieu où Bertrand Tavernier tourna *L'Horloger de Saint-Paul,* un bel ensemble Renaissance de 20 chambres simples sur rue ou sur cour (assez sombre). On y accède par un escalier à vis mal mis en valeur (mieux vaut voyager léger). Toutes les chambres sont différentes et plus ou moins grandes. Correct dans l'ensemble, même si certaines moquettes mériteraient d'être remplacées. Accueil chaleureux.

Chambres d'hôtes La Grange de Fourvière (zoom détachable B3, **14**) : *89, quai Pierre-Scize, 69005. ☎ 04-72-33-74-45. 06-63-19-46-08. • contact@grangedefourviere.fr • grangedefourviere.fr • Ⓜ Hôtel-de-Ville ou Vieux-Lyon. Doubles*

90-110 €. Parking privé offert sur présentation de ce guide. Au 1er étage (et il y a un ascenseur !) d'un petit immeuble d'il y a deux siècles, posé au bord de la Saône. Les deux chambres donnent sur la colline de Fourvière : calme donc garanti. La plus grande mêle agréablement boiseries et cheminée d'hier et mobilier d'aujourd'hui. La plus petite est résolument contemporaine (avec une jolie salle de bains). L'accueil chaleureux fait que l'on s'y sent vite vraiment bien.

De chic à plus chic

Collège Hôtel *(zoom détachable B-C3-4,* ***15****) : 5, pl. Saint-Paul, 69005. ☎ 04-72-10-05-05. • contact@college-hotel.com • college-hotel.com • Ⓜ Vieux-Lyon ou Hôtel-de-Ville. Ouv tlj. Doubles 110-175 € ; petit déj 14 €. Garage payant.* Un hôtel pas comme les autres dans un beau bâtiment blanc des années 1950. Côté réception, un chaleureux décor de bibliothèque plante le décor d'un collège (chic !) d'un autre temps, avec ses fauteuils club et ses objets vintage. À côté, salle de petit déj façon réfectoire. Dans les chambres, c'est le contraste ! Vous entrez dans un univers spartiate et blanc, presque monacal : la chaise de classe, l'armoire en fer, le lit, la salle de bains... Alors, bien sûr, c'est déroutant, et ça plaira ou pas ! Et voyez ces petites fibres optiques devant vos fenêtres qui colorent la façade tous les soirs ! Double vitrage ; clim. Belle terrasse sur les toits, bien orientée.

Fourvière Hôtel *(plan détachable A-B4,* ***16****) : 23, rue Roger-Radisson, 69005. ☎ 04-74-70-07-00. • contact@fourviere-hotel.com • fourviere-hotel.com • Ⓜ Vieux-Lyon, puis funiculaire. Doubles 160-260 €. Garage gratuit.* Un couvent 4 étoiles qui devrait susciter nombre de vocations. Rien que la réception, dans l'ancienne chapelle classée revitalisée par les audaces design de Pablo Reinoso, redonne le sourire, surtout si l'on a choisi de grimper au travers des théâtres gallo-romains, depuis la sortie du funiculaire, pour arriver jusqu'à cet ancien couvent des Visitandines. Difficile de faire plus haut, plus beau, plus décalé aussi. 75 chambres cellules réparties sur trois niveau, sobres, calmes et d'un confort total, chacune d'elles à l'effigie d'une figure locale. Une façon originale de conter Lyon de porte à porte. Des terrasses, un jardin, un bar pour le soir, un couloir de nage pour se détendre à la fraîche, un spa, et un restaurant dans le cloître à l'image de la maison. Inspiré et (chic) décontracté. Voir plus loin « Où manger ? ».

Sur la presqu'île

Bon marché

Hôtel du Théâtre *(zoom détachable C4,* ***17****) : 10, rue de Savoie, 69002. ☎ 04-78-42-33-32. • contact@hotel-du-theatre.fr • hotel-du-theatre.net • Ⓜ Bellecour. Doubles 65-80 € selon la taille.* Sans surprise, ses chambres donnent sur le théâtre des Célestins. En tout cas les supérieures, qu'il vaut mieux réserver à l'avance. Pas prétentieuses, elles sont simplement mais joliment arrangées, et assez spacieuses. Un conseil, voyagez léger : 4 ou 5 étages sans ascenseur, ça peut faire beaucoup, en fin de journée.

De prix moyens à chic

Hôtel des Célestins *(zoom détachable C4,* ***18****) : 4, rue des Archers, 69002. ☎ 04-72-56-08-98. • info@hotelcelestins.com • hotelcelestins.com • Ⓜ Bellecour. Réception au 1er étage. Doubles 91-121 €. Familiales 188-231 €.* Un petit hôtel en étages, très discret et bien entretenu, dans un immeuble calme aux belles portes palières ouvragées. Une vingtaine de chambres meublées de façon personnalisée et chaleureuse avec du mobilier chiné et des tableaux. Les supérieures donnent sur rue et sont plus lumineuses que les chambres sur cour. Salles de bains compactes mais modernes. Pas la peine de vous presser pour le petit déj – copieux –, il est servi jusqu'à midi dans une salle à manger très agréable. Accueil charmant.

Hôtel des Savoies *(plan détachable*

C6, ***19****) : 80, rue de la Charité, 69002. ☎ 04-78-37-66-94. • info@hotel-des-savoies.fr • hotel-des-savoies.fr • Ⓜ Perrache (à 5 mn). Doubles 45 (w-e)-200 € ; petit déj 7 €. Prix très variables, consultez le site, remis à jour. Garage payant.* Si la façade années 1940 constellée de croix de Savoie se remarque (elle est d'ailleurs classée), les chambres sont plus actuelles, avec une photo de Lyon sur la tête de lit. Elles sont assez petites mais pimpantes et fonctionnelles. Bon accueil.

Hôtel Saint-Vincent *(zoom détachable B3,* ***20****) : 9, rue Pareille, 69001. ☎ 04-78-27-22-56. • hotel.saintvincent@orange.fr • hotel-saintvincent.com • Ⓜ Hôtel-de-Ville. Doubles 90-150 €.* La petite rue débouche sur le mur des Lyonnais, où sont représentées toutes les célébrités qui ont fait et font l'histoire de la ville. L'hôtel ne manque pas de cachet, surtout quand on loge dans la partie avant, la plus ancienne, où la pierre est apparente. La plupart des chambres ont des poutres, et du charme à revendre. La rénovation de fond en comble de l'hôtel apporte un confort indéniable. L'établissement occupe 4 petits immeubles tournant autour de courettes et forme un dédale de couloirs. La vue des chambres peut donc varier. L'accueil, lui, est toujours excellent.

Hôtel La Résidence *(plan détachable C5,* ***21****) : 18, rue Victor-Hugo, 69002. ☎ 04-78-42-63-28. • hotel-la-residence@wanadoo.fr • hotel-la-residence.com • Ⓜ Bellecour ou Ampère-Victor-Hugo. Double 100 € ; familiale (4 pers) 123 €.* Une situation privilégiée, à mi-chemin de Perrache et de Bellecour, dans une rue piétonne commerçante et donc très animée. Un peu style années 1960 suranné, mais avec tout le confort, *La Résidence* est le type même de l'hôtel à l'ancienne qui se transmet de génération en génération dans le même état d'esprit : sérieux et tradition. En conclusion, un très bon rapport qualité-prix-emplacement.

Hotelo *(plan détachable C6,* ***22****) : 37, cours de Verdun-Récamier, 69002. ☎ 04-78-37-39-03. • contact@hotelo-lyon.com • hotelo-lyon.com • Ⓜ Perrache. Doubles 59-150 € ; familiales (4 pers) 89-180 €.* Un hôtel de famille, baigné de lumière et fringant, à deux pas de la gare. Déco contemporaine avec quelques touches de couleur. La belle rampe d'escalier en bois personnalise la réception. Certaines chambres sont assez petites. Préférez celles côté cour, même si l'hôtel est bien insonorisé. Salles de bains compactes et modernes, avec douche à l'italienne.

Hôtel du Simplon *(plan détachable C6,* ***23****) : 11, rue Duhamel, 69002. ☎ 04-78-37-41-00. • hotel.du.simplon@wanadoo.fr • hoteldusimplon.com • Doubles 70-93 € ; quadruples 94-142 €. Garage fermé. 10 % de remise sur le prix de la chambre sur présentation de ce guide.* Le charme d'un hôtel d'une quarantaine de chambres, à l'atmosphère familiale et personnelle, tenu par une dynamique propriétaire et son équipe. Chambres assez différentes les unes des autres, simplement mais soigneusement arrangées. Très chouette espace au rez-de-chaussée : un confortable salon – avec un piano (avis à ceux qui ont des talents) – et une très belle salle de petit déjeuner, baignée de lumière. Et partout, dans la déco, des cerises... À vous de découvrir pourquoi !

Hôtel de Paris *(zoom détachable C3-4,* ***24****) : 16, rue de la Platière, 69001. ☎ 04-78-28-00-95. • info@hoteldeparis-lyon.com • hoteldeparis-lyon.com • Ⓜ Hôtel-de-Ville. Doubles 72-131 € selon confort et saison.* À deux pas de la place des Terreaux, un hôtel doté d'une façade XIXe s mais à l'intérieur looké 70's. Chacune des 30 chambres est différente, le tout à conseiller plus aux amoureux de la récup' qu'aux nostalgiques des fastes d'antan. Les chambres côté cour sont plus calmes mais plus sombres. Pas le grand luxe mais central.

Hôtel Vaubecour *(plan détachable B5,* ***25****) : 28, rue Vaubecour, 69002. ☎ 04-78-37-44-91. • contact@hotelvaubecour-lyon.com • hotelvaubecour-lyon.com • Ⓜ Ampère-Victor-Hugo. Doubles 75-130 €.* Une rénovation qui n'était pas du luxe dans une rue à l'écart de la zone piétonne. Ce petit hôtel avait été créé après-guerre dans deux appartements bourgeois, de 250 m² chacun, dont il reste encore quelques traces (cheminée, moulures) dans les chambres. Ce qui fut une « maison de joie » avant de devenir un « hôtel social » a été joliment aménagé par les propriétaires actuels qui ont créé ici un esprit maison d'hôtes, où l'on prend soin des visiteurs, à commencer par le petit déjeuner, sain et reconstituant. Une quinzaine de chambres douces à vivre, aux couleurs actuelles.

Hôtel Best Western Saint-Antoine *(zoom détachable C4,* ***26****) : 4, rue de l'Ancienne-Préfecture, 69002. ☎ 04-78-92-91-91. • accueil@hotel-saintantoine.fr • hotel-saintantoine.fr • Ⓜ Bellecour. Doubles 69-175 € selon période et confort.* Un hôtel à cheval entre 2 rues, à deux pas de la Saône et à quatre de la place des Jacobins. Abritées dans un vieil immeuble tout en hauteur (avec ascenseur), des chambres pas forcément très grandes (euphémisme...), mais contemporaines et confortables. Jolies salles de bains design et agréable salle voûtée pour le petit déj. Bon accueil.

De chic à beaucoup plus chic

Hôtel des Artistes *(zoom détachable C4,* ***27****) : 8, rue Gaspard-André, 69002. ☎ 04-78-42-04-88. • reservation@hotel-des-artistes.fr • hoteldesartistes.fr • Ⓜ Bellecour. Sur la pl. des Célestins. Doubles 120-144 € ; petit déj 13,50 €.* Une réception habillée de rideaux aux couleurs chatoyantes, des chambres, quant à elles, dans des tons plus clairs, spacieuses, très confortables et équipées de beaux sanitaires, minibar et *tutti quanti.* Élégante salle pour prendre le petit déj. Un endroit chic, mais surtout pas snob, à deux pas du marché installé tous les matins sur le quai Saint-Antoine. On y va pour les chambres avec vue sur le théâtre, pour l'ambiance générale, mais aussi avec l'espoir de rencontrer une célébrité...

Grand Hôtel des Terreaux *(zoom détachable C3,* ***28****) : 16, rue Lanterne, 69001. ☎ 04-78-27-04-10. • ght@hotel-lyon.fr • grand-hotel-des-terreaux.fr • Ⓜ Hôtel-de-Ville. Doubles 115-297 € ; petit déj 16 €. Apéritif maison offert sur présentation de ce guide.* Dans une rue qui vit le jour comme la nuit, cet ancien relais de poste au temps des diligences est resté l'une de ces adresses où il fait bon poser ses bagages quand on est de passage à Lyon. Chaleureux, confortable, avec sa piscine intérieure, le *Grand Hôtel des Terreaux* bénéficie d'une situation idéale. Quant aux chambres cossues, elles plairont aux amateurs de confort : rideaux lourds, tons sobres, toilettes séparées dans certaines. Bel accueil. Et vrai bon buffet au petit déjeuner !

Chambres d'hôtes Le Jardin d'Hiver *(zoom détachable C5,* ***29****) : 10, rue des Marronniers, 69002. ☎ 04-78-28-69-34. • contact@chambrehote-lyon.fr • chambrehote-lyon.fr • Ⓜ Bellecour. Double 130 € (tarif dégressif au-delà de 2 nuits).* Au cœur de Lyon, dans une rue célèbre pour ses bouchons, mais où l'on circule très bien à pied. Au calme, vous apprécierez le confort de ces 2 luxueuses chambres aménagées avec un goût certain et des couleurs réjouissantes. Un long couloir les isole de la partie de la propriétaire, charmante au demeurant. Douches balnéos et toilettes à part. Aussi des apparts à louer à la semaine. Un lieu idéal pour un séjour, car tout a été pensé pour vous permettre de vous ressourcer (livres à consulter, machine à café en libre-service, etc.). Le plus dur, c'est de monter les étages avec les bagages !

Hôtel Globe et Cécil *(zoom détachable C4-5,* ***30****) : 21, rue Gasparin, 69002. ☎ 04-78-42-58-95. • accueil@globeetcecilhotel.com • globeetcecilhotel.com • Ⓜ Bellecour. Doubles 124-315 € ; petit déj 18 €. Réduc de 10 % sur le prix de la chambre sur présentation de ce guide.* Déjà, au XIXe s, les prélats de Rome descendaient ici, et l'hôtel a gardé son standing. Chaque chambre possède son ambiance (certaines ont de belles cheminées en marbre et la clim), son style et une décoration personnalisée en fonction du volume ; les tissus ont été choisis avec soin, tout comme le mobilier. Opter de préférence pour les chambres sur rue, les plus lumineuses.

Bar au rez-de-chaussée. Du charme, du confort et du pratique. Service impeccable, accueil souriant et vraiment gentil.

Hôtel des Beaux-Arts *(zoom détachable C4,* ***31****) : 73-75, rue du Président-Édouard-Herriot, 69002. ☎ 04-78-38-09-50. • h2949-fo@accor.com • Ⓜ Bellecour ou Cordeliers. Doubles env 79-299 € ; petit déj 18,90 € !* Dans le quartier des boutiques de luxe (le Triangle d'Or) et dans un bel immeuble du XIXe s caractéristique de l'architecture lyonnaise, un établissement de la chaîne Mercure qui propose des chambres certes standardisées, mais sans fausse note. Celles de catégorie *standard* ne sont pas plus petites que les *privilège.* Ces dernières sont équipées de quelques gadgets supplémentaires (peignoirs, oreillers à mémoire de forme...). Accueil chic mais pas embarrassant.

Grand Hôtel Château Perrache *(plan détachable B6,* ***32****) : 12, cours Verdun-Rambaud, 69002. ☎ 04-72-77-15-00. • h1292-gm@accor.com • accorhotels.com • Ⓜ Perrache. Chambres env 100-200 €. Tarifs variables selon jour d'arrivée et saison.* Ancien hôtel *Terminus* construit en 1906, classé Monument historique. L'entrée, protégée par une marquise en fer forgé, immerge le visiteur dans le seul espace témoignant à Lyon du style Art nouveau. Un style qui ne se limite pas à l'architecture (corniches décorées de frises sculptées au thème floral), mais s'étend aussi aux ferronneries, aux vitraux, aux lambris d'acajou et au mobilier soigneusement conservés. Les chambres, tout confort, sont spacieuses et claires, et vous offrent pour certaines la possibilité de préparer vos balades sous la couette, une main géante en tête de lit symbolisant un plan de Lyon. Un lieu à la fois calme et idéalement placé. Rénové en 2015 afin d'ajouter une touche de design et un confort adapté aux exigences actuelles, il possède le seul bar *lounge* de la ville au charme suranné. Et une étonnante bibliothèque flottante. Accueil professionnel (c'est un Mercure).

Mercure Plaza République *(zoom détachable C-D4,* ***33****) : 5, rue Stella, 69002. ☎ 04-78-37-50-50. • h2951@accor.com • mercure.com • Ⓜ Cordeliers. ♿ Doubles 119 € (w-e)-219 € (en sem). Petit déj 18,90 €.* Vous êtes accueilli avec le sourire au *Mercure Plaza République,* façade haussmannienne sur intérieur contemporain. Une excellente adresse au cœur du centre-ville qui s'attache avant tout au confort du client (chambres vastes, climatisées et insonorisées, toutes pimpantes). Machines Nespresso dans les chambres *privilège* et minibar. Pas de restaurant, mais il y a largement ce qu'il faut à deux pas.

À la Croix-Rousse

Prix moyens

Hôtel de la Croix-Rousse *(plan détachable C2,* ***34****) : 157, bd de la Croix-Rousse, 69004. ☎ 04-78-28-29-85. • hoteldelacroixrousse@wanadoo.fr • hoteldelacroixrousse.com • Ⓜ Croix-Rousse. Doubles 75-125 €, petit déj inclus. Parking payant.* Cet hôtel donne directement sur le boulevard de la Croix-Rousse, où se tient tous les jours un grand marché bien sympathique. Ici, plus d'une trentaine de chambres décorées ou plutôt colorées de façon à vous rendre le séjour agréable. Tout cela reste très simple, mais certaines chambres ont une jolie vue sur Lyon et toutes sont équipées de double vitrage (elles restent toutefois plus calmes côté cour). Très gentil accueil.

Chambres d'hôtes Nos Chambres en Ville *(plan détachable C3,* ***35****) : 12, rue René-Leynaud, 69001. ☎ 04-78-27-22-30. • contact@chambres-a-lyon.com • chambres-a-lyon.com • Ⓜ Hôtel-de-Ville ou Croix-Paquet ; bus n°s 6, 13 et 18. Fermé dim soir. Congés : août. Slt sur résa. Double 90 € ; familiale 3 pers 123 €. Petit déj inclus. Tarifs dégressifs à partir de 3 nuits.* Dans un bel immeuble ancien, un grand appartement contemporain qui mêle avec bonheur architecture métallique et bois. Élégant et très lumineux grâce à une haute baie vitrée donnant sur un jardin, c'est un lieu apaisant où il fait bon séjourner, en toute simplicité, dans une atmosphère familiale. Les 3 chambres tout confort sont décorées avec beaucoup de goût et de soin, et sont tranquilles puisqu'elles donnent sur une cour intérieure. Un coin salon est réservé aux hôtes.

Résidence Villemanzy – Belambra City *(plan détachable C3, **36**) : 21, montée Saint-Sébastien, 69001. ☎ 04-72-00-19-00. • residence.villemanzy@belambra.fr • belambra-villemanzy.com • Ⓜ Croix-Paquet ; bus nº 6. Résa conseillée. Slt loc de studios (2 pers max) et de 2 pièces (4 pers max) : 99-159 € selon taille et saison. Parking privé.* 88 logements équipés d'une salle de bains complète et d'une kitchenette. Une intéressante possibilité d'hébergement sur les pittoresques pentes de la Croix-Rousse, avec, selon les chambres, une vue époustouflante sur Lyon. L'établissement, géré par la Ville de Lyon et le groupe Belambra, est installé dans l'ancien couvent des Colinettes, une vieille maison aux volumes impressionnants. Dans les couloirs en ogive du rez-de-chaussée, une collection de pianos anciens se dévoile en sourdine. L'ambiance est celle d'une résidence haut de gamme, avec réception et accueil dans la plus pure tradition hôtelière.

Chic

Chambres d'hôtes La Villa des Canuts *(plan détachable C1, **37**) : 5, rue Jean-Jullien, 69004. ☎ 09-83-61-63-67. 06-85-18-54-98. • contact@villa-des-canuts.com • villa-des-canuts.com • Ⓜ Hénon. Suite 2 chambres 130 €, pour 4 : 160 € (beau petit déj bio et place de parking inclus).* À quelques minutes de la Maison des Canuts, cette villa avec jardin a été relookée par un jeune couple amoureux de l'art, de la musique et de la vie saine. Pas de chambre avec vue, hélas, mais un coin terrasse joliment aménagé et un confort total, pour un séjour au calme. Soued de Bernardi et son mari ont le sens de l'accueil et connaissent les bonnes adresses du quartier.

Chambres d'hôtes Les Loges du Théâtre *(plan détachable C2, **38**) : 6, rue Pailleron, 69005. 06-07-15-86-90. • anne@les-loges-du-theatre.fr • les-loges-du-theatre.fr • Ⓜ Croix-Rousse. Doubles 120-180 €, petit déj inclus. Familiale 4 pers 200-260 €. Parking payant.* Imaginé par un architecte, un univers résolument contemporain – béton brut, métal, verre et bois – qui s'intègre logiquement très bien dans ce qui fut autrefois un entrepôt, au cœur de la Croix-Rousse. Quatre chambres et une suite familiale (jusqu'à 4 pers), un espace détente presque dépaysant, un jacuzzi et un accueil franchement épatant.

Aux Brotteaux et à la Part-Dieu

De bon marché à prix moyens

Timhotel Lyon-Part-Dieu *(plan détachable F3, **39**) : 17, rue du Professeur-Weill, 69006. ☎ 04-78-65-02-12. • lyonpartdieu@timhotel.fr • timhotel.com • Ⓜ Masséna ou Brotteaux. Doubles 65-139 € selon saison. 10 % de réduc sur le prix de la chambre ven-dim hors Euro 2016 et Fête des lumières.* Hôtel situé dans le quartier des Brotteaux, tout à côté de l'ancienne gare du même nom, à 5 mn du parc de la Tête-d'Or et à 10 mn de la gare de la Part-Dieu. Installé dans un immeuble récent et sans charme, les chambres sont toutefois une bonne surprise pour le quartier. Au calme et bon accueil.

Hôtel Au Logis de Vendôme *(plan détachable D3, **40**) : 110, rue Vendôme, 69006. ☎ 04-78-52-09-31. • info@aulogisdevendome.fr • hotel-aulogisdevendome.com • Ⓜ Foch. Congés : août. Doubles 55-99 € ; aussi des familiales avec 2 grands lits.* Un établissement modeste qu'on retient pour d'autres motifs que son charme. L'accueil y est souriant et professionnel. Les chambres, pas immenses, donnent sur cour ou sur rue, et celles du dernier étage (ascenseur) sont mansardées.

OÙ DORMIR ?

De prix moyens à chic

Hôtel Foch (plan détachable D3, **41**) : *59, av. Foch, 69006. ☎ 04-78-89-14-01. • accueil@hotel-foch.fr • hotel-foch.fr • Ⓜ Foch. Doubles 89-195 € selon saison. Parking privé payant.* Nous pourrions parler du « charme discret de la bourgeoisie » pour décrire cet hôtel installé au 2e étage d'un immeuble cossu. Une belle réception avec salon, fauteuils en cuir. Moquette et cheminée pour la salle du petit déj. Un endroit très calme, confidentiel, et des chambres parfaitement équipées (excellente literie) et décorées dans des teintes douces. Une certaine idée du luxe, mais sans ostentation, et un accueil attentionné et personnalisé, car l'hôtel ne possède que peu de chambres.

Hôtel Le Roosevelt (plan détachable E3, **42**) : *48, rue de Sèze, 69006. ☎ 04-78-52-35-67. • info@hotel-roosevelt.com • hotel-roosevelt.com • Ⓜ Foch. Doubles 90-220 € selon taille et saison ; petit déj 16 €. Parking payant. Réduc de 10 % sur le prix de la chambre w-e, j. fériés, juil (hors Euro 2016)-août.* Charmant hôtel situé dans un quartier très agréable, à proximité du parc de la Tête-d'Or et du centre des affaires de la Part-Dieu. Ne regardez pas la façade, mais laissez-vous séduire par l'accueil, les lumières douces, les fauteuils colorés, les vieilles photos. Dans les chambres, moquette épaisse et lits bien larges incitent à se prélasser. Une adresse chic à prix intéressant hors saison et hors grandes manifestations. Bar à l'ambiance « jazzy ».

Hôtel Au Patio Morand (plan détachable E3, **43**) : *99, rue de Créqui, 69006. ☎ 04-78-52-62-62. • accueil@hotel-morand.fr • hotel-morand.fr • Ⓜ Foch ; bus n° 4. Doubles 70-150 € (moins cher le w-e).* Dans la partie la plus agréable du 6e arrondissement, cet hôtel cache, derrière une façade banale, un adorable patio du XVIIIe s, avec sa petite tour et une bien agréable terrasse. Les chambres sont petites mais bien équipées, et chacune possède une personnalité différente. Dommage que les salles de bains ne dépassent pas la dimension XS.

À la Guillotière

Bon marché

B & B Lyon Gambetta (plan détachable E6, **46**) : *93, cours Gambetta, 69003. ☎ 0892-70-75-34 (0,34 €/mn). • bb_4183@hotelbb.com • hotelbb.com • Ⓜ Garibaldi. Doubles 55 € (tarif w-e)-78 € ; petit déj 6,15 €. Réduc de 10 % sur le prix de la chambre ven-dim hors période de salon et non cumulable avec une autre promo.* 116 chambres fonctionnelles et tout confort, d'un très bon rapport qualité-prix. Cet hôtel de chaîne est un très bon plan à Lyon, d'autant plus que l'on peut loger jusqu'à 3 personnes dans les chambres étonnamment spacieuses. En prime, toilettes séparées de la salle de bains. Optez plutôt pour la vue sur le jardin.

De prix moyens à chic

Mama Shelter (plan détachable D6, **48**) : *13, rue Domer, 69007. ☎ 04-78-02-58-58. • food.lyon@mamashelter.com • mamashelter.com • Ⓜ Jean-Macé. Doubles 69 (le w-e et via Internet)-189 € ; plus on réserve tôt, moins c'est cher ! Chambres communicantes pour les familles. Au resto, formules déj 16-21 € et carte env 35 €. Café offert sur présentation de ce guide.* Pas besoin d'enseigne clinquante, le « kibboutz urbain », décontracté chic du trio Aouizérate-Starck-Trigano, s'est naturellement imposé dans le quartier. L'entrée et le resto, dans le prolongement, annoncent la couleur : le plafond noir a été réveillé par un graffeur qui a opéré à la craie, et le béton brut des murs est réchauffé par le sourire et la gentillesse de l'équipe. Magazines de déco, assises design et parfum d'ambiance, voilà l'idée. Côté chambres (156 quand même, certaines avec balcon), c'est toujours le royaume du béton brut et de la moquette-qui-raconte-des-trucs, avec, à chaque fois, une couleur pastel sur les murs ou le plafond. L'équipement ? Minibar, bureau, coffre-fort et Mac-télé à portée de clic. Très beau et vaste resto, cuisine ouverte, guirlande de bouées au dessus des tables, tissus imprimés qui se télescopent sur les canapés, baby-foot... Et une scène pour des concerts ou des DJs plusieurs fois par semaine. Terrasse.

Dans le quartier de la Confluence

De bon marché à prix moyens

Chambres d'hôtes Péniche El Kantara *(plan détachable B6, **50**) : quai Rambaud, 69002. ☎ 04-78-42-02-75 ou 06-12-41-30-73. • peniche.elkantara@gmail.com • Ⓜ Perrache. Double 110 € ; 40 €/pers supplémentaire.* Tout près de la gare de Perrache, cette péniche reste un nid douillet fort agréable. Nicole Pillon, la propriétaire, tient bon la barre. Au choix, le logement du marinier, resté dans son jus, ou la chambre romantique, avec ses trompe-l'œil, ses éclairages indirects et la grande baignoire au milieu. Petite piscine pour se tremper les jours de grande chaleur (le toit est amovible).

Dans le quartier de Vaise et au pied des monts d'Or

Bon marché

Hôtel du Tourisme *(hors plan détachable par A3, **51**) : 44 bis, quai Jayr, 69009. ☎ 04-78-83-73-48. • hoteldutourisme@wanadoo.fr • hoteldutourisme-lyon.fr • Ⓜ Valmy ; bus n° 31 de Perrache, n° 36 de la Part-Dieu. Doubles 55-63 € selon confort. Un petit déj/chambre et par nuit offert sur présentation de ce guide.* Un petit hôtel tout simple, avec une jolie réception habillée de bois et de vitraux. Des chambres sur cour ou sur quai, pas luxueuses mais agréables. Un accueil réservé, mais au demeurant fort sympathique. Assez excentré, vous trouverez néanmoins différents moyens pour rejoindre le centre-ville.

De prix moyens à chic

Hôtel Dock Ouest *(hors plan détachable par A3, **52**) : 39, rue des Docks, 69009. ☎ 04-78-22-34-34. • contact@dockouest.com • dockouest.com • Ⓜ Gare-de-Vaise ; bus n° 31. Tlj 24h/24. Doubles 74-250 €, familiales 112-335 €. Parking payant. 10 % de réduc sur le prix de la chambre sur présentation de ce guide, hors période de salons et selon dispo.* Cet hôtel du groupe Bocuse dispose de 43 chambres lumineuses, confortables, pratiques. Toutes les chambres sont équipées d'une kitchenette. Mobilier design et couleurs toniques, tout comme l'accueil. *Dock Ouest* propose un superbe petit déj en terrasse ou en salle et, pour les faims de nuit, le fast-food *Ouest-Express* est à deux pas, la brasserie griffée Bocuse à 20 mètres et le resto du grand homme à quelques dizaines de minutes, si vous comptez vous l'offrir. Eh oui, on est ici à la porte des monts d'Or et des packages malins vous seront proposés.

L'Ermitage-Hôtel *(hors plan détachable par A3) : chemin de l'Ermitage, 69450 **Saint-Cyr-au-Mont-d'Or.** ☎ 04-72-19-69-69. • contact@ermitage-college-hotel.com • Tlj. Doubles 150-200 €. Nombreuses offres en ligne. Parking gratuit.* Sur les hauteurs de Saint-Cyr-au-Mont-d'Or, à 15 minutes du centre-ville, un hôtel design où l'on va aux beaux jours se régaler de la cuisine d'une des chefs les plus originales du pays (voir plus loin : « Où manger dans les environs immédiats ») mais que l'on peut choisir aussi si l'on a envie de dormir au calme, dans des chambres avec vue sur Lyon et les monts d'Or voisins, où vous pourrez gambader. Piscine intérieure et extérieure (chauffée), spa avec jacuzzi

OÙ MANGER ?

Lyon tient, vous vous en doutiez un peu, une solide réputation de capitale de la gastronomie... Mais vous risquez d'être étonné par la qualité et l'originalité des tables créées ces dernières années, bien éloignées des traditionnels ***bouchons.*** La table à Lyon fut longtemps à l'image de ces bouchons parfois centenaires, où l'on servait les plats traditionnels locaux : andouillette, tablier de sapeur (fraise de veau panée), saucisson chaud, quenelles, cervelle de canut (fromage blanc aux herbes)... Évidemment, certains ont poussé un peu trop loin le « bouchon », côté accueil bourru et ambiance crade, mais il existe des lieux vraiment typiques. Sa réputation de capitale culinaire, Lyon la doit d'abord à ses ***mères*** (mère Brazier, mère Pompon, mère Caron...), des femmes qui préparaient les crêtes de coq comme personne. Celles-ci ont disparu, d'autres femmes en cuisine réalisent, à midi souvent, une cuisine familiale sympathique, dans des cadres relookés. Mais ce sont surtout leurs fils et petit-fils à ces bonnes mères qui vous feront aimer la ville, avec leur cuisine du moment, qui n'a plus rien à voir avec la tambouille de maman, bien souvent. Du frais, du locavore, à prix sympathique le midi.

Bienvenue au pays de monsieur Paul !

Les temps changent, mais la tradition peut encore avoir du bon. Bien sûr, rien ne vaut aujourd'hui un déjeuner aux ***halles*** (les plus belles de France, aux yeux d'un Lyonnais) ou dans un resto à l'ancienne, où la quenelle est maison et le pâté en croûte un morceau d'anthologie à lui tout seul. Pour arroser le repas, n'hésitez pas à commander un pot de beaujolais ou de côtes-du-rhône, flacons autochtones de 46 cl.
Depuis plusieurs décennies, la ville rayonne par la renommée et le dynamisme de ses ***grands cuisiniers*** regroupés au sein de l'association *Les Toques Blanches.* Si vous ne connaissez que les noms de Paul Bocuse et Jean-Paul Lacombe, vous serez surpris de découvrir dans ce guide nombre de restaurateurs devenus les nouveaux ambassadeurs d'une cuisine rajeunie, épurée, savoureuse... Ils ont déjà essaimé pour certains des bars-restaurants dans toute la ville, en marge de leur étape gastronomique.
Ce n'est donc pas un scoop de déclarer que l'on mange fort bien à Lyon, à des prix qui flirtent parfois avec ceux de Paris, dans des cadres souvent remarquables. C'est d'ailleurs réjouissant de voir que la ville peut sortir des bouchons pour filer sur la voie d'une cuisine qui réconcilie les sexes, les âges, les populations, une cuisine ouverte aux saveurs du monde.

Où manger sur la presqu'île ?

Dans un bouchon traditionnel

En grande majorité, les bouchons traditionnels se situent dans la presqu'île. En voici une sélection, partiale, on le reconnaît, car pour nous l'accueil et l'addition finale comptent autant que la cuisine... D'autant plus qu'aujourd'hui, ce sont de vrais bons chefs

qui reprennent parfois ces adresses méritoires, pour faire une restauration digne de ce nom. Le label « Les Bouchons lyonnais », lancé par la Chambre de commerce et d'industrie et ONLYLYON Tourisme, défend la mémoire gastronomique de la ville et recense une vingtaine d'établissements.
Un dernier conseil : la plupart de ces tables étant de véritables institutions, mieux vaut réserver, surtout le week-end !

De bon marché à prix moyens

|●| *La Mère Jean* *(zoom détachable C5, **60**) : 5, rue des Marronniers, 69002. ☎ 04-78-37-81-27. Ⓜ Bellecour. Tlj sf dim. Congés : 3 sem en août. Résa indispensable. Menus 16-25 €.* Jadis épicerie-resto (on y vendait la nourriture au poids), *La Mère Jean* est demeurée lyonnaise de la tête (de veau) au pied (de cochon) en passant par l'andouillette. Depuis 1923, on se refile l'adresse de ce rendez-vous pas plus grand qu'un mouchoir de poche. Et si ce n'est plus une « mère » mais un chef qui vous accueille, ce sont toujours les mêmes recettes qui garnissent généreusement l'assiette : tête de veau, quenelles, tarte aux pralines...

|●| *Au Petit Bouchon – Chez Georges* *(zoom détachable C3, **61**) : 8, rue du Garet, 69001. ☎ 04-78-28-30-46. • aupetitbouchonchezgeorges69@gmail.com • Ⓜ Hôtel-de-Ville. Fermé w-e et j. fériés. Congés : 1 sem début mai, 3 sem en août. Formules déj 11-19 € ; menus 20-27 € ; carte env 25 €.* Casseroles en cuivre, glaces murales et zinc d'époque. La petite salle chaleureuse et vivante est le rendez-vous des épicuriens avertis. La cuisine, mitonnée dans la pure tradition, garantit une salle comble à chaque service ! « Menu lyonnais » bien équilibré à midi. Gratin d'andouillette, œuf cocotte au saint-marcellin, rien que des grands classiques.

|●| *Café-comptoir Abel* *(plan détachable B5, **62**) : 25, rue Guynemer, 69002. ☎ 04-78-37-46-18. • cafecomptoirabel@orange.fr • Ⓜ Ampère. Entrée par la rue d'Ainay en hiver et par la rue Bourgelat en été. Tlj jusqu'à 22h en sem (22h30 le w-e). Fermé dim soir. Menus 25-39 € (34-49 € déj dim). Carte env 35 €.* En franchissant la porte de ce petit restaurant, on repart comme en 1914, littéralement. Dans ces anciennes réserves à charbon, tout semble être d'époque, du parquet qui craque aux boiseries patinées. Le décor a de la gueule, et on continue, depuis des décennies, à servir ici les classiques de la ville tout en prenant son temps. Petite terrasse au calme derrière l'établissement, sur la rue Bourgelat.

|●| *Le Poêlon d'Or* *(plan détachable C5, **63**) : 29, rue des Remparts-d'Ainay, 69002. ☎ 04-78-37-65-60. • restaurant.lepoelondor@yahoo.fr • Ⓜ Ampère. Fermé w-e. Congés : 2 sem août. Formules 17-19,50 € le midi, et menus 26,50-34 € ; carte env 30 €. Café offert sur présentation de ce guide.* Une adresse qui pourrait ouvrir une nouvelle voie aux bouchons historiques qui ont tout à gagner lorsqu'ils sont tenus, comme ici, par un chef qui ne badine pas avec la qualité des produits. On ferait bien notre quotidien des classiques, tous faits maison. Bonne ambiance où bourgeois lyonnais et gourmands de passage se régalent de concert dans les jolies salles aux touches Art déco.

|●| *La Tête de Lard* *(zoom détachable C3, **64**) : 13, rue Désirée, 69001. ☎ 04-78-27-96-80. • contact@latetedelard.fr • Ⓜ Hôtel-de-Ville. Fermé dim-lun. Congés : août et 1re sem de janv. Formule déj 15 €. Menus 20 € (le midi)-26 € (le soir).* Pour une fois, la salle est plutôt spacieuse, avec ses murs jaunes ensoleillés, de confortables banquettes de moleskine rouge et un plancher à l'ancienne. Ce qui n'empêche pas de prendre ses repas au coude-à-coude, comme le veut l'esprit bouchon. Évidemment, le menu-carte met les spécialités lyonnaises à l'honneur, avec de beaux produits que le chef maîtrise. Il lui arrive aussi de prendre quelques libertés avec le terroir, auquel il insuffle parfois quelques touches de fantaisie. Délicieux gratin dauphinois en accompagnement.

|●| *Chez Mounier* *(zoom détachable C5, **65**) : 3, rue des Marronniers, 69002. ☎ 04-78-37-79-26. ♿ Ⓜ Bellecour. Fermé dim et lun. CB refusées.*

Congés : début janv, sem de Pâques, 3 sem en août. Formules 9,50-12,50 € le midi en sem. Autres menus 14,50-19,50 €. De sa vitrine, Guignol sourit aux promeneurs, les invitant à entrer. Plus d'un quart de siècle de bons et loyaux services. 2 petites salles à la monacale sobriété, mais, n'ayez crainte, l'ambiance est bonne. La cuisine régionale est simple : gnafrons (petits saucissons), tripes, quenelles, du lyonnais pur et dur. Le soufflé de tripes risque de vous surprendre.

Dans les autres restaurants de la presqu'île (1er et 2e)

Sur le pouce

L'Épicerie *(zoom détachable C4,* ***66****) : 2, rue de la Monnaie, 69002. ☎ 04-78-37-70-85. • l-epicerie@orange.fr • Ⓜ Cordeliers. Tlj midi-minuit. Formule 9,90 € ; soupe env 4,60 €, tartine 6,90 € et dessert env 4 €.* Un « bistrot à tartines » au décor d'épicerie où s'alignent sur les étagères boîtes de lessive, bouillons *Kub*, *Banania* et chicorée... Dans les armoires vitrées s'empilent les objets rétros. La carte met en avant de copieuses tartines salées ou des soupes revigorantes, ainsi que des apéritifs d'autrefois comme le *Rinquinquin* ou le *Dubonnet*. Et pour les petits creux de l'après-midi, tartines de beurre ou de confiture accompagnées d'un bol de chicorée.

Bar à Soupes et Quenelles Giraudet *(zoom détachable C5,* ***67****) : 2, rue Colonel-Chambonnet, 69002. ☎ 04-72-77-98-58. • boutiquebellecour@giraudet.fr • Ⓜ Bellecour. Ouv lun-sam 9h-19h. Fermé dim. Formules 11,50-14,90 €.* La célèbre maison bressane, vieille de plus d'un siècle, sert dans sa boutique de dégustation-vente soupes maison de saison et quenelles au choix, pochées ou grillées. Impeccable pour un déjeuner sur le pouce. Également une autre boutique aux Halles Paul-Bocuse *(ouv le dim)*, à ne pas manquer, si vous allez déjeuner là-bas.

L'Instant Fromage *(plan détachable C5,* ***68****) : 31, rue Sainte-Hélène, 69002. ☎ 04-78-92-93-54. • linstantfromage@hotmail.fr • Ⓜ Ampère. Tlj sf dim-lun 10h-22h. Congés : de mi-juil à mi-août et 2 sem à Noël. Formules déj à partir de 10,90 €.* Une idée sympa que ce « bar à fromages » pour une petite faim au déjeuner ou pour l'apéro après le boulot entre copains. Beaucoup de monde en soirée dans la petite salle style campagne années 1950 entre formica et nappes à carreaux. Une trentaine de fromages à la carte, qui évoluent au fil des saisons. Les régionaux de l'étape sont, bien sûr, à privilégier.

Yaafa *(zoom détachable C3,* ***69****) : 17, rue d'Algérie, 69001. ☎ 04-78-27-42-42. • yaafa.falafel@gmail.com • Ⓜ Terreaux. Tlj sf dim 11h30-22h (minuit jeu-sam). Formules 8,50-11,90 € ; carte env 12 €. Une boisson maison offerte sur présentation de ce guide.* Yaafa ? « *You Are A Falafel Addict* » ! Soit pour celles et ceux qui ne maîtriseraient pas la langue de Shakespeare : « Tu es un accro aux falafels. » Donc, falafels il y a (et des bons) dans ce décor frais et acidulé au goût d'aujourd'hui. Des soupes aussi. Sur place ou à emporter.

Café Thomas *(plan détachable C5,* ***70****) : 1, rue Laurencin, 69002. ☎ 04-72-16-28-64. Ⓜ Ampère. Ouv mar soir-sam, jusqu'à minuit. Services 11h-14h, 18h-minuit.* Un bar à tapas créé par Thomas Ponson, chef malin qui s'est lancé dans une reconquête de cette rue autrefois peu passante, ouvrant – en plus de son resto et de son bouchon (dans la même rue, voir « Où manger chic ? ») – ce lieu animé où il fait bon se retrouver, au coin d'une table de bistrot ou au bar. Délicieux amuse-gueules imaginés par un chef qui ne cesse d'innover. Bons vins au verre. Terrasse aux beaux jours.

Bon marché

Les Fils à Maman *(zoom détachable D3,* ***71****) : 25, rue de l'Arbre-Sec, 69001. ☎ 04-78-39-57-57. • contact@lesfilsalyon.com • Ⓜ Hôtel-de-Ville. Fermé sam midi et dim soir en hiver. Congés : 2 sem en août. Plat du jour 12 € le midi ; carte env 30 €.* L'heure est au régressif, aux plats de maman faits par des enfants qui ont grandi dans la nostalgie d'une cuisine familiale que leurs compagnes ne font plus. Du bon, du chaleureux, du sympa, du qui ne se prend pas au sérieux mais reste savoureux jusqu'au bout, sur fond de décor années 1960-70-80 revisitées. On est un peu à l'étroit, c'est la rançon du succès.

Bistro Martine *(plan détachable B5,* ***72****) : 4, rue d'Enghien, 69002. ☎ 04-72-77-93-26. • bistromartine@gmail.com • Ⓜ Ampère. ♿ Fermé ts les soirs, sam-dim et j. fériés. Congés : août. Menus 17-21 €.* Un sympathique petit resto de quartier où l'on déjeune au coude à coude avec la clientèle d'habitués qui apprécient une cuisine maison sans prétention changeant des traditionnels bouchons. Terrasse aux beaux jours. En plus, on fera tout pour vous mettre à l'aise, et l'addition ne pèsera pas sur votre porte-monnaie.

Le Petit Grain *(plan détachable C5,* ***73****) : 19, rue de la Charité, 69002. ☎ 04-72-41-77-85. Ⓜ Ampère ou Bellecour. Face au musée des Tissus. Ouv lun-sam 10h-18h (16h lun). Plat 9,80 €. Carte 20 € max. Apéro offert sur présentation de ce guide.* Une succession de petits espaces joliment décorés qui respirent l'Extrême-Orient, dans une ancienne boutique de modiste, à peine agrandie et tenue depuis plus de 20 ans par Olivier, qui a gardé son sourire et son enthousiasme. D'origine vietnamienne, sa cuisine intègre le *bobun,* généreux bol de vermicelles de riz agrémentés de bœuf ou de poulet et relevés d'herbes, la crépinette saïgonnaise ou la volaille au gingembre, et plein de salades réalisées au gré du marché. Succulentes tartes.

Le Bistrot du Potager *(zoom détachable C3,* ***74****) : 8, pl. Saint-Vincent, 69001. ☎ 04-72-29-61-59. • administratif@lepotagerdeshalles.com • Ⓜ Hôtel-de-Ville. ♿ Tlj sf dim-lun. Congés : 10 j. à Noël. Formules et menus déj 16,50-19 € ; formule tapas 25 €.* À côté des halles de la Martinière, Franck Delhoum a eu la bonne idée de pousser les murs de son gastro (voir plus loin) et de créer ce bistrot d'angle vivant, où l'on se régale de tapas lyonnaises, comprenez : charcuterie corse, italienne ou basque, *piquillos, tortillas,* moules gratinées, poulpe, à accompagner de vins d'ici et surtout d'ailleurs... Pas de résa, on entre, on s'assied. Petit déjeuner complet pour les lève-tôt. Plat du jour à partager, si on le souhaite, autour de la table d'hôtes. *Autre adresse : 163, bd de Stalingrad (69006), près de la gare des Brotteaux (tlj sf sam-dim).*

Le Bistro Pizay *(zoom détachable C3,* ***75****) : 4, rue Verdi, 69001. ☎ 04-78-28-37-26. • bistropizay69@gmail.com • Ⓜ Hôtel-de-Ville. Tlj sf 25 déc et 1er janv. Formule déj 16,90 € ; menus 22,90-33,90 € ; carte env 25 €. Apéritif maison offert sur présentation de ce guide.* Ici, on peut admirer un plafond à la française et une belle fresque murale aux paupières dilatées, le trait noir d'un Van Dongen inspirant. Le soir, les lampes d'usine vous coiffent aussi chaleureusement qu'une couveuse. Vous ne serez pas déçu par cette cuisine traditionnelle de bistrot, à base de produits de saison et avec un petit truc en plus.

Le Petit Persan *(zoom détachable C4,* ***76****) : 8, rue Longue, 69001. ☎ 04-78-28-26-50. • parsamans@gmail.com • Ⓜ Cordeliers. Fermé dim, lun, mer midi et j. fériés. Congés : 1 sem en hiver et août. Formule déj 15 € ; menus 21-29 €. Thé à la cardamome offert sur présentation de ce guide.* Dans cette étroite et courte rue Longue, une cuisine persane parfumée et délicate, à base de fines herbes et épices douces, servie avec beaucoup de gentillesse dans un décor raffiné. Tout est très alléchant : des feuilles de vigne maison à la brochette de blanc de poulet à l'ail, en passant par la cuisse de canard à la sauce aux noix aigre-douce ou le paleron de bœuf mijoté aux fines herbes...

Rivière Kwaï *(zoom détachable C4,* ***77****) : 7, rue Chavanne, 69001. ☎ 04-72-00-87-11. • contact@rivierekwai.com • Ⓜ Cordeliers. Tlj. Formules déj 11-18 € ; le soir, à la carte slt, 20-25 €.* Un restaurant asiatique qui ne joue pas la carte nostalgie. Belle salle aux murs couleur mastic pour une ambiance ethnique assez épurée. Une authentique cuisine thaïe, fine, goûteuse et délicate, ramassée autour de quelques spécialités.

Prix moyens

|●| ***L'Étincelle*** *(zoom détachable C3,* ***78****) : 13, rue Hippolyte-Flandrin, 69001. ☎ 04-78-39-06-57. • letincelle.restaurant@hotmail.fr • Ⓜ Hôtel-de-Ville. ♿ Tlj 19h-22h30 et 12h-14h30 sam-dim. Formules 24-29 €. Café offert sur présentation de ce guide.* Paolo Anaya, originaire du Venezuela, a bien appris dans les grandes maisons lyonnaises (Bocuse, *Cours des Loges*) avant de s'envoler, seul, chez lui. À deux pas de la place des Terreaux, il concocte SA cuisine. À la lecture des menus, les plats semblent simples mais, dans l'assiette, c'est une autre histoire ! Une vraie surprise, tant pour la présentation flatteuse, que pour le plaisir des sens. Le tout agrémenté en salle par l'accueil d'Elsa, sa femme. Excellent rapport qualité-prix.

|●| ***Bones & Bottles*** *(zoom détachable C3,* ***79****) : 5, rue de la Martinière, 69001. ☎ 04-78-69-90-53. Ⓜ Hôtel-de-Ville. Tlj sf dim-lun. Congés : août. Formules 18-21 € le midi ; carte 27-30 € le soir.* Pierres apparentes, tables de bistrot, banquettes, cave où l'on peut aller chercher ses bouteilles, voilà un bar à vins qui devrait faire de vieux os, car on aime autant l'ambiance que les petits plats proposés par Lloyd, un chef d'ici qui a été voir ailleurs, comme beaucoup. Poireau flambé au chalumeau, bœuf tataki au pesto de wasabi, la carte est réduite, mais tout ça a du goût, à commencer par celui de l'originalité. Service aux petits oignons et bon choix de bières artisanales.

|●| ***La Maison Marie*** *(zoom détachable C4,* ***80****) : 5, rue Tupin, 69002. ☎ 04-78-42-38-12. • marielaurencemazuir@gmail.com • Ⓜ Cordeliers. Tlj sf lun. Résa conseillée. Plat du jour 11,90 € et menu déj sem 19,90 € ; autre menu à 28 €. Café offert sur présentation de ce guide.* Une adresse qui ressemble à une bonne nouvelle dans un quadrilatère de rues qui, année après année, nous réserve plutôt son lot de mauvaises surprises. Pour le cadre, des lambris blancs façon Hamptons, un design aussi discret qu'élégant, avec une indéniable touche féminine. Marie est une parfaite hôtesse, formée à l'école Bocuse. Et le chef nous régale avec de jolis produits, dans un esprit bistrot revu et corrigé. Le tout à des prix qui, eux aussi, font plaisir. Petite terrasse.

|●| ***Le Bouchon des Filles*** *(plan détachable C3,* ***81****) : 20, rue du Sergent-Blandan, près de la pl. Sathonay, 69001. ☎ 04-78-30-40-44. • lebouchondesfilles@gmail.com • Ⓜ Hôtel-de-Ville. Ouv ts les soirs, plus sam midi et dim midi. Menu unique 26-29 €.* De la féminité dans le monde des bouchons, on n'attendait que ça ! Isabelle et Laura ont réussi le pari. En cuisine, cela donne des plats traditionnels mais revisités, allégés comme le croustillant de boudin aux pommes servi avec une salade d'herbes. Il vous faudra aussi garder une petite place pour le fromage et le dessert. En salle, le service est souriant et le cadre chaleureux. N'oubliez pas de réserver.

|●| ***Tartufo*** *(plan détachable C5,* ***82****) : 37, rue Sainte-Hélène, 69002. ☎ 04-78-37-22-42. • tartufo@orange.fr • Ⓜ Bellecour. ♿ Ouv au déj slt. Fermé w-e et j. fériés. Congés : de fin juil à fin août. Menu du jour 24,50 € ; carte env 30 €.* Une discrète mais ancienne adresse du quartier des antiquaires, à la déco épurée et au service enjoué. On s'y régale d'une excellente cuisine italienne typique, préparée avec de bons produits. Le menu change d'ailleurs. *Antipasti, spaghetti alle vongole* (en hiver), épaule d'agneau à la sarde... S'il y en a, ne manquez pas la *panna cotta* à la réglisse.

|●| ***Alyssaar*** *(zoom détachable D3,* ***83****) : 29, rue du Bât-d'Argent, 69001. ☎ 04-78-29-57-66. • richardakel@free.fr • Ⓜ Hôtel-de-Ville. Ouv le soir slt, mar-sam 19h30-22h30. Fermé dim-lun. Congés : août et Noël-Jour de l'an. Menus 19-31 €. CB refusées. Digestif maison offert sur présentation de ce guide.* Coincée entre deux restos chic, une adresse qui défie le temps, mais qui a toujours autant d'inconditionnels malgré le décor inexistant. Le maître des lieux est syrien et vous conseillera avec plaisir et humour, en vous tutoyant d'emblée. Après l'assortiment d'entrées (« assiette du calife »), goûtez un étonnant bœuf à la cerise ou un poulet sauté à la crème de sésame et terminez le voyage avec le « dessert des Mille et Une Nuits ». La ville d'Alep revit un peu ici, à travers sa cuisine parfumée et aromatique.

I●I *La Voûte-Chez Léa* *(zoom détachable C4,* ***84****)* **:** *11, pl. Antonin-Gourju, 69002. ☎ 04-78-42-01-33. • lavoutechezlea@orange.fr • Ⓜ Bellecour. Tlj sf dim. Menus 20,50 € (déj lun-sam) puis 29,50 €.* De Léa qui a, plus de 40 ans durant, habité (dans tous les sens du terme) ce resto, ne reste plus qu'une photo avec cette légende : « faible femme mais forte gueule » ! Mais le décor (boiseries crème et nappes rose dragée) n'a pas plus bougé que cette cuisine classiquement bourgeoise et résolument lyonnaise. Des plats d'un goût vrai et d'une franche générosité qui continuent à enchanter les habitués dont, pour situer, Chabrol aurait pu être.

De prix moyens à chic

I●I *La Bijouterie* *(zoom détachable C3,* ***85****)* **:** *16, rue Hippolyte-Flandrin, 69001. ☎ 04-78-08-14-03. • letincelle.restaurant@hotmail.fr • Ⓜ Hôtel-de-Ville. ♿ Tlj sf dim soir, lun, mar midi. Résa plus que conseillée. Menu 15 € mer-sam le midi. Formule soir 35 €. Brunch 27 € dim midi.* Look improbable côté rue, mur de briques blanches, vieux plancher. *Success story* pour ce resto lyonnais nouvelle génération ouvert par un trio qui a tout compris à la restauration d'aujourd'hui. Couverts dorés avec papier peint assorti, dim sum et autres amuse-gueules géniaux que vous allez adorer le midi. Le soir, c'est carrément le grand jeu. Du semi-gastro. Les cuistots n'ont pas le look Bocuse, ils ont voyagé et ce qu'ils sortent à toute vapeur va du bao ou du ravioli farci, au jus juste épatant, avant de vous laisser devant un effiloché d'épaule de cochon ou autres plats croustillants du moment. Places au comptoir à réserver si vous préférez la vue sur les cuisines.

I●I *La Brasserie Georges* *(plan détachable C6,* ***86****)* **:** *30, cours de Verdun, 69002. ☎ 04-72-56-54-54. • brasserie.georges@orange.com • Ⓜ Perrache. ♿ Ouv tlj. Service continu 11h30-23h30 (0h15 le w-e). Menus 22,50-27,50 € ; carte env 30-35 €. La Brasserie Georges* est un monument, ne serait-ce que pour le gigantisme de ses proportions : son immense salle de 710 m² sans un seul pilier, au plafond orné de fresques de Guillermin, en fait l'une des plus grandes d'Europe. En 1836, Georges Hoeffherr prend pour emplacement un terrain insalubre mais stratégique : au carrefour de l'axe Paris-Lyon-Marseille. En 1857, l'étape des diligences cède la place à la gare de Perrache. Lamartine, Verlaine, Jules Verne, les frères Lumière, le peintre Jongkind, Mistinguett, Zola, Rodin fréquentent cette institution, qui accueille tous les grands banquets électoraux. Le temps a passé... Mais le cadre Art déco est là pour rassurer. Quant à la cuisine, dans la grande tradition des brasseries, elle assure et c'est très bien comme ça. Merci, monsieur Georges.

I●I *Le Nord* *(zoom détachable C4,* ***87****)* **:** *18, rue Neuve, 69002. ☎ 04-72-10-69-69. • info@nordsudbrasseries.com • Ⓜ Cordeliers. Tlj jusqu'à 23h (minuit ven-sam). Formule et menu du jour 22,90-26,60 € (sf dim et j. fériés) ; menu dim env 32,50 € ; compter 40,50 € à la carte.* Une adresse entrée dans la légende du siècle : la première brasserie reprise par Bocuse à Lyon, que l'on redécouvre avec plaisir, tellement elle nous rassure, au fond, sur l'évolution du monde. Tous les âges, toutes les couches sociales, ou presque, se rencontrent sur ces banquettes. Pour goûter un vrai saucisson chaud pistaché en brioche, une savoureuse quenelle de brochet, ou s'offrir une sole meunière découpée dans la grande tradition, on ne fait pas mieux. Et puis il y a le spectacle des serveurs, sur un fond de décor « or du temps » que les tentatives de rénovation successives laissent de marbre.

I●I *Le Sud* *(zoom détachable C5,* ***88****)* **:** *11, pl. Antonin-Poncet, 69002. ☎ 04-72-77-80-00. • info@nordsudbrasseries.com • Ⓜ Bellecour. Tlj jusqu'à 23h. Formule et menu du jour 22,90-26,60 € (sf dim et j. fériés) ; menu dim env 35,90 € ; carte env 40 €.* On trouve la marque Bocuse aux quatre coins de Lyon. Après *Le Nord, Le Sud*. Dans cette grande brasserie lumineuse aux couleurs méridionales, les arômes sont si bien domestiqués, les cuissons précises et le service professionnel, que l'on entre volontiers dans la danse. Les saveurs méditerranéennes caressent le palais, au travers d'une carte dans l'air du temps. L'été, quand la véranda s'ouvre et que les tables débordent sur la place piétonne, c'est vraiment... le Sud !

Léon de Lyon *(zoom détachable C3, **89**)* **:** *1, rue Pleney, angle 4, rue du Plâtre, 69001. ☎ 04-72-10-11-12. • reservation@leondelyon.com • Ⓜ Hôtel-de-Ville. ♿ Tlj. Menus 18,10 € midi sem, 22,30-25,50 € ; carte 40-50 €.* J.-P. Lacombe a rendu cette brasserie mythique et centenaire accessible à tous. Côté cadre, ce temple de la gastronomie a conservé sa patine XVIIIe, son vénérable plancher, sa collection de tableaux de marmitons, ses vitraux et ses boiseries. En cuisine, une carte qui revisite les grands classiques. Vous apprécierez la fraîcheur des produits et la voiture de tranche pour le découpage des viandes cuites à la broche. Belle terrasse (circulation bloquée pendant les repas).

Chic

Le Potager des Halles *(zoom détachable C3, **74**)* **:** *3, rue de la Martinière, 69001. ☎ 04-72-00-24-84. • administratif@lepotagerdeshalles.com • Ⓜ Hôtel-de-Ville. ♿ Tlj sf dim-lun. Congés : 2 sem en août et 10 j. à Noël. Formules et menus déj 16,50-19 €. Le soir, menu-carte 39 €.* À deux pas des halles de la Martinière, voici une adresse lyonnaise incontournable. Ancien de chez Bocuse, Franck Delhoum propose une cuisine inventive, maîtrisée et d'une grande fraîcheur. Un menu de saison qui évolue régulièrement, un accueil chaleureux et un cadre contemporain, avec quelques tables devant les cuisines au rez-de-chaussée, tandis que l'étage est plus cossu. Le complément gastro du petit *Bistrot du Potager* cité plus haut.

L'Étage *(zoom détachable C3, **90**)* **:** *4, pl. des Terreaux, 69001. ☎ 04-78-28-19-59. • restaurantletage@live.fr • Ⓜ Hôtel-de-Ville. Tlj sf dim-lun. Résa impérative. Le midi, formule 22 €, menus 45-50 € le soir uniquement.* Pénétrez au fond de cet étroit couloir et gravissez l'escalier à vis jusqu'à... *L'Étage.* Poussez la lourde porte et installez-vous dans le décor raffiné de ce petit salon boisé tendu de rouge. Si vous avez la chance d'avoir une table près de la fenêtre, vous entendrez glouglouter la fontaine aux beaux jours. Le décor est à l'image de la cuisine : gracieux, fin et précis. Carte courte qui tourne au gré des saisons et dont la simple lecture vous mettra l'eau à la bouche.

Le Potiquet *(zoom détachable D3, **71**)* **:** *27, rue de l'Arbre-Sec, 69001. ☎ 04-78-30-65-44. • lepotiquet@free.fr • Ⓜ Hôtel-de-Ville. Fermé sam midi, dim et lun. Menus 21-26 € le midi ; autres menus 32-56 € ; à la carte 35 €.* Dire que l'on mange ici à la fortune du pot, c'est un peu facile, même si le nom du lieu prête à confusion. En fait, vous êtes chez l'un des plus sages chefs lyonnais. Vous apprécierez de vous retrouver dans un cadre de vieilles pierres que le service, sympathique, et la cuisine du marché, fraîche et inspirée, réussissent à rajeunir terriblement. Aurélien Gourrat, passé chez monsieur Paul et à l'Élysée, ce qui, aux yeux des Lyonnais, est un peu la même chose, a retenu de ses maîtres rigueur du travail et précision des cuissons. Petite terrasse en été.

Thomas *(plan détachable C5, **70**)* **:** *6, rue Laurencin, 69002. ☎ 04-72-56-04-76. • info@restaurant-thomas.com • Ⓜ Ampère. ♿ Tlj sf sam-dim. Congés en août, et de Noël au Jour de l'an. Résa impérative. Formules déj 17-21 € ; menus 33 € à midi et 45 € le soir ; carte 45 €.* Thomas ne cesse d'aller de l'avant ! Voilà un chef qui ne se contente pas de goûter sa cuisine, mettre les produits en valeur, respecter les saveurs, qualités qui ont fait sa force et sa réputation. Il a ouvert de nouvelles adresses à son nom dans la même rue (un ***Bistrot,*** un ***Bouchon,*** avec terrasse en été) tout en gardant les principes de base. Les vins semblent être choisis avec autant de soin que les produits. Accueil et sourire exquis, s'il faut tout dire. Décor idéal, donc, pour un repas entre amoureux de la vie. Voir aussi plus haut le ***Café Thomas*** pour manger sur le pouce.

Vatel – École hôtelière *(plan détachable C6, **91**)* **:** *8, rue Duhamel, 69002. ☎ 04-78-38-21-92. • info.lyon@restaurantvatel.com • Ⓜ Perrache. À côté de la gare de Perrache, entre la pl. Carnot et le Rhône. Tlj sf dim-lun. Congés :*

août et fin déc. Menus 29-41 €. Un rapport qualité-prix imbattable. Des élèves tirés à quatre épingles (mais jamais à l'abri d'une légère bévue), des assiettes superbes et copieuses, et des recettes parfois inventives. Le buffet de pâtisseries est redoutable (pour la ligne !). On est loin des espaces *lounges* et de la cuisine fusion. Pour les nostalgiques des flambages et découpages, devenus si rares de nos jours, un joli voyage dans le temps. Vatel a aussi un coin épicerie fine à se damner et même un ***Café Vatel*** aux couleurs du temps, *15, pl. Carnot, tout à côté (fermé w-e et en été ; formule déj 11,50 €).*

|●| *Cuisine et Dépendances Acte II* *(plan détachable C6,* ***92****) : 68, rue de la Charité, 69002. ☎ 04-78-37-45-02. ● cuisinedependancesacte2@orange.fr ● Tlj sf dim, lun et j. fériés. Congés : 3 sem en août. Formules 17-21 € le midi, menus 39,90-79,90 €. Apéritif maison offert sur présentation de ce guide.* Un lieu chaleureux, cosy et désormais incontournable de la scène lyonnaise. Le chef, présent en cuisine, en salle et sur les murs, a fait des produits de la mer sa grande spécialité, sans que les amateurs de viande soient négligés pour autant.

|●| *La Table de Suzanne* *(plan détachable C5,* ***93****) : 39, rue Auguste-Comte, 69002. ☎ 04-78-37-49-83. ● latabledesuzanne@yahoo.fr ● Fermé dim-lun. Congés : de fin juil à mi-août. Menus déj 20-23 €, menu-carte 48 €.* Deux salles élégantes, idéales pour un tête-à-tête. Arnaud Leclercq, passé dans de fort belles et grandes maisons, entre Courchevel et Dubaï, et sa femme Carine ont repris cette adresse pour en faire une table de qualité, à taille humaine ; beaux produits, plats élaborés avec une touche d'exotisme et d'originalité, mais sans ostentation, et belle présentation des mets, voilà un couple charmant qui fait honneur à la gastronomie française.

Où manger sur la colline de Fourvière et dans le vieux Lyon ?

De bon marché à prix moyens

|●| *La Limonade de Marinette* *(zoom détachable B5,* ***94****) : 46, rue Saint-Georges, 69005. ☎ 04-72-32-21-73. ● limonade.marinette@yahoo.fr ● Ⓜ Vieux-Lyon. ♿ Tlj sf lun-mar. Ouv mer, jeu et dim 11h-18h ; ven-sam 11h-23h. Formules 11,50-15,50 €.* Face à l'église Saint-Georges, une épicerie-bazar telle que l'on devait en trouver dans les années 1950-1960. Celle-ci semble tout droit sortie d'un décor de film, mais la cuisine est bien réelle, le formica authentique. Il y a des en-cas à toute heure ou presque, à accompagner de limonade et tagadas-tsoin-tsoin. À côté de ce bistrot-casse-croûte, jetez un œil sur les ateliers de Marinette, un musée du jouet et de l'insolite, où des cours sont donnés.

|●| 🍷 *Le Café du Soleil* *(zoom détachable B4,* ***95****) : 2, rue Saint-Georges, 69005. ☎ 04-78-37-60-02. ● cafe.du.soleil@wanadoo.fr ● Ⓜ Vieux-Lyon. ♿ Sur la petite pl. de la Trinité. Tlj sf dim-lun. Congés : 1re sem de janv. À midi, menu express 16 € ; autres menus 22-34 €. Digestif maison offert sur présentation de ce guide.* Une petite adresse sympathique dans une maison du XVIIe s, sur une adorable placette. Pas mal de vraies bonnes propositions lyonnaises, mais pas uniquement. La bonne halte en descendant de Fourvière, surtout quand quelques rayons de soleil viennent frapper la charmante terrasse. Tiens, saviez-vous que la façade a longtemps servi de décor au premier *Guignol* ?

|●| *Chez Grand-Mère* *(zoom détachable B-C4,* ***96****) : 11, rue du Bœuf, 69005. ☎ 09-51-61-35-38. ● restochezgrandmere@gmail.com ● Ⓜ Vieux-Lyon. ♿ Tlj. Menus 17,90-25,90 €.* C'est en sous-sol que ça se passe. Sous les voûtes, vieilles pierres et objets chinés font bon ménage, et l'atmosphère y est chaleureuse. Dans l'assiette, c'est une cuisine dans la tradition locale, gentiment tournée et pas trop chère pour le quartier. Et allergiques aux chats, passez votre chemin : le matou de la maison a ses habitudes en salle...

Campagne *(plan détachable A4,* **97***) : 20, rue du Cardinal-Gerlier, 69005. ☎ 04-78-36-73-85. • campagne.resto@free.fr • Funiculaire : Fourvière. À côté du cimetière de Loyasse. Fermé sam-dim en hiver, dim soir slt l'été. Congés : vac de Noël. À midi, formules 11,50-19 € ; le soir, menus 24-34 €. Digestif maison offert sur présentation de ce guide.* C'était autrefois, paraît-il, un terrain de boules fréquenté par Édouard Herriot. C'est aujourd'hui, derrière une façade un peu improbable, une petite adresse pleine de vie dans un quartier qui en manque sérieusement. Adorable terrasse sous un opulent mûrier en été, ambiance de chalet de montagne un peu décalé pour les jours moins souriants. Gentille cuisine familiale, au goût d'aujourd'hui.

De prix moyens à chic

Les Lyonnais *(zoom détachable B4,* **98***) : 19, rue de la Bombarde, 69005. ☎ 04-78-37-64-82. • restaurantlyonnais@gmail.com • Ⓜ Vieux-Lyon. Tlj sf dim soir-lun. Formules déj 13,20-17,20 €, menus 24,50-29,50 €. Apéritif maison offert sur présentation de ce guide.* Au pied de Fourvière, on zieute déjà l'extérieur pour lire les dictons écrits à la peinture. De la bonne humeur en somme, de l'humour et de la gourmandise, à l'image du patron qui ne perd jamais l'occasion de lancer un bon mot à la cantonade ! En salle, de grandes tablées en bois qu'on peut être amené à partager, des photos des fidèles adeptes et des assiettes généreuses, qui font évidemment la part belle aux savoureuses spécialités locales. Café-théâtre sur résa dans la cave voûtée.

Daniel & Denise Saint-Jean *(zoom détachable B4,* **99***) : 36, rue Tramassac, 69005. ☎ 04-78-42-24-62. • stjean@danieletdenise.fr • Ⓜ Vieux-Lyon. Fermé dim-lun et j. fériés. Congés : 1re sem janv. Formule déj 21 € ; menus 30-40 €.* Miracle, si l'on peut dire, à si peu de mètres de Notre-Dame : Joseph Viola, cuisinier MOF (meilleur ouvrier de France) réputé, a redonné vie à cette institution au décor resté dans son jus. C'est le premier bouchon gourmand créé par le chef de *Daniel & Denise,* à deux pas des halles. Les menus balaient le terroir et ne plombent pas l'estomac, et le portefeuille s'en tire encore honorablement.

Les Adrets *(zoom détachable B4,* **100***) : 30, rue du Bœuf, 69005. ☎ 04-78-38-24-30. Ⓜ Vieux-Lyon. Fermé w-e et j. fériés (sf 11 nov). Congés : août et Noël-Jour de l'an. Menu complet le midi 18 € ; autres menus 27-45 € ; carte env 40 €.* Pas particulièrement à la mode, mais les vrais Lyonnais, jeunes et vieux, connaissent bien cette adresse discrète, où l'on s'arrache l'excellent menu du midi qui, non content d'être réalisé avec plaisir, ne fait pas dans le mesquin. Le soir, c'est que du bonheur. Une des très rares adresses du vieux Lyon sur laquelle chacun, dans le quartier, dit du bien, c'est tout dire.

Les Cinq Mains *(zoom détachable B4,* **101***) : 12, rue Monseigneur Lavarenne, 69005. ☎ 04-37-57-30-52. Ⓜ Vieux-Lyon. Tlj. Menu le midi 19 € ; autre menu le soir 28 €.* Au cœur de Saint-Georges, Grégory Cuilleron, jeune cuisinier lyonnais, a surmonté les handicaps de la vie autant que ses passages très médiatisés à la télévision pour ouvrir avec son frère et un ami ce lieu convivial. Poutres apparentes et murs de pierre pour rassurer les Lyonnais, déco contemporaine chaleureuse et vue imprenable sur les quais de Saône pour les autres. Plats ludiques et accessibles, qui portent la marque d'une cuisine décomplexée, à l'image d'un chef trentenaire attaché à sa ville mais pas forcément à ses traditions. Carte de vins d'artisans vignerons.

Jérémy Galvan Restaurant *(zoom détachable B4,* **102***) : 29, rue du Bœuf, 69005. ☎ 04-72-40-91-47. • jeremygalvan.jg@gmail.com • Ⓜ Vieux-Lyon. Fermé sam midi, dim-lun (ouv dim pdt la Fête des lumières). Congés la sem de Noël. Résa conseillée. Menus 26 € (déj sem) puis 49-65 € ; carte env 50 €.* Jérémy Galvan, passé chez de grands chefs lyonnais, est un fou de cuisine qui se joue des structures, des parfums, pour créer un monde de saveurs bien à lui. Il a fait le pari de reprendre ce resto pour aventuriers du goût et de le transformer d'un coup de baguette magique en table à la mode. Et ça marche ! Le midi, on peut encore espérer trouver une place en passant, mais le soir, mieux vaut réserver sa table dans ce resto de poche aux couleurs du temps.

Les Téléphones *(plan détachable A-B4,* ***16****) : 23, rue Roger Radisson, 69005. ☎ 04-74-70-07-00. • contact@fourviere-hotel.com • fourviere-hotel.com • Ⓜ Vieux-Lyon, puis funiculaire. Tlj. Menu 26 € le midi. Carte 40-45 €.* Un resto qui joue la carte bistronomique dans un ancien couvent transformé en hôtel 4 étoiles (voir « Où dormir ? »), voilà qui suscite la curiosité. D'autant qu'on entre par l'ancienne chapelle, à la déco flamboyante, avant d'être conduit côté cloître pour prendre place le long du péristyle. Mobilier contemporain, cadre reposant le jour, fascinant la nuit. Carte courte de saison, autour de quelques beaux produits accompagnés de jus du tonnerre et de légumes savoureux. Terrasse avec vue, bar, salon. Service efficace, tonique. Et si vous manquez de pain, inutile de gesticuler, un téléphone noir à l'ancienne relie chaque table à la cuisine.

Où manger à la Croix-Rousse et sur les pentes ?

Sur le pouce

La Bicycletterie *(plan détachable C3,* ***103****) : 16, rue Romarin, 69001. ☎ 04-37-92-04-96. • contact@la-bicycletterie.com • Ⓜ Hôtel-de-Ville. Ouv mar-sam 8h30-19h et lun 14h-19h. Formule 6,50 € et menu 9,50 €.* Attention concept ! C'est tout simplement le premier « café-vélo » français (l'idée est née à Londres) : les salles du fond accueillent un atelier où faire bichonner sa monture favorite et une boutique. Il est aussi possible de louer un vélo, de la ½ journée à la semaine. Côté rue, une autre petite salle ou l'on reprend des forces avec sandwichs, soupes et gâteaux maison. C'est tout simple, tout frais, tout bon. Et l'accueil est gentil comme tout.

The Crock'n'Roll *(plan détachable C3,* ***104****) : 1-3, rue Désirée, 69001. ☎ 09-52-34-21-82. • thecroqnroll@gmail.com • Ⓜ Hôtel-de-Ville. Tlj 11h30-minuit. Formule déj 11,90 €.* Tout est dans l'enseigne ou presque : des croque-monsieur dans une ambiance musicale rock'n'pop et dans un décor de loft (à la new-yorkaise, naturellement). Une bonne ambiance, de bons produits (locaux, souvent), de bonnes idées (ah, les croques sucrés...) et de fréquents événements (de l'expo au... vide-dressing). *Autre adresse : 6, rue Octavio-Mey, dans le quartier Saint-Paul (vieux Lyon).*

Bon marché

Casseroles et vieilles gamelles *(plan détachable C1,* ***105****) : 64, grande-rue de la Croix-Rousse, 69004. ☎ 04-78-29-62-71. Ⓜ Croix-Rousse. Ouv mer-sam et mar midi. Formules déj 10,50-16 € ; menu 24 €. Café offert sur présentation de ce guide.* À proximité du théâtre, une sympathique adresse qui s'en tient sagement aux bonnes recettes de grands-mères, simples et bien tournées. Un parfum d'enfance mêlé à un service charmant, voilà une bonne équation. La déco récente force un peu la note rétro dans ses deux salles façon épicerie 50's et salle à manger familiale, mais la cuisine, savoureuse et pas prétentieuse, l'emporte largement. Et le jardin clos est une aubaine en été !

Le Comptoir du Vin *(plan détachable C2,* ***106****) : 2, rue de Belfort, 69004. ☎ 04-78-39-89-95. Ⓜ Croix-Rousse. Tlj sf sam soir et dim. Congés : mi-août. Plats 10-16 € ; carte env 20 €. CB refusées (et n'envisagez même pas de réserver !).* Atmosphère de bistrot populaire d'antan et un chef et patron qui a autant de personnalité que l'endroit. Cuisine sans chichis, familiale, simple et généreuse. Cochonnailles, patates à l'ail et bonnes viandes, poêlées ou en sauce, que l'on fait glisser avec un vin maison ne faisant mal ni à la tête ni au portefeuille.

Comme on dit à Lyon, mieux vaut attraper chaud en buvant que froid en travaillant !

|●| ***Toutes les Couleurs*** *(plan détachable C3,* ***107****) : 26, rue Imbert-Colomès, 69001. ☎ 04-72-00-03-95. Ⓜ Croix-Paquet. • hroers@gmx.fr • Ouv mar-jeu le midi slt, ven-sam midi et soir. Congés : été, entre Noël et le Nouvel An. Menus 13,90 € (midi)-25 € ; carte env 25 €. Café offert sur présentation de ce guide.* Dans sa cuisine ouverte sur salle, le chef compose ses assiettes colorées tout en discutant avec les clients. Ici la convivialité va de pair avec le bien-manger. Une cuisine végétarienne et bio qui mêle santé et plaisir et où tous les appétits trouvent leur compte.

|●| ***Le Comptoir du Sud*** *(plan détachable B3,* ***108****) : 10, rue Rivet, 69001. ☎ 04-78-28-01-74. Ⓜ Hôtel-de-Ville. Fermé sam soir, dim et j. fériés. Congés : 15 j. mi-août. Plat du jour 9,50 €. Carte 20-25 €. CB refusées.* Sur les pentes de la Croix-Rousse, côté Saône. Un café-restaurant avec un superbe plafond à la française, des tables en bois aux couleurs pastel, un endroit tout simple pour boire un verre ou manger un morceau. De bonnes salades et quelques viandes. On vient ici entre copains ou quand on ne veut pas se ruiner. C'est sans chichis et c'est bien comme ça. Service un peu débordé aux heures d'affluence.

De prix moyens à chic

|●| ***Le Substrat*** *(plan détachable C1-2,* ***109****) : 7, rue Pailleron, 69004. ☎ 04-78-29-14-93. Ⓜ Croix-Rousse ou Hénon. Tlj sf w-e. Formules 17-19 € midi sem ; menus 33-41 €.* Un substrat ? Si l'on ouvre le dico : « en botanique, base sur laquelle poussent les végétaux ». Comme les champignons que cultive le chef en mezzanine, au-dessus d'une belle salle qui pourrait ressembler à un ancien atelier. De la cuisine ouverte sortent des plats d'une apparente simplicité mais qui fourmillent d'idées. Des idées qu'on pourrait parfois juger osées si le chef ne retombait pas toujours sur ses pieds. Il était autrefois sommelier : on s'en serait presque douté au vu de l'épatante carte des vins. Et mention spéciale pour le service.

|●| ***L'Ourson qui boit*** *(plan détachable D3,* ***110****) : 23, rue Royale, 69001. ☎ 04-78-27-23-37. Ⓜ Croix-Paquet. Tlj sf mer, dim et j. fériés. Résa impérative. Formule déj 18 € ; le soir, menu unique 32 €. Pas de carte.* Un petit bistrot constitué de 2 salles en enfilade, resté dans son jus Art déco. Un jeune couple asiatique qui se démène pour satisfaire une clientèle un tantinet bobo déjà nombreuse, même au déjeuner. Et une cuisine dite « de marché », simple, légère et vraiment dans le vent. Autrement dit, créative mais ni indigeste ni affamante ! Le jeune chef cuisine à merveille le poisson et s'éclate avec ses desserts. Ajoutez à cela un incroyable rapport qualité-prix et vous comprendrez qu'on vous livre là l'un de nos coups de cœur !

|●| ***Balthaz'art*** *(plan détachable C2,* ***111****) : 7, rue des Pierres-Plantées, 69001. ☎ 04-72-07-08-88. Ⓜ Croix-Rousse. Ouv mar-sam (mar-mer, le soir slt). Formule déj 17 € ; menus 29-34 € ; carte env 35-40 €.* Une adresse qui ne désemplit pas grâce à son jeune chef bouillonnant d'idées. Tableaux aux murs, déco rétro chic, à découvrir surtout à l'étage, dans une salle basse de plafond à l'atmosphère hors du temps. Cuisine d'aujourd'hui, en revanche, mettant en avant le produit, autant que la présentation de l'assiette. Un classique (et un vrai régal !), le tartare de bœuf. Sinon, la carte changeant tous les 2 mois, vous devriez n'avoir que des surprises sympas.

|●| ***La Bonâme de Bruno*** *(plan détachable D3,* ***112****) : 5, Grande-Rue-des-Feuillants, 69001. ☎ 04-78-30-83-93. • laboname@yahoo.fr • Ⓜ Croix-Paquet. Fermé sam midi et dim-lun. Formules et menus déj 15-18 € ; menu soir 27,50 €. Digestif offert sur présentation de ce guide.* Ne vous laissez pas influencer par la façade : comme souvent à Lyon, c'est à l'intérieur que tout se passe. Accueil chaleureux et souriant, ambiance chic et décontractée, on s'y sent tout de suite bien ! Bruno officie seul aux fourneaux et aime faire plaisir en offrant une cuisine du moment, généreuse, savoureuse. Ce passionné

surprend en jouant sur les épices, les associations de saveurs. Les produits sont d'une extrême fraîcheur, les cuissons parfaites.

Daniel & Denise Croix-Rousse *(plan détachable C2,* ***113****) : 8, rue Cuire, 69004. ☎ 04-78-28-27-44. • danieletdenise.croixrousse@gmail.com • Ⓜ Croix-Rousse. Tlj sf dim-lun. Résa conseillée. Plat du jour 13 €, formule midi sf sam 21 €, menu 30 €.* Troisième établissement ouvert par Joseph Viola, un chef lyonnais qui poursuit la tradition des bouchons dans ce qu'elle a de plus authentique. L'ancienne brasserie de Nano n'a rien perdu de son charme croix-roussien. Nappes à carreaux et verres ballons sur les tables, faïences et photos sur les murs, pâté en croûte et ris de veau dans l'assiette. Terrasse face à la place des Tapis. Un lieu de vie qui se maintient, du mâchon à l'apéro entre copains.

Le Canut et les Gones *(plan détachable C2,* ***114****) : 29, rue Belfort, 69004. ☎ 04-78-29-17-23. • lecanutgones@wanadoo.fr • Ⓜ Croix-Rousse. Tlj sf dim-lun. Fermé 15 j. en août. Formules et menus déj 17-19,50 € ; menu 29 € (le soir).* Véritable concentré de Croix-Rousse, ce restaurant propose une cuisine à la fois inventive et traditionnelle, variant au gré du marché, des saisons et de l'humeur du chef. De la mise en bouche au pousse-café, cette adresse est un enchantement. Des horloges par dizaines, des bouteilles au plafond : son décor kitschissime lui donne en plus un charme fou. Un vrai coup de cœur, et qui dure !

Mon père était limonadier *(plan détachable C2,* ***115****) : 9, rue Justin-Godart, 69004. ☎ 04-78-30-93-10. • papa-limo@neuf.fr • Ⓜ Croix-Rousse. Ouv lun-sam slt le soir à partir de 20h. Congés : 1 sem en août. Carte env 25 €. Apéritif offert sur présentation de ce guide.* Une adresse bien connue des Lyonnais, Croix-Roussiens ou pas. Déco colorée, un rien broc. Petite terrasse bancale au pied d'une volée de marches, typique du quartier. La carte, qui varie selon le marché, est en fait un tableau noir qui se promène entre les tables. Bonne cuisine du marché préparée à la minute. Et quand le chef, qui est de Perpignan, fait des incursions en terre catalane, il ne rentre jamais bredouille, ce qui se répercute tout de suite sur l'ardoise. Délicieux chardonnay ardéchois en pot et jolie carte de bières.

Au Temps Perdu *(plan détachable C2,* ***116****) : 2, rue des Fantasques, 69001. ☎ 04-78-39-23-04. • pascalcappe@yahoo.fr • Ⓜ Croix-Rousse. Tlj sf lun-mar. Service 19h30-23h30. Congés : 15-25 août et 23-30 déc. Slt à la carte : compter 30 €.* La rue des Fantasques forme un véritable balcon avec vue sur Lyon. D'ailleurs, depuis la salle à l'étage, joli panorama. Adresse bien croix-roussienne, avec, derrière une façade copieusement graffitée, banquettes en skaï et vieux bar. Accueil sympa et décontracté, loin de l'agitation du centre-ville. Aux fourneaux, que l'on aperçoit, on prépare une cuisine de bistrot qui assure plutôt bien. Concerts chaque semaine en général.

La Coquette *(plan détachable B2,* ***117****) : 9, pl. Tabareau, 69004. ☎ 04-78-28-44-13. • lacoquette@orange.fr • Ⓜ Croix-Rousse. ♿ Fermé dim, ainsi que lun-mer hors saison. Le midi, formules déj 13,70-16 €. Menus 19,90-27 € le soir ; carte env 30 €. Apéritif maison offert sur présentation de ce guide.* Une cuisine généreuse en saveurs et en quantité, servie dans une ambiance bistrot tout à fait décontractée. Une 1re salle avec un beau bar en formica jaune et 2 autres plus petites et plus intimes. La carte suit les saisons et l'humeur du marche, tant mieux. Terrasse aux beaux jours.

Où manger rive gauche ?

On vous a, à nouveau, fait un découpage par quartiers ; à défaut, vous risqueriez de vous perdre et ce serait dommage. Les bonnes adresses ne manquent pas dans ce secteur qui regroupe une bonne moitié du territoire lyonnais, sur la rive gauche du Rhône.

Autour de la Cité internationale et dans le quartier des Brotteaux

De bon marché à prix moyens

Les Saveurs du Bistrot (plan détachable F3, **118**) : *10, rue du Professeur-Weill, 69006. ☎ 04-37-24-14-25. Ⓜ Masséna. Fermé dim-lun. Formule autour d'un plat 20 €. Menu-carte 24 €.* Du beau travail, dont on peut suivre la préparation en cuisine tout en discutant avec Damien et son équipe, avant de voir arriver des assiettes qui mettent en appétit et donnent irrémédiablement soif. La salle, colorée et actuelle, n'a rien de bouleversant, la cuisine, si. Intuitive, forcément goûteuse, le chef étant passé dans de belles et grandes maisons. On est heureux de retrouver là le duo Damien Combe-Éric Hubert de « Mon Bistrot à moi ».

Café-comptoir Chez les Garçons (plan détachable D3, **119**) : *5, rue Cuvier, 69006. ☎ 04-78-24-51-07. Ⓜ Foch ; bus n° 4. Fermé le soir (sf jeu) et le w-e. Congés : sem du 15 août. Formules et menus 16-18,50 € (déj) et 28 €.* Un bistrot de quartier aux murs tapissés d'un tas de cadres et d'objets, et une collection de billets de banque des quatre coins du globe. Côté ambiance, c'est le 6e arrondissement version décoincée, ça s'embrasse au comptoir entre copains-copines. Une grosse clientèle d'habitués, on les comprend, car on mange fort bien et copieusement chez ces garçons. Les viandes en sauce ont pris le temps de cuire, les salades sont croquantes, fraîches et colorées, et les desserts qui trônent sur la table de billard feraient pâlir de jalousie pas mal de grands-mères.

Le Poivron Bleu (plan détachable F3, **120**) : *12, rue du Professeur-Weill, 69006. ☎ 04-78-24-86-66. Ⓜ Masséna ou Brotteaux. Fermé le soir (sf jeu-ven) et le w-e. Menus 21 € (déj) et 29 €.* Un jeune chef qui, seul en cuisine, s'applique à faire bien et bon à partir de produits soigneusement choisis chez des producteurs qui travaillent avec la même passion. De réjouissants plats s'affichent à l'ardoise dans une petite salle toute sobre. Prix tout aussi emballants que la cuisine (et que la carte des vins). Une adresse à découvrir rapidement avant que tout le quartier n'en ait fait sa cantine.

Sauf Imprévu (plan détachable D3, **121**) : *40, rue Pierre-Corneille, 69006. ☎ 04-78-52-16-35. Ⓜ Foch. Ouvert au déj slt et le jeu soir. Fermé sam-dim. Menu 21-25 €.* Deux noms célèbres dans cette rue, Corneille et Gagnaire. Pour ce dernier, ce n'est pas de Pierre qu'il s'agit, mais de Félix, son fils, qui a eu la bonne idée d'ouvrir ce bistrot du midi qui fait dans la sobriété côté cadre, la simplicité goûteuse dans l'assiette. Cuisine vive, épatante, réalisée en solo par son jeune chef, aussi sincère que doué, et formé à bonne école lui aussi. Felix soigne l'accueil, le duo fonctionne bien... sauf imprévu.

Brasserie des Brotteaux (plan détachable F3, **122**) : *1, pl. Jules-Ferry, 69006. ☎ 04-72-74-03-98. • contact@brasseriedesbrotteaux.com • Ⓜ Brotteaux. Fermé dim. Assiette brasserie 18,50 €. Menus 23 € le midi et 28 € soir et w-e ; à la carte 35 €.* Face à l'ancienne gare des Brotteaux, une brasserie (inchangée depuis 1913, mais rénovée et climatisée) solidement campée dans un décor de glaces et de céramiques, drapé de rideaux satinés retenus par des embrasses. Le patron, Emmanuel Faucon, a le franc-parler des Lyonnais qui se donnent sans compter. Regardez passer les assiettes. Elles sont non seulement copieuses, mais aussi présentées de façon originale. Cuisine de tradition revisitée et savoureuse (genre poireaux vinaigrette et pieds de veau à la truffe, hum !). L'accueil est chaleureux et les serveuses espiègles. Possibilité de 90 couverts, plus 60 en terrasse, vous devriez pouvoir trouver une place.

Au Rendez-vous des Amis (plan détachable F4, **123**) : *249, cours Lafayette, 69006. ☎ 04-78-24-37-54. • josephine@aurendezvousdesamis.fr • Ⓜ Brotteaux. Fermé w-e et j. fériés. Plat du jour 9,40 € le midi en sem. Carte env 25-30 €. Apéritif maison offert sur présentation de ce guide.* Si vous rêvez de vous faire des amis lyonnais, allez rendre visite à cette institution à la déco seventies, du quartier des Brotteaux. La cuisine est dans la même veine amicale, avec ses traditions bistrotières, pleines de saveurs et de générosité (ah, le gratin de tripes !). À noter, la sagesse de l'addition tout comme la gentillesse du service.

|●| ***Les Intimes*** *(plan détachable F3,* ***124****) : 139, rue Bugeaud, 69006. ☎ 04-72-75-05-75. • lesintimes@free.fr • Ⓜ Brotteaux. Ouv le midi lun-ven. Congés : 3 sem en août. Plat du jour 11 €, formules 15,50 et 18,50 €. Carte env 30 €.* Derrière une façade qui ne paie pas de mine se cache un élégant bistrot à l'ambiance feutrée. Une cuisine fraîche, des plats joliment tournés, mais un sourire souvent optionnel... Bien vue, la petite terrasse aux beaux jours.

|●| ***Chez Terra – Bistrot japonais*** *(plan détachable E3,* ***125****) : 81, rue Duguesclin, 69006. ☎ 04-78-89-05-04. Ⓜ Foch. ♿ Fermé dim, lun et j. fériés. Congés : 1 sem à Noël, Pâques et 3 sem en août. Formules déj 12-25 € ; le soir, carte env 30 € et menu dégustation 55 €.* Tout le monde sait que les sushis sont de Lyon (allez, rigolez !) mais que beaucoup sont « nippons ni mauvais » (re-ha ! ha !). Nous sommes ici en présence d'un bouchon japonais à l'ambiance familiale, ce qui n'exclut pas finesse et raffinement pour le contenu des assiettes. Ragoût de porc merveilleusement confit, raviolis maison, poisson cru... Intéressante carte de sakés. Clientèle japonaise et lyonnaise. Certaines fins de soirée, on se sent plus à Tokyo qu'à Lyon. Conseils avisés et beaucoup de gentillesse du côté du service.

De prix moyens à chic

|●| ***Arsenic*** *(plan détachable D4,* ***126****) : 132, rue Pierre-Corneille, 69003. ☎ 09-62-39-85-55. • contact@arsenicrestaurant.com • Ⓜ Place-Guichard. Tlj sf w-e. Formules et menus déj sem 18-22 €. Menu-carte le soir 29-45 €.* Derrière cette enseigne qui peut y faire réfléchir à deux fois et dans un décor de néo-bistrot, Christian Têtedoie, chef étoilé, offre aux valeurs montantes formées dans ses cuisines une scène où exprimer leur art (art scénique-arsenic : jeux de mots !), le temps d'une année ou deux. Place à la créativité débarrassée du protocole, des nappes damassées et du service ronflant ! Il ne reste que le plaisir d'une cuisine inspirée et la convivialité d'une adresse décontractée.

|●| ***Le Théodore*** *(plan détachable E3,* ***127****) : 34, cours Franklin-Roosevelt, 69006. ☎ 04-78-24-08-52. • le.theodore@wanadoo.fr • Ⓜ Foch. Fermé dim. Ouv 7h-fin de service le soir. Formules et menus déj 18-23,50 € ; carte env 45 €. Apéro maison offert sur présentation de ce guide.* Bel établissement classieux, avec une déco très théâtrale (tentures rouges, beaux lustres, grandes banquettes), avec une agréable terrasse en été, un service impeccable, pas guindé. Les produits sont frais, de qualité ; les plats raffinés, de la juxtaposition des couleurs jusqu'à l'association des saveurs. Un vrai bonheur d'être servi, même si les menus offrent peu de choix. Belle carte des vins.

|●| ***Le Café du Peintre*** *(plan détachable F3-4,* ***128****) : 50, bd des Brotteaux, 69006. ☎ 04-78-52-52-61. • contact@lecafedupeintre.com • Ⓜ Brotteaux. Ouvert au déj slt et jeu-ven soir. Fermé w-e. Congés : 1re quinzaine de mai, 2 sem en août. Mâchon lun-ven 8h-10h. Menus 21 € à midi, 25 € le soir. Carte env 30 €.* Un des rares bouchons de ce côté du Rhône. La maman (une mère donc !) est en cuisine pour des plats de tradition qui se tiennent bien. Le fiston est en salle et de bon conseil pour des vins qui se tiennent tout aussi bien. Les habitués sont nombreux à y avoir leur rond de serviette, mais vous devriez trouver une petite place dans cette salle évidemment d'humeur bistrotière (ou sur la petite terrasse quand le temps le veut).

|●| ***L'Est*** *(plan détachable F3,* ***129****) : gare des Brotteaux, 69006. ☎ 04-37-24-25-26. Ⓜ Brotteaux. Tlj jusqu'à 23h (23h30 ven-sam). Formules et menus 22,90-26,60 € ; carte env 40 €.* Installée dans l'ancienne et superbe gare des Brotteaux, petit bijou architectural typique du XIXe s, c'est une des brasseries lyonnaises de Paul Bocuse. Ici, l'œil est sans cesse sollicité. Il y a toujours quelque chose à lire, à découvrir, et on surveille le trafic des trains miniatures qui tournent inlassablement autour de

la salle, le ballet des serveurs en bleu-blanc-rouge, des cuisiniers coiffés d'immenses toques blanches, qui nous rejouent les grands airs du répertoire, comme sur scène, car la cuisine est totalement ouverte sur la salle. Dans les assiettes, une carte brasserie parfaitement maîtrisée, de bonnes viandes à la broche et des gaufres grand-mère qui font partie des valeurs sûres.

M Restaurant *(plan détachable D3, **130**) : 47, av. Foch, 69006. ☎ 04-78-89-55-19. • mrestaurant@orange.fr • Ⓜ Foch. Fermé le w-e. Congés : 1 sem en fév et 3 sem en août. Formules déj 19-26 € ; le soir 26-36 €.* Julien Gautier, formé à bonne école, propose une cuisine à la fois rigoureuse et créative qui suit les saisons. Service à la fois pro et décontracté. Sans conteste, un excellent rapport qualité-prix. Ce chef qui fourmille d'idées a repris en voisin une adresse qu'il a transformée en ***Bouchon Sully*** *(20, rue Sully).* C'était là que Matthieu Viannay avait installé son premier resto, avant d'exceller à *La Mère Brazier.*

Les Apothicaires *(plan détachable D3, **131**) : 23, rue de Sèze, 69006. ☎ 04-26-02-25-09. • lesapothicairesrestaurant@gmail.com • Ⓜ Foch. Fermé sam-dim. Formules 20-24 € le midi. Menu-carte le soir 39-50 €.* Du travail d'apothicaire ? Du beau boulot à deux, tout simplement. Après avoir quitté Bocuse et s'être offert un tour du monde culinaire, Tabata et Ludovic Mey sont revenus à Lyon créer leur nid dans ce 6e arrondissement devenu un vrai repaire pour les gourmands de la nouvelle génération. Une cuisine à 4 mains qui leur ressemble (elle est brésilienne, lui savoyard) dans un cadre où l'on se sent bien. Du bleu canard au mur, une bibliothèque remplie de bocaux, de livres et de babioles marrantes, et dans l'assiette une cuisine d'instinct qui fait la part belle au végétal, au fumé, à la créativité, un poil complexe dans les intitulés mais en réalité tout simplement élégante et enthousiasmante.

Le Splendid *(plan détachable F3, **132**) : 3, pl. Jules-Ferry, 69006. ☎ 04-37-24-85-85. • lesplendid@lespritblanc.com • Ⓜ Brotteaux. ♿ Tlj. Service jusqu'à 23h30. Menus 23 (déj sem)-55 € ; carte env 40 €.* Encore une brasserie de grand chef. Celle-ci appartient à Georges Blanc, de Vonnas, dans l'Ain. Il rend ici un bel hommage aux mères lyonnaises, ces femmes qui ont fait connaître la gastronomie régionale avant Paul Bocuse, d'ailleurs installé juste en face, dans la gare des Brotteaux. Le poulet de Bresse à la crème est ici un pur moment de bonheur.

33 Cité *(plan détachable F1, **133**) : 33, quai Charles-de-Gaulle, 69006. ☎ 04-37-45-45-45. • 33cite.restaurant@free.fr • Parking P3. Bus nos 4 et 58, arrêt « Cité-universitaire ». ♿ Au bout de la Cité internationale, face à l'amphithéâtre. Tlj 12h-14h30, 19h-23h. Formules (jusqu'à 22h) 21,50-26,50 € (sf dim 29 €) ; carte env 40 €. Parking payant.* Design entre bois et chrome, larges baies vitrées ouvrant sur la terrasse, l'amphithéâtre et le parc de la Tête-d'Or. Pour donner vie en cuisine à cette brasserie moderne, les plats ont l'esprit voyageur. Un registre plutôt classique qui navigue entre brises méditerranéennes et régionales.

À la Part-Dieu

Sur le pouce

Ouest Express Part-Dieu *(plan détachable F4, **134**) : centre commercial, 2e étage, porte « Les Terrasses », 69003. ☎ 04-78-95-01-02. Ⓜ Part-Dieu. Lun-ven 7h30-22h ; sam 9h-22h (ainsi que dim pdt les soldes). Formules 8,90-13,50 € (boisson comprise).* Installé dans l'immense centre commercial de la Part-Dieu, un des fast-foods lyonnais de monsieur Paul, tous autour du même concept : une restauration rapide de qualité à toute heure de la journée dans un cadre moderne et tonique. Le mieux quand il fait beau est de filer avec son plateau sur la grande terrasse au pied du Crayon, la tour du *Crédit Lyonnais,* nettement moins sonore que la salle.

De bon marché à prix moyens

Les restos des Halles de Lyon – Paul-Bocuse *(plan détachable*

*E4, **135**) : halles de Lyon, 102, cours Lafayette, 69003. Ⓜ Place-Guichard ; bus n° 1 ou C3. Tlj sf lun 7h-22h30 (7h-16h30 le dim).* Vous ne pouvez pas séjourner à Lyon sans aller au moins une fois déjeuner aux halles, pour vivre en direct la magie de cet univers emprisonné dans une poche de béton, qui éclate pourtant de vie, quand on est à l'intérieur. Derrière *Colette Sibilia,* la reine du saucisson à cuire, voilà un petit bar-restaurant qui a une sérieuse tendance à empiéter sur l'allée. Premier d'une série à vous proposer tétine de vache, quenelles de brochet. Un plat que vous propose également la *Maison Giraudet,* un peu plus loin. On ne mange pas que de la cochonnaille à Lyon ! Il n'y a qu'à voir, le dimanche midi, le monde qui se presse autour de l'étal de la *Maison Rousseau.* Cette institution propose des plateaux de fruits de mer à emporter ou à déguster sur place. S'il y a trop de monde, vous avez le choix, parmi les concurrents. *Merle,* écailler. *Célérier,* écailler. *Chez Léon,* écailler. *Chez Georges,* bar à huîtres... Mais prenez le temps de tourner plusieurs fois dans les allées, vous êtes dans l'un des plus beaux marchés de France, pas spécialement bon marché, il faut l'avouer. Un espace où les bistrots ne manquent pas, à commencer par ceux ouverts par des Toqués lyonnais. Et si vous logez chez des amis, ou en appartement, faites des provisions de bouche pour le soir. On ne présente plus la charcuterie *Bobosse.* Andouillettes, caillettes, saucissons, tout est bon. Ne partez pas sans avoir acheté un fromage chez *La Mère Richard,* autre institution, ou sans être passé chez *Sève* pour les fameuses tartes à la praline (voir plus loin « Où faire son marché ? Où acheter de bons produits locaux ? »).

|●| *Grum & Gram* *(plan détachable E5, **136**) : 264, rue Duguesclin, 69003. ☎ 04-72-31-60-57. Ⓜ Place-Guichard ou Ⓣ Palais de justice. Fermé sam-dim. Congés : août. Au resto, le midi formules 11-18 € et le soir 13-22 €.* Une de ces tables cachées qui nous font aimer Lyon chaque année un peu plus. Cuisine de bistrot fraîche, enthousiaste, vins de producteurs à découvrir, ça pulse, ça vit, les habitués s'accrochent au comptoir pour voir le chef travailler, les retardataires attendent autour de la table d'hôtes, les autres profitent des banquettes ou des tables surélevées. Accueil gentil comme tout, prix doux, déco revigorante. Et si vous ne savez pas grumer votre vin, demandez à Nicolas de vous apprendre, après le coup de feu.

|●| *Le Bistrot du Palais* *(plan détachable E4, **137**) : 220, rue Duguesclin, 69003. ☎ 04-78-14-21-21. Ⓜ Place-Guichard ou Ⓣ Palais de justice. Fermé dim et j. fériés. Congés : 2 premières sem d'août. Plat du jour 12,20 € ; formules 18,50-24,10 €.* À deux pas de la Bourse du Travail, un autre des « bistrots de cuisiniers » de Jean-Paul Lacombe. Son chef propose chaque jour une cuisine de style bistrot, bien maîtrisée, vive, parfois inventive, servie prestement. Au déjeuner, gens de robe en grand nombre et pour cause nous sommes en face du palais de justice. Côté décor, grande salle de brasserie à l'ancienne et une véranda accueillante sur la rue piétonne.

|●| *Le Val d'Isère* *(plan détachable E4, **138**) : 64, rue de Bonnel, 69003. ☎ 04-78-71-09-39. • vuillermin.serge@wanadoo.fr • Ⓜ Place-Guichard. Tlj sf w-e et j. fériés. Congés : 3 premières sem d'août. Formule déj 16,50 € et menu lyonnais 26 € ; carte env 25-30 €.* Un restaurant où vous serez accueilli avec un franc sourire et de bonnes odeurs, au milieu des portraits de chefs et des photos du Lyon d'antan. Tout ce que vous pourrez y manger est d'une fraîcheur extrême (on sent la proximité des halles) et toujours bien apprêté. Le répertoire est celui d'un bouchon, mais on peut aussi manger quelques délicieux poissons. Les desserts sont à l'identique, traditionnels et copieux.

|●| *Daniel et Denise* *(plan détachable E4, **139**) : 156, rue de Créqui, 69003. ☎ 04-78-60-66-53. • crequi@danieletdenise.fr • Ⓜ Place-Guichard ; bus C3. Fermé w-e et j. fériés. Formule déj 21 € ; menu 30 €. Carte env 35 €.* Cette ancienne charcuterie de renom qui faisait comptoir-restaurant est devenue l'un des rendez-vous incontournables de la vie lyonnaise. En entrant, le vieux bar est toujours là pour accueillir les fidèles ; il y a quelques jolis cuivres aux murs et subsistent aussi les barres qui servaient à pendre les saucissons, palettes fumées et autres merveilles. L'atmosphère est chaleureuse, et la cuisine généreuse et bien maîtrisée de Joseph Viola (Meilleur Ouvrier de France 2004) a l'avantage de jouer sur deux registres : les classiques lyonnais et des plats de saison. Pâté en croûte d'anthologie, on ne vous dit que ça ! Du vrai travail d'artisan à l'ancienne. Équipe bien rodée en salle aussi.

|●| *L'Âme Sœur* *(plan détachable E4,* ***140****) : 209, rue Duguesclin, 69003. ☎ 04-78-42-47-78. • paget.fleurie@orange.fr • Ⓜ Place-Guichard ; bus C3. Ouv mar-ven et lun midi. Fermé w-e et j. fériés. Congés : 3 dernières sem d'août. Menu 22 € ; menus à thèmes 39-54 €.* À deux pas du palais de justice, la table est discrète au premier abord, mais l'atmosphère gagne très vite en convivialité tant la savoureuse cuisine du marché et la qualité des vins sont appréciés. Cuisine de goût et de saison signée Olivier Paget, qui joue sur les saveurs du moment, pour vous faire passer précisément un joli moment à table.

À la Guillotière

Sur le pouce

|●| *Nam* *(plan détachable D5,* ***141****) : 12, pl. Raspail, 69007. ☎ 04-72-71-83-72. • philippe@namsandwich.fr • Ⓜ Guillotière. Lun-sam 10h30-15h30. Sandwichs 4-6 €, riz et pâtes 7,50 €.* Assurément plus exotique qu'un insipide jambon-beurre, le sandwich vietnamien *(banh mi)* est lui aussi élaboré avec une baguette croustillante, et relevé avec de la coriandre, des crudités et des pickles. Au choix, porc laqué, poulet à la citronnelle, rillettes de sardines au fromage blanc... La *street food* avec de bons produits, c'est que du bonheur !

De bon marché à prix moyens

|●| *A. Café* *(plan détachable C6,* ***142****) : 20, quai Claude-Bernard (rdc de l'hôpital Saint-Joseph), 69007. ☎ 04-78-61-87-70. Ⓜ Jean-Macé ; Ⓣ Quai-Claude-Bernard. ♿ Lun-ven 8h-17h30. Congés : 3 sem en août et 20 déc-3 janv. Idée du jour env 10 €. Carte env 22 €. Café offert sur présentation de ce guide.* Fallait avoir l'idée de ce petit resto-café sur le pouce installé dans un hôpital ! Baies vitrées donnant sur le quai et bar sur toute la longueur. Côté clients, on trouve *of course !* des membres du corps médical, mais aussi patients, étudiants et curieux de passage. Dans l'assiette, salades, sandwichs ou planches côtoient de délicieuses spécialités arméniennes, pays d'origine du chef réputé, aux manettes de ce café pas comme les autres. Bilan, l'assiette de *mezze* est aux antipodes de l'insipide cuisine d'hosto, tout comme la moussaka. Pour terminer, le baklava est sublime, et les madeleines chaudes au chocolat pas mal non plus...

|●| ☕ *Kitchen Café* *(plan détachable D6,* ***143****) : 34, rue Chevreul, 69007. 📱 06-03-36-42-75. • lekitchencafe@gmail.com • Ⓜ Jean-Macé. Tlj sf lun-mar 8h-18h30 (12h mer). Fermé 3 sem août et 2 sem déc. Menus 18-29 € (plus cher le w-e).* Un endroit tout riquiqui et plein d'énergie. Elle est suédoise (ça se remarque un peu dans la déco et dans certains plats), lui français. Ce qui transparaît aussi dans la cuisine, fraîche et enlevée, c'est le passage de ce duo (elle est cuisinière, lui pâtissier) chez quelques grands. Les jolies pâtisseries donnent d'ailleurs envie d'y revenir l'après-midi autour d'un thé ou d'un chocolat ou d'y prendre le petit déj. Le plus dur étant d'y trouver une table...

|●| 🍷 *Le Bistrot des Fauves* *(plan détachable D5-6,* ***144****) : 29, rue Saint-Michel, 69007. ☎ 09-81-44-46-05. Ⓜ Saxe-Gambetta. Tlj 9h-1h (10h-1h w-e). Formules déj sem 13,90-21,40 €. Carte env 27 €.* 📶 Un bistrot à la cool, avec des chaises dépareillées et un carrelage qui a vu défiler quelques générations de pieds. Ce lieu qui vit tous les jours (et à Lyon, ça tient quasiment du miracle !), du petit noir du matin à l'apéro (sympathiques planches de fromages au lait cru, si ça vous dit), régale aussi son monde d'une cuisine maligne, qui pourrait en remontrer à quelques tables plus prétentieuses, surtout au regard des prix pratiqués.

|●| ***Restaurant du Soleil – Chez Kadded*** *(plan détachable D5,* ***145****) : 26, rue Villeroy, 69003. ☎ 04-78-60-82-64. • restosoleil@hotmail.fr • Ⓜ Guillotière ; bus nº 4. Tlj midi et soir. Repas complet env 25-30 €.* Déco en formica, dans une salle sobre mais bien mise, des habitués aux tables et des serveurs qui passent les commandes par l'interphone. Du monte-charge, le couscous arrive fumant dans des plats en inox, les portions sont impressionnantes. Beaucoup de semoule, mais aussi beaucoup de légumes et de viande. Également de bons tajines, par exemple d'agneau aux pruneaux. En été, tables dehors donnant sur la vivante et populaire place Bahadourian.

|●| ***Indo Café*** *(plan détachable D6,* ***146****) : 14, rue de la Thibaudière, 69007. ☎ 04-78-58-33-30. • contact@indocafe.fr • Ⓜ Jean-Macé. Tlj sf dim et lun midi. Formules déj 15-18 € ; 20-25 € le soir. Buffet à volonté jeu midi, le soir jeu-sam 15-22 €.* Étonnant endroit qui réussit plutôt bien le grand écart entre popote familiale et adresse *hype*. Pour la famille : maman est en cuisine (pour des plats vietnamiens réussis) et frère et sœur en salle (pour un service juste impeccable). Pour le côté branchouille vitaminé : la déco du resto est plus que décalée avec son patchwork de papiers peints colorés, et il y a un bar *lounge* attenant. Terrasse-trottoir quand la météo est d'accord et concerts, soirées DJ.

De prix moyens à chic

|●| ***Café Sillon*** *(plan détachable D6,* ***147****) : 46, av. Jean-Jaurès, 69007. ☎ 04-78-72-09-73. • cafesillon@hotmail.com • Ⓜ Jean Macé ou Saxe-Gambetta. Ouv mar-ven et sam soir. À midi, formules 19-23 € ; menu 38 € le soir.* Il fallait l'audace d'un jeune chef aussi doué que peut l'être Mathieu Rostaing pour transformer un rade décrépit en fleuron de la gastronomie décontractée, qui ne s'embarrasse pas du superflu. Le cadre, qui a certes récupéré les tables en bois, reste d'ailleurs très minimaliste. On se concentre sur l'assiette, qui met en avant les produits bruts avec subtilité. Au choix, un poisson ou une viande, basta. Du goût, de l'idée, du talent, voilà ce que distille le chef dans une cuisine limpide. Terrasse aux beaux jours.

|●| ***En Mets fais ce qu'il te plaît*** *(plan détachable D6,* ***148****) : 43, rue Chevreul, 69007. ☎ 04-78-72-46-58. • contact@enmetsfaiscequilteplait.fr • Ouv lun-ven, et sam soir. À midi, menu 25 € ! Le soir 38 ou 48 €.* Bon, l'entrée – qui donne sur la cuisine ouverte – n'est pas très engageante, on vous l'accorde... Ce resto de poche est unique en son genre, et si informel qu'on s'y sent comme chez des amis d'amis. Qui – au passage – n'avaient pas vraiment prévu de vous compter au nombre de leurs invités (le sourire semble, ici, en supplément...). À priori (sûrement même !), Katsumi Ishida, le chef d'origine japonaise, préfère l'assiette au décor et à l'ambiance (même si l'endroit reste plaisant). Et on ne s'en plaint pas quand justement débarquent les assiettes. Environnement atypique, donc, pour une cuisine souvent exceptionnelle...

|●| ***L'Art et la Manière*** *(plan détachable E6,* ***149****) : 102, Grande-Rue-de-la-Guillotière, 69007. ☎ 04-37-27-05-83. • contact@art-et-la-maniere.fr • Ⓜ Guillotière. Tlj sf sam, dim et j. fériés. Congés : 3 sem en août. Formule déj 22 € ; menu 32 €.* Le duo Fred et Fabrice est bien rodé. Allez rôder à votre tour dans leur quartier. Ces deux « Gueules de Lyon » (une association de chefs ayant du mordant !) ont ouvert un restaurant où l'on se sent bien. La déco, mêlant la pierre apparente et le contemporain, rend l'endroit très intimiste. Le plaisir continue dans l'assiette, heureusement, avec une cuisine originale et savoureuse. Du grand art, sans trop de manières ! À côté, leur adresse plus récente, ***Les Bonnes Manières,*** revient sur les classiques de la cuisine lyonnaise.

Plus chic

|●| ***Marguerite*** *(plan détachable G6,* ***150****) : 57, av. des Frères-Lumière, 69008. ☎ 04-37-90-03-00. • info@nordsudbrasseries.com • Ⓜ Sans-Souci. Tlj. Formules déj 26,50-30,50 € ; menus 43,50-50 €.* Paul Bocuse a

le nez creux pour mettre la main sur les endroits d'exception ! Il a rendu son lustre d'antan à cette belle maison bourgeoise où ont vécu les frères Lumière. Atmosphère intimiste dans les salons du rez-de-chaussée comme à l'étage, qui se transforme en salon de thé l'après-midi. Un écrin de choix pour une belle cuisine, qui affûte ses classiques plus qu'elle n'ose l'originalité. Délicieuse terrasse ombragée.

Où manger dans les environs immédiats ?

Si vous avez une voiture, poussez jusqu'aux monts d'Or, un petit massif au nord-ouest de Lyon, où il fait bon se balader. Ceux qui auront économisé suffisamment pousseront jusqu'au pied de chez Bocuse, dans sa prestigieuse adresse du Pont de Collonges.

De prix moyens à chic

Au Colombier : *pont de Saint-Bernard, 69480* ***Anse.*** *☎ 04-74-67-04-68. • info@aucolombier.com • Prendre l'autoroute direction Villefranche et sortir à Anse, suivre Trevoux-Saint-Bernard et le 1er chemin à gauche, une fois passé le pont. Tlj en été ; fermé dim soir et lun en hiver. Congés : janv. Menus 20,50-26,50 € midi en sem, puis 32-69 €.* Un lieu enchanteur que l'on est enchanté d'avoir dégoté. Selon la saison, vous vous réfugierez en salle devant la cheminée, sous la paillote camarguaise ou en terrasse. Le parcours du chef n'est pas étranger aux changements apportés au fil des ans à ce restaurant. Formé par de grands chefs, il est désormais aux portes de Lyon où il propose une carte à la fois authentique, inventive et gourmande. Frédéric Côte a même aménagé une table d'hôtes pour déjeuner ou dîner en cuisine, près du jardin !

La Cuisine à manger de l'Ermitage-Hôtel : *chemin de l'Ermitage, 69450* ***Saint-Cyr-au-Mont-d'Or.*** *☎ 04-72-19-69-69. • contact@ermitage-college-hotel.com • Tlj. Résa conseillée. Formule déj 29,50 € (22,50 € dim soir) ; autre menu le soir 34,50 € (36,50 € sam soir et dim midi).* Sur les hauteurs de Saint-Cyr-au-Mont-d'Or, un bâtiment moderne, construit en terrasse. Le restaurant a été conçu de façon à profiter au maximum de la vue superbe que l'on a ici sur Lyon. Dans une véranda qui donne l'impression de flotter au-dessus de la ville, la « cuisine à manger » offre une formule unique qui invite à picorer une succession de plats. Audrey de Pouilly a fait ses classes chez Bocuse. Sa cuisine est une cuisine du moment, « à l'instinct » comme elle aime à le dire, et elle joue beaucoup avec le goût des voyages. Cuisine à l'image du lieu : moderne, originale et pourtant puisant dans les saveurs de notre enfance.

Très, très chic

L'Auberge du Pont de Collonges – Paul-Bocuse : *40, rue de la Plage, 69660 Collonges-au-Mont-d'Or. ☎ 04-72-42-90-90. • reservation@bocuse.fr • ♿ De Lyon, emprunter le tunnel de la Croix-Rousse, remonter la Saône sur sa rive droite sur 7 ou 8 km jusqu'à Collonges ; c'est le long de la rivière. Bus nos 40 et 43. Tlj 12h-13h30, 20h-21h30. Résa impérative. Menus 165 et 220 €.* Une provocation ? Non, une information, à l'heure des célébrations tout azimuts du grand homme de Lyon (il a aussi son portrait en bronze à l'office de tourisme, pour que chacun puisse dire qu'il a posé un jour à ses côtés). On a découvert ici une atmosphère admirable de justesse, une symphonie intelligente de mise en condition, pour déguster la plus célèbre des cuisines (selon les Lyonnais), au milieu de touristes venus du monde entier. Après avoir pénétré dans l'antre voyant rouge et vert et passé en revue les fresques à la gloire de monsieur Paul, la fête commence. Produits, saveurs, cuissons, températures... et découpe. La grande tradition. Et c'est cela qu'on paie. Et puis il y a le chariot de fromages frais et affinés (de chez la *Mère Richard* à Lyon) et la farandole de desserts...

Où faire son marché ? Où acheter de bons produits locaux ?

Allez faire un tour aux halles de Lyon, bien sûr, mais aussi sur les marchés et dans les adresses de la presqu'île que nous vous indiquons, pour préparer votre panier pique-nique (direction le parc de la Tête-d'Or ou les berges du Rhône) ou rapporter quelques spécialités lyonnaises à la maison. Rosette, saucisson de Lyon, saucisson à cuire, sabodet, cervelas pistaché et/ou truffé, fromages en tout genre, vins des coteaux lyonnais... Mais aussi des pains, des fruits, des légumes superbes. Les marchés de produits frais sont des lieux de haute importance à Lyon. Imaginez ! C'est le point de départ de la cuisine, la trame de toute l'histoire culinaire. Pensez si c'est sérieux !

Sur la presqu'île

Le marché du quai Saint-Antoine *(zoom détachable C4)* **:** *il se prolonge sur le quai des Célestins. Tlj sf lun 6h-13h (13h30 ven-dim).* C'est ici et pas ailleurs que tous les grands chefs et tous les amoureux de la vraie cuisine viennent s'approvisionner. Ici et pas ailleurs que tous les petits producteurs du Rhône vendent leurs produits.

Boulangerie Pozzoli *(zoom détachable C4,* ***173****)* **:** *18, rue Ferrandière, 69002. ☎ 04-78-42-66-27. Ⓜ Cordeliers. Fermé dim.* François Pozzoli est l'un des meilleurs artisans de France. Il est aussi le boulanger des restos de Paul Bocuse. Un grand choix de pains, tellement bons qu'on les dévore comme des gâteaux. Alors achetez-vous du fromage, de la charcuterie, et improvisez un pique-nique. Également d'excellents sandwichs, tartelettes salées, viennoiseries et pâtisseries vraiment parfaits, rustiques et toujours très frais. En cas d'hésitation, faites-vous conseiller par Mme Pozzoli et ses *girls,* toujours sympathiques et souriantes. En saison (pour Mardi gras), laissez-vous tenter par les bugnes à la fleur d'oranger, délicieuses.

Le Garçon Boulanger *(plan détachable C6)* **:** *à l'angle de la rue de la Charité et de la rue Franklin, 69002. ☎ 04-72-40-20-79. Ⓜ Ampère. Fermé sam ap-m et dim.* Tout est excellent, des pains bio aux sandwichs *king size.*

À la Croix-Rousse

Le marché de la Croix-Rousse *(plan détachable B-C2)* **:** *bd de la Croix-Rousse, 69004. Ⓜ Croix-Rousse. Tlj sf lun 6h-13h (13h30 ven-dim). Marché bio sam.* Plus petit (habituellement) que celui du quai Saint-Antoine, plus populaire, plus vivant également et moins cher. Il fait partie de l'image du quartier (un petit village dans la ville).

Goûter *(plan détachable B-C2)* **:** *16, pl. de la Croix-Rousse, 69004. Ⓜ Croix-Rousse.* Avec cette nouvelle boutique, le pâtissier-chocolatier Sébastien Bouillet remet à l'honneur les gâteaux de son enfance et revisite les cakes, tartes et brioches avec malice. Goûter la Tra'Bouille, tarte aux pralines qui fait croquer et craquer tout à la fois ! Voir aussi plus loin : « Où acheter du chocolat ? »

Sur la rive gauche

Les Halles de Lyon – Paul-Bocuse *(plan détachable E4,* ***135****)* **:** *102, cours Lafayette, 69003. Ⓜ Place-Guichard. Mar-sam 9h-22h30, dim 9h-16h30.* Attention, halle moderne pour produits haut de gamme. Parmi les maisons les plus recommandables, pour les fous de charcuterie lyonnaise, retrouvez *Colette Sibilia.* Pour les amateurs de fromages, rendez-vous chez la très médiatisée *Mère Richard* et la *Maison Maréchal,* qui conditionne aussi les fromages sous vide. Aux halles, vous trouverez également des marchands de vin qui vous conseilleront sur les 10 crus du beaujolais. Sans oublier une boutique-dégustation des fameuses quenelles *Giraudet.* Idéal pour une pause déjeuner dans ce lieu mythique, où les tables pour manger sur le pouce, ou même à l'assiette, ne manquent pas (voir plus haut « Où manger ? » dans le 3e arrondissement).

Le marché du quai Victor-Augagneur *(plan détachable D4)* **:** *en* *bordure du quartier de la Guillotière, 69003.* Ⓜ *Place-Guichard. Ts les mat mar-dim, et le jeu 14h-19h.* Un marché convivial et très cosmopolite.

Sur le bd des États-Unis *(hors plan détachable par G6),* **place du 8-Mai-1945,** grand marché alimentaire *mar et jeu mat, et marché général sam jusqu'à 13h30.*

Sur les bords de Saône

Boulangerie de l'île Barbe – Maison Jocteur *(hors plan détachable par A1)* **:** *5, pl. Henri-Barbusse, 69009.* ☎ *04-78-83-98-35. Mar-dim 7h-20h.* Véritable institution lyonnaise tenue par Philippe-Marc Jocteur, cette boulangerie offre un cadre authentique juste à côté de l'île Barbe. Ce petit coin de paradis est l'endroit idéal pour le petit déj du dimanche matin. Croissants, petits pains, tartelettes, gâteaux, tout est de qualité. Une mention spéciale pour la tarte à la praline qui est particulièrement succulente. Un rendez-vous incontournable pour les amateurs de bons produits et de pâtisseries. Possibilité de déguster une collation le midi sur une petite terrasse.

Salons de thé, cafés

Maison de thé traditionnelle Cha Yuan *(plan détachable C5,* ***174****)* **:** *7-9, rue des Remparts-d'Ainay, 69002.* ☎ *04-72-41-04-60.* • *infos@cha-yuan.com* • Ⓜ *Ampère.* ♿ *Ouv mar-sam 10h-19h et lun 14h-19h. 250 thés à déguster. À midi, formule 14 €.* Une authentique maison de thé avec boutique. Côté décoration, que des matériaux naturels dans de douces tonalités, de belles photos et des objets asiatiques pour créer une atmosphère raffinée. Cérémonie chinoise du thé à la carte.

Bernachon Passion – Salon de thé *(plan détachable E3,* ***170****)* **:** *42, cours Franklin-Roosevelt, 69006.* ☎ *04-78-52-23-65.* Ⓜ *Foch. Mar-sam 9h30-18h30. Congés : 4 sem de mi-juil à mi-août.* À côté de la célèbre pâtisserie-chocolaterie du même nom. Les prix sont élevés pour ce salon de thé, mais la maison vaut le détour pour son chocolat chaud, d'une qualité absolument hors du commun. Riche et crémeux sans être écœurant, épais mais surtout pas farineux, ni trop sucré ni trop amer : une pure merveille d'équilibre. Alors on affronte le regard des fidèles et on va se recueillir devant le suprême breuvage, comme face à soi-même. Un vrai rituel ! Pour les chocolats et gâteaux, on préfère aller directement à côté : c'est moins cher et plus sympa d'aller les manger au parc de la Tête-d'Or.

Le Comptoir des Fées *(plan détachable C5,* ***177****)* **:** *31, rue de la Charité, 69002.* ☎ *04-37-23-02-10.* Ⓜ *Ampère. Ouv mer-sam 10h-19h ; brunch dim 10h30-15h45. Congés : de fin juil à mi-août. Menus 13-18 €.* Quel charme, quel cachet que cette bonbonnière feutrée, dont le tapis, les fauteuils anciens et la vaisselle dépareillée rappellent le salon de grand-maman ! De délicieux effluves de scones et muffins imprègnent l'atmosphère… À accompagner d'une tasse de thé, *of course.* À midi, tartes et cakes salés tout aussi savoureux.

La Boîte à Café *(plan détachable C3,* ***178****)* **:** *3, rue de l'Abbé-Rozier, 69001.* ☎ *04-27-01-48-71. Lun-ven 7h30-19h, sam et j. fériés 9h-19h, dim 10h-19h. Brunch dim (16 €).* Un mouchoir de poche vitré à l'angle d'une petite placette, aussi peu de tables et des chaises dépareillées ; une poignée de tables dehors d'ailleurs. Aux commandes, des passionnés de café, des baristas, qui vous feront découvrir différentes méthodes de préparation du café. Dès le petit déj, on peut accompagner son petit noir d'une viennoiserie, d'un yaourt-granola-fruits frais ou de l'une des pâtisseries du jour (*carrot cake,* cake au citron, muffin...), voire le compléter par un jus d'oranges pressées. Et avec la presse à portée de main, on peut filer un vrai petit moment de bonheur.

OÙ SORTIR ?

Où boire un verre ? Où écouter de la musique ?

Dans le vieux Lyon

BMD (zoom détachable C4, **211**) : *3, rue des Trois-Maries, 69005. ☎ 04-72-41-38-11. • bmd-lyon@orange.fr • Ⓜ Vieux-Lyon. Lun-sam 11h-minuit, dim 11h-17h. Verre de vin à partir de 4 €.* Les 3 initiales annoncent la couleur : « Bois, mange et détends-toi ! » Ce petit bar à vins tient ses promesses grâce à une belle sélection de bouteilles et à des prix qui n'ont pas pris le melon. Les vins sont triés sur le volet, et les indécis se laisseront aiguiller par un responsable passionné qui en connaît un rayon. Belles charcuteries, quiche lorraine et tartares pour accompagner la dive bouteille.

Johnny Walsh Irish Pub *(zoom détachable B5,* ***210****) : 56, rue Saint-Georges, 69005. ☎ 04-78-42-98-76. Ⓜ Vieux-Lyon. Ts les soirs sf dim-lun 21h-3h.* Un pub vraiment chaleureux où les Irlandais nostalgiques se retrouvent. Également plein d'Anglais, et des Lyonnais aussi. Musique live du mardi au samedi. Toujours beaucoup de décibels, d'ambiance et encore plus de bière.

Jazz Club Lyon Saint-Georges *(zoom détachable B5,* ***95****) : 4, rue Saint-Georges, 69005. ☎ 04-78-03-88-71. • jazzclub-lyonsaintgeorges.fr • Ⓜ Vieux-Lyon. Ouv mer, ven-sam 19h-1h.* Café-concerts jazz, blues et swing manouche, qui font du bien quand on passe dans ce coin du vieux Lyon pas forcément des plus hilarants. Apéro-concert ouvert à tous, de 19h à 22h30, suffit de pousser la porte. Les musiciens sont sur scène à partir de 19h45, en 2 sets.

The Smoking Dog *(zoom détachable C4,* ***212****) : 16, rue Lainerie, 69005. ☎ 04-78-28-38-27. Ⓜ Vieux-Lyon. Tlj 17h-1h ; w-e à partir de 14h.* Happy hours *lun-ven 18h-20h.* Dans ce beau bar, genre pub anglais tout en longueur, on aime les livres : une bibliothèque parallèle au bar court au-dessus des tables et, le mardi, un pub-quiz est organisé pour le plaisir des instruits ! On peut aimer aussi les retransmissions sportives que des écrans diffusent en direct. Atmosphère et déco chaleureuses. Service au bar.

St. James Pub *(zoom détachable C4,* ***213****) : 19, rue Saint-Jean, 69005. ☎ 04-78-37-35-70. Ⓜ Vieux-Lyon. Tlj. À partir de 14h sem, 12h w-e (et jusqu'à 2h jeu-sam).* Un pub qui se revendique sans mal irlandais. Décor très réussi avec des vitraux et des tables compartimentées qui préservent l'intimité des buveurs de bière. Pour ce qui est de l'animation : fléchettes, billards, retransmissions sportives. Clientèle assez anglophone et chaude ambiance lors des matchs du Tournoi des six nations (notamment France-Irlande). Petite restauration le midi.

La Cave des Voyageurs – Bar à vins *(zoom détachable C3,* ***217****) : 7, pl. Saint-Paul, 69005. ☎ 04-78-28-92-28. • la.cavedesvoyageurs@laposte.net • Ⓜ Vieux-Lyon ; bus C3. Ouv 18h-23h. Fermé dim-lun. Congés : vac scol de fév et août. Grignotages env 15 €.* Un tout petit bar à vins (c'est, paraît-il, le plus ancien de la ville) juste en face de la gare Saint-Paul. Jolie sélection de vins au verre, d'ici et d'ailleurs, et assiettes de saison pour accompagner.

Sur la presqu'île

Animée d'une affairiste et commerçante activité diurne, la presqu'île possède toute une gamme de bars, du grand café au petit troquet, où chacun a, selon sa classe sociale, ses habitudes. La mode des bars à vins prenant chaque année plus d'importance, certains restos indiqués un peu plus haut se transforment à la nuit tombante

OÙ SORTIR ?

en bar à tapas, pour accompagner la dégustation de vins d'ici ou d'ailleurs, comme le *Café Thomas,* rue Laurencin, ou le *Bistrot du Potager,* rue de la Martinière (voir « Où manger ? »).
La nuit venue, autour des Terreaux et des pentes, d'autres établissements ouvrent leurs portes, pour d'autres habitués plus dissipés. Certains cafés schizophrènes passent avec talent du plat du jour au verre de nuit.

La Poule au Pot *(zoom détachable C3,* ***220****)* **:** *5, rue de l'Arbre-Sec, 69001. ☎ 04-72-00-82-29. Ⓜ Hôtel-de-Ville. Lun-sam 8h30-1h, dim 12h-20h. Formules déj 14,90-17,50 €.* Le genre d'adresse où l'on prend vite ses habitudes. Branchée mais pas snob, animée sans être assourdissante. Plutôt marrant, le film ancien projeté sur un mur, son coupé. La musique est bien dosée, tout comme les cocktails, à se siffler avec des tapas le soir. À midi, un petit choix de plats qui changent tous les jours.

Le Baryton *(zoom détachable C3,* ***226****)* **:** *30, rue de l'Arbre-Sec, 69001. ☎ 04-78-28-34-41. • le-jv.lebaryton@gmail.com • Ⓜ Hôtel-de-Ville. Tlj jusqu'à 3h (à partir de 8h lun-ven, 10h sam, 15h dim). Formule déj 14 € ; sinon carte 20-25 €.* Un petit bar-resto bien sympa, style piano-bar, en plein cœur de la presqu'île, qui propose des plats en fonction du marché et de l'humeur du temps. Le rapport qualité-prix est imbattable. On peut en plus profiter de leur terrasse chauffée l'hiver, qui donne sur une rue piétonne. Pour prendre un verre le soir en écoutant des concerts de jazz (le week-end) ou pour déjeuner, une adresse qui ne se prend pas pour une diva.

Café Marmot *(plan détachable C6,* ***221****)* **:** *51, rue de la Charité, 69001. ☎ 04-78-82-61-91. • cafemarmot69@gmail.com • Ⓜ Perrache ou Ampère. Mar-sam 8h-18h. Formule déj 14 €, brunch sam 18 €.* Dans la répartition des tâches, la mère est en cuisine, le fils accueille les clients, taille une bavette avec les habitués et court chercher le pain si vous le prenez au dépourvu de bon matin. Atmosphère très relax, pour des bricoles maison annoncées à l'ardoise : tartes salées, salades, *carrot cake,* cookies, à accompagner d'un jus artisanal par exemple. Aussi bon que sympathique.

Grand Café des Négociants *(zoom détachable C4,* ***200****)* **:** *1, pl. Francisque-Régaud, à l'angle des rues Édouard-Herriot et Grenette, 69002. ☎ 04-78-42-50-05. • negociants@lesnegociants.com • Ⓜ Cordeliers. Tlj 7h-3h. Formules et menus déj 22,90-26,50 €. Autres menus 35 €.* Créé en 1864, le *Grand Café des Négociants* a tout d'abord abrité les tractations virulentes propres aux grandes foires à bestiaux du quai Saint-Antoine. Plus tard, ce fut au tour des diamantaires de venir y négocier leurs ventes par signes convenus à coup de jeux de miroirs. Les miroirs sont toujours là, soulignés de frises et rehaussés de dorures. Décor baroque splendide. Un lieu un peu chic pour voir autant que pour goûter.

Le Broc Bar *(zoom détachable C3,* ***201****)* **:** *20, rue Lanterne, 69001. ☎ 04-78-30-82-61. Ⓜ Hôtel-de-Ville. Tlj jusqu'à 1h (minuit dim et lun). Sélection de thés pour les amateurs.* Sur une placette sympa, la terrasse du *Broc Bar* est immanquable avec son mobilier en zinc coloré rouge et jaune. L'accueil décontracté et souriant donne vite l'impression de faire partie des familiers. D'ailleurs, comme il est indiqué, les clients sont les bienvenus avec leurs sandwichs, pizzas... Sinon, planches de fromage et de charcuterie. À l'intérieur, petite salle agréable et intime.

Hot Club Jazz de Lyon *(zoom détachable C4,* ***203****)* **:** *26, rue Lanterne, 69001. ☎ 04-78-30-96-67. • hotclubjazzlyon.com • Ⓜ Hôtel-de-Ville. Ouv mar-sam 20h30-1h. Concerts vers 21h30. Congés : 20 juin-20 sept. Entrée : 7-10 €. Env 5 concerts/sem.* Fondé en 1948, c'est le plus vieux des bars associatifs de jazz en France, parrainé par Duke Ellington. La belle cave voûtée bénéficie d'une excellente programmation et accueille toutes les tendances du jazz (be-bop, manouche, musiques improvisées, New Orleans, vocal, etc.). Les plus grands noms du jazz ont joué ici et le *Hot Club de Lyon* demeure une étape indispensable pour un jazzman en France.

Moonshine *(zoom détachable C4,*

216) : *15, rue des Quatre-Chapeaux, 69002. ☎ 04-78-37-19-74. Ⓜ Cordeliers. Tlj sf dim 17h-2h.* Un bar à cocktails vraiment intime avec ses lumières tamisées, son mur en briques et sa sympathique mezzanine. On y vient volontiers main dans la main ou en petit comité pour apprécier la chaleur des lieux, la musique jazzy et les délicieux cocktails de fruits frais. Cerise sur le *mojito,* l'accueil est très sympa. Petite terrasse fort agréable en été.

Eden Rock Café *(zoom détachable C4,* ***207****)* **:** *68, rue Mercière, 69002. ☎ 04-78-38-28-18. • olivier@edenrockcafe.com • Ⓜ Cordeliers. Tlj 16h30-1h (w-e jusqu'à 3h). Congés : dernière sem de déc.* Rencontre entre un décor inspiré du rêve américain et du rock des années 1950 et un hôtel particulier du XVIe s (levez la tête pour admirer les plafonds), qui fut un temps l'un des bordels les plus chic de la ville. Au rez-de-chaussée, grand bar et, au fond, une petite salle où l'on peut manger assez tard le soir des plats *made in USA* (*burgers,* salades, *chile*...). À l'étage, une salle agréable où des groupes (rock, blues, funk) viennent se produire du jeudi au samedi soir, autour de 22h.

Café de la Cloche *(plan détachable C5,* ***202****)* **:** *4, rue de la Charité, 69001. ☎ 04-78-37-44-54. • kflacloche@wanadoo.fr • Ⓜ Bellecour. Tlj sf dim 7h (8h sam)-21h. Congés : 15 j. août. Pour tout repas consommé, apéritif maison offert sur présentation de ce guide.* Un café ouvert depuis 1804 qui a, presque miraculeusement, échappé à la spéculation immobilière. Dans un décor discrètement Art déco, un lieu bien vivant qui organise régulièrement des soirées-débats : philo, sciences, voire mode (consulter leur site). Petite carte type snack (produits frais) et tout aussi petite terrasse quand il fait beau.

Le Café 203 *(zoom détachable C-D3,* ***204****)* **:** *9, rue du Garet, 69001. ☎ 04-78-28-65-66. • cafe203@wanadoo.fr • Ⓜ Hôtel-de-Ville. Service tlj 7h-1h.* Ce bistrot très décontracté ne fait rien comme les autres, et on peut toujours y... fumer. On vient ici pour boire son petit crème du matin ou pour l'apéro, sans pour autant le prolonger d'un repas.

À la Croix-Rousse et sur les pentes

Le quartier des canuts et des traboules, perché sur sa colline, regarde de haut l'agitation mercantile de la presqu'île à ses pieds. Héritiers des établissements où se réunissait une classe ouvrière rebelle, les bars de la Croix-Rousse sont certainement les plus accueillants de la ville, qui semble, au cœur de ce village, avoir oublié qu'elle était grande.

Le Bistrot fait sa Broc *(plan détachable C2,* ***205****)* **:** *3, rue Dumenge, 69004. ☎ 04-72-07-93-47. Ⓜ Croix-Rousse. Lun-sam 17h-1h.* Tout le monde l'appelle le Bistrot Broc ou même le Broc tout court. Une déco rock'n'kistch, des habitués du quartier qui, au comptoir, ne vous abandonneront pas à votre solitude, des expos et des concerts quand l'accueillante équipe en a envie. Quelques trucs sympathiques à grignoter.

Le Fantôme de l'Opéra *(plan détachable D3,* ***223****)* **:** *19, rue Royale, 69001. ☎ 04-37-92-03-88. • lebaryton@orange.fr • Ⓜ Hôtel-de-ville. Mar-sam 18h-1h.* Ce fantôme n'a rien d'effrayant, on a même envie de se blottir dans ses fauteuils, à la lueur des bougies. Ambiance intime, et cocktails diaboliquement bons et élaborés dans les règles de l'art. Service impeccable.

Le Bec de Jazz *(plan détachable C3,* ***224****)* **:** *19, rue Burdeau, 69001. 📱 06-69-38-74-17. • becdejazz20@gmail.com • Ⓜ Croix-Paquet. À l'angle avec la rue Pouteau. Mer-sam 22h30-5h. Fermé en août. Entrée libre.* Ne vous laissez pas impressionner par le côté bricolo et approximatif de l'entrée et n'y passez pas trop tôt. Un club un peu à l'ancienne, avec, au fond, une adorable salle où, avachi dans de gros fauteuils ou assis sur des banquettes de moleskine, vous aurez peut-être la chance d'entendre jouer Tchangodeï, le patron, pianiste de jazz d'origine béninoise. À l'étage, ça guinche sur des rythmes jazzy-funky, voire rock'n'roll. Attention, l'enseigne est aussi discrète que l'adresse atypique.

Le Terrier du Lapin blanc *(plan détachable C3,* ***225****)* **:** *37, rue*

Imbert-Colomès, 69001. 06-63-05-46-19. Ⓜ Croix-Paquet. Mer-dim à partir de 17h. Ça se bouscule, dans ce terrier à l'ambiance *arty* ! Une large fresque d'un côté, des médaillons *old school* ailleurs, des canapés bien creusés et des bougies dont la cire dégouline, voilà pour le cadre décalé. Évidemment, les conversations s'échauffent dans une atmosphère musicale éminemment sympathique, tout en sirotant une bière locale. Excellent rapport qualité-prix, ce qui ne gâche rien.

Café Cousu *(plan détachable C3,* ***206****) : 14, rue René-Leynaud, 69001. ☎ 04-72-98-83-38. • cafe.cousu@gmail.com • cafe-cousu.com • Ⓜ Croix-Paquet. Mar-ven 11h-1h ; sam-dim 11h-19h. Fermé 3 sem en août. Plat du jour env 10 €. Brunch 17 € (w-e). Pour tout repas, café offert sur présentation de ce guide.* Un endroit sympa et décontracté. Clientèle jeune et étudiante, tendance *arty*. À l'intérieur, tables en formica et chaises dépareillées. On aime bien la petite mezzanine confidentielle. Allez-y le soir pour un verre, vous y retournerez sûrement pour goûter à la cuisine fraîche et pleine de bonne humeur.

Moi j'm'en fous, je triche ! *(plan détachable C3,* ***222****) : 8, rue René-Leynaud, 69001. ☎ 04-69-70-13-00. • contact@debitdejeux.fr • debitdejeux.fr • Mar-sam 19h (15h sam)-1h ; dim 15h-19h. Adhésion annuelle (obligatoire) : adulte 6 € ; enfant 3 € ; famille 12 €.* Un café « ludique », où l'on vient jouer avec ses amis ou avec d'autres joueurs rencontrés sur place. Jeux de damiers, de stratégie, de cartes... 1 300 jeux du monde entier sont proposés par des bénévoles passionnés – ça va sans dire – qui prendront le temps de vous aiguiller et de vous expliquer les règles du jeu que vous avez choisi, s'ils le peuvent. À consommer sans modération !

Un Petit Noir *(plan détachable C3,* ***233****) : 57, montée de la Grande-Côte, 69001. ☎ 09-73-65-41-38. • contact@unpetitnoir.fr • Tlj sf mer et lun mat, 9h-19h.* Libr(air)e-cafetier, tel se présente Jean-Pierre Barrel, un fou de polar qui est le seul de la région à pouvoir prétendre réunir autour de lui tous les auteurs et éditeurs régionaux du genre. On y boit des cafés noirs, mais pas que... Nombreux événements (consulter le site). Terrasse pour commencer à lire son polar au soleil.

– Au nord de la presqu'île, pas loin des Terreaux, en bas de la Croix-Rousse, on aime bien aussi la place Sathonay où les joueurs de boules viennent profiter du petit parc. Quelques cafés sympas tout autour : *le* ***Café de la Mairie,*** toujours bondé, le ***Café Comptoir de la place,*** plus branché et plus moderne. Sans oublier notre préféré, le plus discret et plus culturel ***Tasse Livre*** *(à l'angle de la rue Vitet)* pour boire un bon jus de fruits ou un milk-shake en consultant la presse dans une belle salle voûtée qui accueille des expos de jeunes artistes. Et, pour manger une bonne glace, on vous conseille ***Les Enfants Gâtés*** : elles sont faites maison, délicieuses et largement servies.

Et côté rive gauche, ou même ailleurs...

Lyon est une vaste cité et n'allez pas penser que, hors du centre, point de salut. La très populaire (et étudiante) Guillotière, par exemple, voit, depuis une poignée d'années, s'ouvrir nombre de lieux un peu alternatifs.

Le Court-Circuit *(plan détachable D5-6,* ***214****) : 13, rue Jangot, 69007. ☎ 09-54-36-61-29. • contact@le-court-circuit.fr • le-court-circuit.fr • Ⓜ Guillotière. Lun-ven 9h30-1h, sam 18h-1h. Formule déj 16 € ; plat du jour 9,50 €.* Un bistrot coopératif dont l'enseigne explique tout : court-circuit c'est pour circuit court. Tous les produits (souvent bio) sont achetés en direct à des petits producteurs : bières artisanales, jus de fruits dans le même esprit... Étudiants un peu baba et créatifs du quartier un peu bobos pour une ambiance forcément très détendue. On peut y manger le midi et y grignoter le soir. Concerts (gratuits) le samedi (sf en été) et, aux beaux jours, grande terrasse tranquille le long d'une jolie fresque.

Le Gonzo Bar *(plan détachable D5,* ***215****) : 3, rue Montesquieu, 69007. ☎ 09-52-83-07-50. Ⓜ Guillotière. Lun-sam 17h-1h.* Berlin ? On pourrait presque s'y croire entre les murs de pierres de ce bar à la déco un peu industrielle et à l'impeccable bande-son. Pas de *currywurst* toutefois mais des hot-dogs maison qui ont leurs fans. Un lieu à la vitrine discrète, à l'image de l'ambiance, tranquille (pas du tout gonzo, du coup !).

Comptoir 113 *(plan détachable E6,* ***209****) : 113, Grande-Rue-de-la-Guillotière, 69007. ☎ 04-72-80-93-40. • comptoir113@orange.fr • Ⓜ Saxe-Gambetta ou Garibaldi. Tlj sf dim-lun (hors saison). Pour tt repas pris sur place, apéro maison offert sur présentation de ce guide.* Un comptoir qui nous fait du gringue avec son cadre pimpant, ses nombreuses références de vins au verre et ses tapas gourmandes qui accompagnent des vins si à propos.

Ninkasi Gerland *(hors plan détachable par D6,* ***229****) : 267, rue Marcel-Mérieux, 69007. ☎ 04-72-76-89-00. • ninkasi.fr • Ⓜ Stade-de-Gerland. Bar ouv 10h-1h (3h le jeu, 4h ven-sam et minuit dim) ; resto* Le SILO *à l'étage et snack ouv tlj sf sam midi et dim. Congés : Noël, 1er janv, 1er mai. Plat du jour 9,50 € ; menu 22 €.* Dans ce grand entrepôt, à deux pas du stade de Gerland, un lieu pluridisciplinaire avec plusieurs soirées DJ par semaine, une salle de concerts, des écrans géants pour suivre les matchs de l'OL, un resto de burgers bien rodé *(Le SILO)*. La brasserie n'est plus sur place, mais on y boit toujours les bières artisanales brassées à une cinquantaine de kilomètres.

Où sortir ? Où danser ?

Grande ville très codifiée, Lyon n'est pas une cité aisée pour le noctambule étranger, particulièrement s'il veut sortir dans la presqu'île, où les clubs privés sont souvent réservés à une clientèle qui y a ses habitudes. Filtrage rigoureux à la limite de la paranoïa et visages inconnus systématiquement repoussés, sauf si vous garez devant l'entrée votre Ferrari et que vous laissez ostensiblement dépasser une liasse de dollars de votre poche. Lyon, la nuit, aime le pognon et ne s'en cache d'ailleurs pas. Heureusement, quelques établissements tendance laissent encore une place à l'inconnu qui vient de débarquer, surtout s'il est élégant. Celui-ci aura comme objectif de guetter les *flyers* imprimés qui annoncent les soirées spéciales. Si vous ne souhaitez pas vous départir de votre tenue de jour ou ne vous sentez pas au top de la branchitude, vous trouverez votre place dans les petites discothèques plus accessibles mais moins rigolotes du quai Romain-Rolland, par exemple. Enfin, les vrais noctambules, qui savent que la communauté homosexuelle est, ici comme ailleurs, celle qui propose le plus d'endroits rigolos, finiront leur nuit autour de la rue Royale, la « Castro Street », entre Saône et Rhône.

La Marquise *(plan détachable D5,* ***232****) : péniche amarrée face au 20, quai Victor-Augagneur, 69003. ☎ 04-72-61-92-92. Ⓜ Place-Guichard ou Guillotière. Au sud du pont Wilson. Tlj 14h-1h (5h jeu-sam). Entrée gratuite le ven et soirs sans concerts (3-15 €).* Bar-boîte flottant plutôt sympa, tout en longueur (forcément), avec un passage délicat du bar central qui forme un goulet d'étranglement. Clientèle jeune et un peu mode, filtrage pas trop excessif, mais parfois beaucoup de monde. Concerts et programmation éclectiques, ambiance groovy. Belle terrasse ouverte l'été à partir de 14h pour toute la famille.

♫ ***Le Black & White*** *(zoom détachable C4,* ***234****) : 18, quai Romain-Rolland, 69005. ☎ 04-78-42-36-34 ou 06-51-33-61-49. • jean.alexandre.burger@gmail.com • Ⓜ Vieux-Lyon. Mer-sam 23h-6h. Entrée libre mer-jeu ; 15 € ven-sam (gratuit pour les filles le ven).* Sur cette portion de quai où les discothèques pullulent, on aime bien cette boîte au public assez mélangé. Hip-hop, R'n'B, rap....

♫ ***La Cour des Grands*** *(plan détachable B5,* ***231****) : 60, montée de Choulans, 69005. ☎ 04-78-37-23-95. • contact@lcdg-lyon.fr • Ⓜ Perrache. Bus nos 39, 46, 47 et 49. Jeu-sam de 19h à l'aube. Entrée payante à partir de 23h : 12-15 €. Parking gratuit.* Un lieu original pour de folles soirées : une ancienne chapelle et une grande terrasse accueillent des danseurs branchés et, en été, on peut aussi profiter de coins salon installés dans le grand parc.

♫ **Le DV1** *(plan détachable C-D3, **237**) : 6, rue Roger-Violi, 69001. • dv1-club.com • Ⓜ Croix-Paquet. Jeu-dim minuit-6h. Entrée : prix selon programmation. Verre : 8 €.* Pour électro *addicts*. Chaque week-end, d'excellents DJs de la scène locale ou internationale évoluent entre house et techno.

♫ **Le Sucre** *(plan Confluence A2, **218**) : 49-50, quai Rambaud, 69002. • hello@le-sucre.eu • le-sucre.eu • Ⓜ Confluence. Fermé lun-mar. Soirées clubbing ven-sam ; voir le site pour les autres événements. Entrée : 10-30 €.* Le premier « *rooftop club* » de Lyon, perché tout en haut de la Sucrière. Vue évidemment assez étonnante sur la Saône et ce quartier en devenir. Plus qu'un club, en fait, un lieu culturel à la programmation pointue axée musiques électroniques. Il a accueilli les premières éditions du festival des Nuits Sonores avant de devenir le principal site de la Biennale internationale d'art contemporain.

♩ ♫ |●| **Docks 40** *(plan Confluence A1, **219**) : 40, quai Rambaud, 69002. ☎ 04-78-40-40-40. • docks40.com • Ouv jeu soir-sam soir, à partir de 18h.* Un immense espace qui mixe resto (plats classiques et tapas) et « bar festif » : concerts live ou DJs.

Aller au spectacle

Lyon est une ville de théâtre : une multitude de salles, petites et grandes, proposent des spectacles de qualité, d'une grande diversité. Faire l'économie d'une soirée théâtre serait vraiment dommage. Pour être au fait de l'actualité théâtrale, procurez-vous le mensuel gratuit *... 491*, qui existe aussi en ligne, et qui recense toutes les programmations du moment.

L'Espace Gerson *(zoom détachable B3, **240**) : 1, pl. Gerson, 69005. ☎ 04-78-27-96-99. • espacegerson.com • ♿ Tlj 20h30 (+ 19h sam) et 2 dim/mois. Entrée : 16 € ; réduc.* Lundi à 20h30, « découverte », c'est-à-dire audition et tremplin pour jeunes talents. Mardi, improvisation. Chansonniers, sketchmen, chanteurs et autres déconneurs montent sur la scène de ce café-théâtre. Plein d'humoristes connus et inconnus, qui ne le resteront peut-être pas longtemps. On peut prolonger la soirée en prenant un verre au bar après le spectacle.

Les Subsistances *(plan détachable A3, **242**) : 8 bis, quai Saint-Vincent, 69001. ☎ 04-78-39-10-02. • les-subs.com • Accès libre tlj 9h-19h ; accueil-billetterie ouv mar-ven 13h-18h. Fermé en août. Tarifs des spectacles : 10-14 € ; tarif réduit sur présentation de ce guide.* Cet ancien couvent du XVIIe s est un espace culturel immense qui comprend l'École nationale des beaux-arts de Lyon, ainsi qu'une résidence d'artistes. Les recherches de tous ces artistes, dans des domaines très variés, aboutissent à des rendez-vous publics : spectacles, week-ends de création...

La Maison de la Danse *(hors plan détachable par G6, **241**) : 8, av. Jean-Mermoz. Rens et résas : ☎ 04-72-78-18-00. • maisondeladanse.com •* La Maison de la Danse est logée dans l'ancien théâtre du 8e arrondissement. Cette imposante structure circulaire en béton armé représente un témoignage rare de l'architecture des années 1960. Soumise à un important lifting depuis, elle possède une salle et un studio de répétition équipé d'un gradin. Programme à la fois audacieux et varié, qui laisse une place importante aux chorégraphes majeurs du XXe s comme aux jeunes créateurs contemporains. Outre ses spectacles de danse, le lieu propose également une vidéothèque, une salle vidéo et organise des vidéo-rencontres et des répétitions publiques. Enfin, l'excellent vidéo-bar-restaurant *Ginger & Fred* permet de se sustenter avant et après le spectacle.

Le théâtre de Guignol

Théâtre le Guignol de Lyon et le Collectif Zonzons *(zoom détachable C4,* ***250****)* ***:*** *2, rue Louis-Carrand, 69005. ☎ 04-78-28-92-57. • guignol-lyon.com • Ⓜ Vieux-Lyon ou Hôtel-de-Ville. Bus C3, nos 19, 40 et C14 arrêt St-Paul. Spectacles tt public : 10 € ; enfant 7,50 € ; spectacle en soirée 18 € ; réduc.* Une équipe de passionnés, totalement dévouée à la cause de Guignol. Ces Zonzons ne se contentent pas de maintenir en vie des marionnettes, ils les intègrent dans la vie culturelle lyonnaise. Plusieurs spectacles tournent, pour l'immense plaisir d'un large public, de 3 à 103 ans et plus. Des décors superbes, de la musique et des couleurs travaillées, un vrai travail de pro.

Le Guignol du parc *(plan détachable E2)* ***:*** *☎ 04-78-93-71-75 ou 04-78-28-60-41. • loisirs-parcdelatetedor.com • Entrer par la porte de la Tête-d'Or située en haut du bd des Belges ; le théâtre est derrière le parc aux Daims. Représentations mer, w-e, j. fériés et vac scol à 15h, 16h, 17h et l'été 18h. Tarifs : adulte 4 € ; enfant 3,50 €. La Bête fantastique du Gévaudan, Un voleur mal inspiré* et *La Rivière de diamants* sont trois des pièces du répertoire classique de Guignol qui ont fait et font rire parents et enfants depuis des générations. On n'est pas sûr qu'ils comprennent toujours l'argot des *gones,* mais les coups de bâton, ils adorent. Tant que les enfants riront, Guignol vivra.

Guignol, un gone de Lyon, compagnie Daniel Streble *(plan détachable B1,* ***252****)* ***:*** *65, bd des Canuts, 69004. Salle La Ficelle (1er étage). Résa obligatoire : ☎ 04-72-32-11-55 (en direct 9h-13h). • guignol-un-gone-de-lyon.com • Ⓜ Hénon. Représentations mer, sam, dim et vac scol 15h30. Tarifs : adulte 9,50 €, enfant 7,50 € ; réduc.* Du guignol traditionnel pour tout public et, sur réservation, spectacles pour adultes avec « Pot » ou « Mâchon » (car il ne faut pas oublier que au départ, Guignol s'adresse aux adultes, avec des histoires bavardes et subtiles).

La Maison de Guignol *(zoom détachable B4,* ***253****)* ***:*** *2, montée du Gourguillon, 69005. Résa indispensable : ☎ 04-72-40-26-61. • lamaisondeguignol.fr • Ⓜ Vieux-Lyon. Séances mer à 16h, sam-dim à 10h30, 14h30 et 16h ; vac scol tlj 10h30, 14h30, 16h et 17h30. Durée : 45 mn (+ 15 mn de visite des coulisses). Tarifs : enfant 9 € ; adulte 11 €. Café-théâtre jeu-sam sur résa de préférence (env 18 € ; réduc).* Installé dans un immeuble du XVe s qui servit de décor à la première pièce de l'histoire de Guignol. Spectacles de marionnettes traditionnels et café théâtre.

ACHATS

Chocolat

Bernachon : *42, cours Franklin-Roosevelt, 69006. ☎ 04-78-24-37-98. Ⓜ Foch. Mar-sam 8h30-19h ; dim, 8h30-17h oct-avr.* Les Lyonnais sont très fiers de compter, parmi les nombreux chocolatiers de la ville, l'un des meilleurs artisans de la planète ! La maison fait son propre chocolat selon des recettes familiales depuis 3 générations. Les fèves sont torréfiées sur place, bref tout est maison. Rien ne vous empêche d'aller acheter, comme vos parents avant vous, un ballotin des précieux « palets d or » et autres spécialités de M. Bernachon fils.

Richart, la maison de la dégustation : *3 boutiques.*

– 35, cours Franklin-Roosevelt, 69006 (en face de Bernachon !). ☎ 04-78-89-00-21. Ⓜ Foch. Lun-sam 11h-13h, 14h-19h.

– 1, rue du Plat, 69002, entre la pl. Bellecour et la Saône. ☎ 04-78-37-38-55. Ⓜ Bellecour ou Vieux-Lyon. Lun-sam 10h-13h, 14h-19h

– 102, cours Lafayette, 69003 (Halles de

Lyon – Paul-Bocuse). ☎ 04-72-16-75-21. Mar-sam 9h-19h ; dim 9h-13h. Lyonnaise d'origine, la maison a également essaimé à Paris et vers d'autres capitales. Toujours des chocolats, mais traités tout à fait différemment. Un packaging moderne et très chic pour un large choix de chocolats également modernes.

Pâtisserie Bouillet :

– 15, pl. de la Croix-Rousse, 69004. ☎ 04-78-28-90-89. Ⓜ Croix-Rousse. Mar-sam 8h30-19h15 ; dim 8h30-13h. Au 16, tout à côté, une boutique pour retomber en enfance (voir plus haut « Où acheter de bons produits locaux ? »)

*– **Boutique Presqu'île :** 14, rue des Archers, 69002. ☎ 04-78-42-98-40. Mar-jeu 9h45-13h, 14h-19h ; ven 9h45-19h ; sam 9h30-19h30.*

*– **Chokola :** 3, rue d'Austerlitz, 69004. ☎ 04-78-27-69-53. Mar-ven 9h30-12h30, 14h-19h ; sam 9h-19h ; dim 9h-13h. Ⓜ Croix-Rousse.* L'un des grands pâtissiers de la ville. Pâtisseries, macarons, chocolat, le choix est vaste et les papilles sont satisfaites.

*Également un atelier **Gâteau-école,** 5, rue de Nuits, 69004. Résa obligatoire : • gateau-ecole.com •* Les portes de l'atelier de cuisine sont ouvertes à tous. Adultes et enfants peuvent réaliser et déguster des recettes maison. Et même repartir avec les produits réalisés.

***Les chocolateries Voisin :** plusieurs adresses à Lyon. Dans la presqu'île : 24, pl. des Terreaux (☎ 04-78-28-28-46) ; 28, rue de la République (☎ 04-78-42-46-24) ; 32, rue Grenette (☎ 04-78-37-55-61) ; 38, rue Victor-Hugo ; 11, pl. Bellecour. Autres adresses à la Croix-Rousse, au centre commercial Confluence, sur la rive gauche et dans les gares.* On y va pour les chocolats et confiseries, et surtout pour ses spécialités : coussins de Lyon (en hommage à la tradition soyeuse) et quenelles truffées ; pour Noël, les fameuses papillotes ; et pour le baptême du petit ou le mariage de la grande, toute une gamme de dragées.

***Les chocolats Bernard Dufoux :** 15, rue des Archers, 69002. ☎ 04-72-77-57-95. Ⓜ Bellecour. Lun 14h-19h ; mar-ven 10h-13h, 14h-19h ; sam 9h30-19h30. Fermé dim et sem du 15 août.* Un incontournable pour les croqueurs d'or noir. Tablettes maison, bouchées aux fruits, desserts au chocolat, gâteaux, chocolats aux épices. La boutique est petite, mais le talent immense.

***Sève Chocolatier :** halles de Lyon, 102, cours Lafayette 69006, ☎ 04-78-62-36-76 ; et 29, quai Saint-Antoine, 69002, ☎ 04-78-37-67-81 ; également une boutique aux Galeries Lafayette de la Part-Dieu. Fermé dim ap-m et lun.* Ce pâtissier et chocolatier lyonnais basé à Champagne-au-Mont-d'Or est le roi des pralines rouges. Prenez chez lui la tarte aux pralines, les orangettes, les macarons et la pierre des monts d'Or. Plusieurs adresses, dont celle que nous vous indiquons, incontournable, aux halles de Lyon.

Soie

Moins périssable que le chocolat ; c'est le moment ou jamais de craquer pour un peu de soie. Vous trouverez cravates, foulards et pochettes aux adresses suivantes. Entre autres...

***L'Atelier de soierie :** 33, rue Romarin, 69001. ☎ 04-72-07-97-83. Ⓜ Hôtel-de-Ville. Lun-ven 9h30-13h, 14h-18h30 ; sam 9h-13h, 14h-18h.* Pour offrir ou s'offrir une cravate, un carré, un foulard en soie. Également, démonstration sur la méthode d'impression de ce merveilleux tissu.

***Tousoie, Maison Combier :** 19, rue Auguste-Comte, 69002. ☎ 04-78-92-94-63. Ⓜ Ampère-Victor-Hugo. Mar-sam 10h-12h30, 14h-19h.* À deux pas du musée des Tissus, les dernières créations d'un tisseur lyonnais exerçant depuis plus de 100 ans. Mousselines, carrés de soie et tissus.

***Soierie Saint-Georges :** 11, rue Mourguet, 69005. ☎ 04-72-40-25-13. Ⓜ Vieux-Lyon. Lun-sam 10h-19h.* Ludovic de La Calle a installé son atelier de tissage de soie et d'or dans le quartier Saint-Georges du vieux Lyon, où s'installèrent les premiers tisseurs de soie, d'or et d'argent au XVIe s. Vous pourrez donc le voir travailler et acheter dans sa boutique écharpes, étoles, mousselines, velours...

***La Maison des Canuts :** 10-12, rue d'Ivry, 69004. ☎ 04-78-28-62-04. • maisondescanuts.com •*

ACHATS

Ⓜ Croix-Rousse. Lun-sam 10h-18h. Fermé j. fériés. Entrée : 2 € en visite libre, 7 € en visite commentée ; réduc ; gratuit moins de 11 ans. Visite commentée de l'atelier à 11h et 15h30, d'une durée de 50 mn, avec démonstration sur des métiers du XIXᵉ s qui fonctionnent (voir plus loin la rubrique « À voir »). Boutique proposant écharpes, foulards, tissus...

Le musée des Tissus et des Arts décoratifs : *34, rue de la Charité, 69002. ☎ 04-78-38-42-00. Ⓜ Ampère-Victor-Hugo. Ouv 10h-17h30. Fermé lun et j. fériés, ainsi que dim de Pâques et de Pentecôte.* Même si vous ne visitez pas, faites un détour par la boutique du musée. Du linge de maison, des sacs et, bien sûr, des foulards et autres accessoires de mode, pour la plupart inspirés des œuvres du musée.

Marionnettes de Guignol

Les boutiques de souvenirs du quartier Saint-Jean vendent toutes des Guignol, Gnafron, etc. Elles sont principalement groupées dans la rue Saint-Jean. C'est le cadeau facile et qui joue gagnant à tous les coups. Assez cher quand même.

Le petit musée fantastique de Guignol : *6, rue Saint-Jean, 69005. ☎ 04-78-37-01-67. Lun 14h30-19h ; mar-sam 11h-12h30, 14h30-19h ; dim 15h-18h30.* Beaucoup de choix de marionnettes fabriquées sur place.

À VOIR DANS LE CENTRE DE LYON

Ville au patrimoine riche et à l'activité grandissante, Lyon reste néanmoins accessible à tous, grâce à la gratuité de l'accès à certains de ses sites, que nous vous invitons à découvrir ci-après, au fil des pages. Par ailleurs, pour les amateurs de visites guidées originales, un coup d'œil sur le site de l'office de tourisme pourrait être très utile avant de partir à l'aventure...

LA COLLINE DE FOURVIÈRE

Cette colline historique fut le premier site occupé à Lyon. C'est là aussi que nous commencerons notre balade dans le temps. Pour grimper tout là-haut, économisez des forces et prenez le funiculaire, appelé « ficelle » car toujours tiré par un câble, au niveau de la station de métro Vieux-Lyon.
Bien qu'il passe dans un tunnel, le funiculaire reste le moyen le plus pittoresque d'accéder à la colline sainte. Attention, il y en a deux. Prendre celui de droite, qui monte à la station Fourvière pour aller à la basilique, et son voisin qui va à Saint-Just (on prononce « Saint-Ju ») pour le musée et les théâtres gallo-romains. Fonctionnent de 6h à 22h, toutes les 5 ou 10 mn selon la période de la journée. Cela dit, les marcheurs auront le choix ; ils pourront emprunter l'une des montées qui conduisent à Fourvière depuis le vieux Lyon et en seront récompensés, car cette partie secrète de la ville est riche en surprises. On conseille la montée du Gourguillon (entre Saint-Jean et Saint-Georges), qui passe devant la maison de Guignol (voir plus haut « le théâtre de Guignol »), celle du Garillan ou encore celle des Chazeaux, qui rejoint la montée Saint-Barthélemy et les jardins du Rosaire.

Un peu d'histoire

En 43 av. J.-C., Munatius Plancus (Munate le Planqué en VF) reçoit du sénat de Rome l'ordre de créer une colonie pour accueillir les anciens de ses légions. Ils s'installeront sur la colline. C'est le meilleur emplacement, puisqu'il permet de contrôler la confluence Rhône-Saône ainsi que les principales voies de circulation. Une vraie ville s'y développe, avec des temples petits et grands, des théâtres, des voies romaines, un cirque et un forum, *Forum Vetus* ou Vieux Forum, qui deviendra au fil du temps Forvière, puis Fourvière. Une ***enceinte*** délimite les formes de la cité puisque les morts sont obligatoirement ensevelis hors les murs. Les pentes de la Croix-Rousse, quant à elles, restent essentiellement gauloises. Le gendre d'Auguste, Drusus, fait de ce site un centre religieux et les grands prêtres s'y retrouvent chaque année. ***Les Romains domineront la place pendant quelque 5 siècles et Lugdunum*** (de *lux*, lumière et *dunum*, colline), ***deviendra,*** avec Narbonne, ***le centre de la Gaule.***
Un gigantesque et néanmoins ingénieux système de quatre aqueducs permet d'acheminer l'eau de très loin. Celui du Gier, encore en partie visible aujourd'hui, sera le plus monumental. ***L'importance de la ville romaine*** et la majesté des édifices sont attestées par la ***richesse et la diversité des découvertes archéologiques.*** Au IXe s, longtemps après le départ des Romains, le forum s'effondre à cause de l'importance du réseau hydraulique souterrain. Les vestiges retrouvés aujourd'hui sont malgré tout parmi les plus importants du pays.
À partir du XVIIe s, la colline devient le site de prédilection de communautés religieuses, nombreuses au XIXe s. Michelet, qui visite Lyon en 1853, l'appelle la « colline qui prie », en opposition à la Croix-Rousse, celle « qui travaille ». Plus que jamais, elle continue aujourd'hui d'abriter un nombre impressionnant d'écoles et de communautés : maristes, lazaristes, carmélites et autres sœurs de Jésus-Marie...

L'esplanade *(zoom détachable B4)* **:** avant de s'attarder sur la basilique, admirer la vue extraordinaire sur toute la ville qui permet de mieux la comprendre. Le vieux Lyon en contrebas, la presqu'île avec la trouée de la place Bellecour et la statue de Louis XIV, l'hôtel-Dieu et ses coupoles, les flèches de l'église Saint-Nizier et le Crayon, rapport à sa forme, qui signale le quartier moderne de la Part-Dieu. Plus loin, le dôme de l'opéra et, sur la gauche, les pentes de la Croix-Rousse. Lorsque le temps le permet, on devine les contreforts des Alpes. La colline est truffée de galeries souterraines et draine les eaux des monts du Lyonnais.
Ceux qui veulent rapidement regagner le vieux Lyon traverseront, en contrebas de l'esplanade, la partie du parc des Hauteurs appelée ***jardins du Rosaire*** *(zoom détachable B4),* anciens jardins religieux, puis dévaleront la ***montée des Chazeaux*** (autrefois appelée la *montée Tire-Cul*).

La basilique de Fourvière *(zoom détachable B4)* **:** tout au sommet de la colline, elle fut élevée dans la seconde moitié du XIXe s à la suite d'un vœu. Les Lyonnais s'étaient promis que si les Prussiens n'envahissaient pas la ville, ils bâtiraient un vaste édifice religieux. Une importante souscription permit donc à cette grosse et immaculée pâtisserie de voir le jour sous la direction de l'architecte Pierre Bossan, ancien mécréant, qui rencontra le curé d'Ars et devint très croyant. Il se mit en tête de faire « la plus belle église, pour la plus puissante des reines, la Vierge ». Difficile de lui en vouloir. Bossan voulait réaliser une forteresse pour protéger la Vierge. C'est réussi. Il mourut en cours de chantier. Allure massive, créneaux, tourelles, ce château fort du Ciel possède ses passages dérobés, ses souterrains, ses tribunes, ses espaces secrets... La basilique se veut le symbole du retour aux valeurs traditionnelles.
Un rapide tour de l'édifice permet de s'apercevoir que tout n'a pas été sculpté, faute de moyens, notamment au niveau de l'abside. En façade, épaisses colonnes en granit d'Italie, galeries d'anges et arcades vaguement arabo-andalouses. La basilique a été entièrement restaurée entre 2007 et 2013, en particulier les coupoles et les voûtes, ainsi que six lustres contemporains créés sur mesure.
– ***La crypte :*** on y accède directement par l'extérieur (entrée sur le côté droit de la basilique). Véritable église sous l'église puisqu'elle est aussi grande que sa

collègue du dessus, mais beaucoup moins élevée. Jeter un œil sur l'autel dont le bas-relief illustre la mort de Joseph. Le sculpteur lui a donné les traits de... Pierre Bossan, l'architecte. Voûte du chœur couverte de mosaïques. Curieusement, plus on s'éloigne du chœur, moins la pierre est travaillée et les murs deviennent peu à peu vides de sculptures, ce qui donne à la crypte cet aspect austère. L'escalier de Saint-Joseph que l'on emprunte pour descendre dans la crypte permet également d'accéder à l'intérieur de la basilique principale.

– ***L'intérieur :*** on pourrait le qualifier de romano-baroco-byzantin si ce n'était faire offense à ces styles architecturaux. Murs entièrement couverts de mosaïques illustrant l'Ancien Testament, notamment l'intervention de Marie dans l'histoire de la France et celle de l'Église. Hyperchargé. Anges, animaux, tribunes, personnages...

– ***Visites guidées insolites :*** *rens au ☎ 04-78-25-86-19. • fourviere.org • Rdv en haut des escaliers, avt l'entrée de la basilique, sur la droite. Juin-sept, tlj sf dim mat 11h, 14h30 et 16h ; avr-mai et oct, mer, sam et dim 14h30 et 16h ; nov, mer, sam et dim 14h30 et 15h30. Tarif : 7 € ; réduc ; inclus dans la Lyon City Card.* Visite de la tribune et des galeries, et montée dans les combles entre les dômes et la charpente métallique type Baltard, découverte du carillon et de ses 23 cloches, puis accès à la corniche et à l'observatoire pour une vue inoubliable. On est à la hauteur de l'archange saint Michel et on peut jeter un œil à la Vierge dorée.

– ***Visites découverte :*** *avr-nov, tlj sf dim mat. Lun-ven 9h-12h30, 14h-18h, w-e jusqu'à 16h45. Sur demande auprès des guides. Participation libre.*

La passerelle des 4-Vents *(plan détachable B4)* **:** *au pied de la tour métallique ; face au n° 9 de la montée Nicolas-de-Lange, emprunter le chemin qui mène à cette passerelle puis traverse une partie du parc des Hauteurs jusqu'au cimetière de Loyasse (voir plus loin).* Jusqu'en 1937, ce chemin n'avait rien de bucolique puisque c'était la continuation de la « ficelle » (le funiculaire), qui avait pour but unique de mener les cercueils et les corbillards du vieux Lyon jusqu'au cimetière de Loyasse où était enterré tout le gratin. De la gare de cet ancien funiculaire, abandonnée, ne subsistent que quelques poutrelles métalliques enfouies dans la végétation. Mais la partie du parc des Hauteurs qui l'entoure offre le prétexte à une agréable promenade dans un coin peu fréquenté de Fourvière.

UNE TOUR EIFFEL À LYON ?

Pas vraiment, même si certains l'appellent ainsi. Cette tour métallique utilise bien la même technique, un treillis de poutres métalliques, mais elle ne fut pas réalisée par les ateliers du célèbre Gustave. Il s'agit en réalité d'une tentative un rien ridicule pour contrebalancer l'imposante présence religieuse de la basilique, en édifiant un « phare républicain », sorte de temple profane pour l'Exposition internationale de Lyon en 1894.

Le musée d'art religieux de Fourvière *(zoom détachable B4)* **:** *8, pl. de Fourvière, 69005. ☎ 04-78-25-13-01. • fourviere.org • Ouv tlj sf dim mat 10h-12h30, 14h-17h30 uniquement pdt les expos temporaires. Fermé de début janv à mi-mars. Pour connaître les dates : ☎ 04-78-25-86-19. Entrée : env 6-7 € ; réduc.* Musée d'Art sacré : expositions permanentes autour du Trésor de Fourvière et temporaires thématiques (orfèvrerie, vêtements liturgiques, ex-voto...)

Le Musée gallo-romain de Lyon-Fourvière *(plan détachable B4)* **:** *17, rue Cléberg, 69005. ☎ 04-72-38-49-30. • museegalloromain.grandlyon.com • Ⓜ Vieux-Lyon, puis funiculaire direction St-Just, arrêt Minimes, ou bien funiculaire Fourvière. ♿ Mar-dim 10h-18h. Fermé 1er janv, 1er mai, 1er nov et 25 déc. Site archéologique gratuit tlj 7h-19h (21h en été). Musée 4 € (7 € pdt les expos) ; réduc ; gratuit moins de 18 ans et pour ts le jeu. Audioguide gratuit, dont une version enfants. Le musée propose tte l'année un programme d'activités culturelles : visites, ateliers, concerts, danse, théâtre, reconstitutions... Librairie-boutique mer-dim, bibliothèque. Expositions temporaires.* Intelligemment pensé et réalisé, ce superbe musée souterrain retrace, en suivant un parcours thématique, les premiers siècles de Lugdunum. Le visiteur suit une rampe hélicoïdale pour découvrir une petite vingtaine de thèmes consacrés à la période gallo-romaine, avec une intro sur la préhistoire de la région. Un fonds d'une grande richesse, superbement mis en valeur par l'architecture du musée, construit en 1975 par Bernard Zehrfuss (on lui doit aussi le palais des expositions du CNIT à la Défense et le siège de l'Unesco à Paris) autour des collections tout en s'intégrant au site. De l'extérieur, il est presque invisible. Tous les objets sont des originaux et proviennent pour la plupart de fouilles et découvertes faites dans la région Rhône-Alpes. Comme ce superbe sarcophage du IIIe s, le *Triomphe de Bacchus,* présenté dès l'entrée, trouvé à Lyon (quartier Saint-Irénée) et resté dans un état remarquable. Dans le premier espace, la pièce maîtresse est, sans nul doute, ce *char processionnel* (745-735 av. J.-C.) avec ses quatre roues en bronze, produits de l'artisanat celtique trouvés quasiment intacts à La Côte-Saint-André, en Isère. Le seau sur le dessus servait au prêtre pour les célébrations. Une maquette interactive explique, avec un son et images didactique, la fondation de la ville et dévoile les récentes découvertes, comme le port de Lugdunum.

Dans l'*espace 4,* une pièce exceptionnelle : la *Table claudienne,* un discours gravé sur une plaque de bronze coulée à plat au Ier s de notre ère et rédigé par l'empereur Claude, lyonnais d'origine, par lequel il demande aux sénateurs d'accorder aux Gaulois l'accès à la haute administration romaine et notamment au Sénat. Cette faveur fut progressivement accordée. Ce texte en latin, primordial pour la compréhension du fonctionnement de l'État romain, fut retrouvé sur les pentes de la Croix-Rousse par un drapier lyonnais au XVIe s.

En lisant les nombreuses inscriptions funéraires, on s'aperçoit que les Romains n'inscrivaient jamais les dates de naissance et de mort d'un individu, mais simplement la durée de sa vie.

Évocation ensuite du fonctionnement de l'Empire romain, notamment de l'administration locale, et des différentes religions. Le *calendrier de Coligny* est la pièce maîtresse de l'*espace 11* : étonnant calendrier lunaire et solaire à la fois, trouvé en fragments. Il est en langue gauloise, ce qui est particulièrement rare, mais les caractères sont latins. On note que les mois avaient 29 ou 30 jours. Nombreuses sculptures admirables : en vrac, les *Matres,* le dieu *Sucellus,* de beaux *Neptune, Mars* et *Jupiter...* Vue plongeante sur une jolie mosaïque des quatre saisons. Plus loin, à travers les canons à lumière, belle vue sur les théâtres antiques à l'extérieur.

Espace 13, mosaïque remarquable et passionnante sur les jeux du cirque, d'une fraîcheur artistique étonnante. Il s'agit d'une course de chars avec ses box de départ (à gauche et à droite), les attelages de différentes couleurs... Remarquer au centre les personnages qui tiennent la palme et la couronne du futur vainqueur et puis en haut, à gauche, un type avec un bassin d'eau qui servait à arroser la piste pour limiter les nuages de poussière et pour les soins aux accidentés.

Les espaces suivants *(de 14 à 16)* font le tour de l'artisanat et du commerce : céramique, verrerie et poterie (reconstitution d'un four de potier, jolis masques de terre cuite, balsamaires et inévitables amphores), travail du fer... Et présentent encore de superbes mosaïques, dont une immense « aux svastikas », scellée dans le béton et traitée pour que l'on puisse marcher dessus. Elle ornait le sol d'une pièce de réception d'une belle demeure fouillée en 1911. Signe de bonheur universel, le svastika était aussi connu des Romains.

À ne pas manquer, dans l'*espace 17,* le trésor de Lyon-Vaise : statuettes, bijoux et monnaies d'or et d'argent.

Encore et toujours des mosaïques dans l'*espace 18,* et une maquette du théâtre et de l'odéon qu'on aperçoit grandeur réelle à travers un vaste canon à lumière.

Espace 19, évocation du culte des morts avec l'incinération et l'inhumation. Sarcophages, stèles (pour les enfants, un dispositif numérique permet d'en animer une) et quatre superbes gros masques funéraires, des Larves, dont l'expression horrifiée, bouche largement ouverte, évoque si bien la crainte de la mort. On termine par l'arrivée du christianisme. Allez, nous, on remonte par l'ascenseur !

– ***Le site des théâtres romains :*** *tlj 7h-19h (21h de mi-avr à mi-sept). GRATUIT.* Après la visite du musée, il faut aller admirer le ***grand théâtre*** et l'odéon romains juste à côté, où ont lieu tous les étés le festival *Les Nuits de Fourvière*. Le premier, édifié en 15 av. J.-C., était composé de gradins de pierre et 10 000 personnes pouvaient y prendre place. Son diamètre atteignait 108 m. Il s'adosse merveilleusement et naturellement à la colline. Il faut imaginer la scène fermée par un mur décoré par trois registres de colonnes et son rideau de scène s'élevant du sol. Les notables prenaient place à l'orchestre. Les spectacles, financés par de riches familles, étaient accessibles gratuitement à l'ensemble des habitants. Contrairement à ce que l'on peut penser, on y jouait des farces, pantomimes et autres spectacles légers, souvent accompagnés de musique. Aujourd'hui, le grand théâtre accueille les spectacles donnés à l'occasion des décapantes nuits de Fourvière (voir « Fêtes et manifestations » dans le chapitre « Lyon utile »).
– L'***odéon*** voisin, érigé au IIe s, plus intime mais comparable dans sa conception, abritait les spectacles comme la musique, les lectures publiques de poésie... Voir l'étonnante marqueterie de marbres polychromes qui dessinent de jolis motifs géométriques et pavent encore l'espace de l'orchestre. Les gradins étaient autrefois recouverts de calcaire.
– Tout en haut, au-dessus du théâtre, on voit le grand réservoir de l'***aqueduc du Gier,*** qui acheminait l'eau du mont Pilat jusqu'à Lyon. En sortant du site par le sentier des Hauteurs (entre le théâtre et l'odéon), on peut également apercevoir, au bout de la rue R.-Radisson (à gauche), les vestiges des dernières arcades de cet aqueduc.
– ***Le parc*** permet aussi de se relaxer et de pique-niquer tranquillement, histoire de redonner vie à cet espace. Vous pouvez en profiter d'ailleurs pour faire une pause si vous n'avez pas envie de nous suivre jusqu'au cimetière de Loyasse. Lisez ces lignes tranquillement, dans ce cas, on se retrouve là dans quelques minutes.

À VOIR

Le cimetière de Loyasse *(plan détachable A4) : en poursuivant la balade, si vous avez un peu de temps, on vous conseillera de gagner le cimetière le plus célèbre de Lyon en 15 mn de marche env. Ouv 8h-17h30 (17h en hiver) ; fermé 12h-14h dim et j. fériés.* Dominant la ville de son calme, il accueille toutes les grandes familles. C'est le cimetière des riches, à l'opposé de celui de la Guillotière. Ici, on se mesurait, même dans la mort. Les tombes sont donc plus pompeuses les unes que les autres. Néobyzantines, romanes, grecques, en forme de temple, de sarcophage ou de pyramide à la Tardi, ornées de colonnes brisées... on y trouve tous les styles en vogue au XIXe s. Abordons ce lieu de repos par une énigme : pourquoi donc ce cimetière est-il tout rond ? Dès l'entrée, sur la droite au fond, la tombe d'Édouard Herriot. Très stalinien dans son dépouillement, le buste du président ressemble d'ailleurs curieusement au Petit Père des peuples. Sorte de Peppone local, ce radical-socialiste avait son Don Camillo, le cardinal Gerlier. Vos pérégrinations vous mèneront peut-être ensuite devant la tombe de la famille Guimet, notamment de Jean-Baptiste, l'inventeur du « bleu Guimet » (pigmentation pour soierie), et d'Émile, grand routard devant l'Éternel, qui rapporta de ses expéditions en Asie plein d'œuvres d'art. En 1879, il fonda à Lyon un important musée, transféré à Paris en 1945. Fermez les Guimet...
Émouvant, ce « monument des Jouteurs » en mémoire des 33 jeunes jouteurs qui, par mauvais temps, disparurent ensemble dans le Rhône et scellèrent ainsi leur amitié pour l'éternité. On y voit les rames, le plastron et les lances, insignes de ce sport. À l'angle des allées 10 et 79, la tombe discrète de Willermoz, franc-maçon qui rêvait d'unifier toutes les loges à Lyon.
Ne quittez pas Loyasse sans faire halte devant la sépulture de Maître Philippe (1849-1905), entourée d'une grille et toujours fleurie. Appelé aussi Philippe de Lyon, ce guérisseur, magnétiseur et grand psychologue est visité par des touristes du monde entier. Il fut deux fois appelé à la cour impériale auprès de Nicolas II pour tenter de guérir la tsarine. Il prédit notamment la naissance du tsarévitch Alexis.

Retour devant le musée gallo-romain. On rejoint la *rue de l'Antiquaille,* au bas des ruines, puis on traverse à gauche la *place des Minimes* pour récupérer la *rue des Farges* et la *montée du Gourguillon,* que l'on va descendre, histoire d'être contrariant.

La montée du Gourguillon *(zoom détachable B4-5)* **:** ancienne voie romaine qui a conservé son tracé et qui reliait la ville basse au plateau de Fourvière. *Gourguillon* vient sans doute de *gurgulio,* qui signifie « gargouille » ou « gorge ». Normal, puisque cette trouée dans la colline permettait l'évacuation des eaux pluviales. De chaque côté, quelques maisons aux accents Renaissance, qui ont été modifiées lors des siècles suivants. Le n° 48 en est un exemple parmi tant d'autres. Petits jardins suspendus débordant de verdure, terrasses... À droite du n° 26, mur de soutènement de la colline qui ne parvient pas toujours à retenir l'eau suintant au travers. Encore quelques jardins en terrasses et des contreforts. Face au n° 14, l'***impasse Turquet*** *(zoom détachable B5).* Descendre quelques marches pour découvrir une étonnante demeure du XVIe s avec trois niveaux de balcons de bois soutenus par d'antiques poutres traversant toute la demeure. Tout en bas de la montée du Gourguillon, adorable ***place de la Trinité*** aux accents villageois. À l'angle, le *Café-restaurant du Soleil,* parfait pour prendre un verre ou grignoter un morceau en terrasse quand le soleil est au rendez-vous (voir « Où manger dans le vieux Lyon ? »). C'est l'image de ce café qui servait autrefois de décor de fond dans les spectacles de Guignol (il y en a un juste en face, comme par hasard). Pour Laurent Mourguet, dont la famille habitait le quartier, il symbolisait le café populaire de Lyon. À chaque angle, la Vierge et saint Joseph et, au centre, un petit soleil. Il faut dire que la maison appartenait à la famille Barou-du-Soleil. L'emblème fut facile à trouver. Un peu plus bas dans la rue, au coin des *rues Tramassac* et *Mourguet,* un *saint Pierre* en angle. Nous abordons ici le populaire quartier *Saint-Georges,* appartenant au vieux Lyon.

LE VIEUX LYON

À VOIR

Étonnante perle Renaissance, c'est le deuxième plus grand quartier d'Europe de ce style, après Venise. Il fait partie du site historique inscrit au Patrimoine mondial de l'Unesco. Tout petit secteur en réalité, puisqu'il ne couvre que 25 ha, coincés entre la Saône et la colline de Fourvière. Un bouquet de rues au parfum d'antan, à la cohérence architecturale parfaite, un miracle de pierres, un plaisir pour les yeux et une plongée en apnée dans une belle tranche d'histoire.

Adresses utiles

■ ***Renaissance du vieux Lyon :*** *50, rue Saint-Jean, 69005. ☎ 04-78-37-16-04. ● lyon-rvl.com ● Ⓜ Vieux-Lyon. Permanence lun-ven 14h-18h (fermé en août).* Une association dont les membres sont toujours prêts à se décarcasser pour expliquer l'évolution de ce quartier, ainsi que les enjeux à venir du secteur sauvegardé.

Ludivisites : *● lyon.ludivisites.fr ● ☎ 01-48-74-92-80. Visites individuelles : 10 €/pers. Visites privées (jusqu'à 5 personnes) : 140 € au lieu de 150€ sur présentation de ce guide. Résa impérative. Durée : env 1h30.* Parisienne à l'origine, cette association propose un programme varié de visites de Lyon pour les familles, particulièrement bien ciblées selon l'âge des enfants. Parmi les activités ludiques et guidées pour découvrir le patrimoine local : rallyes à Fourvière, découverte des murs peints dans le quartier Tony Garnier et dans le vieux Lyon, visite du musée gallo-romain de Fourvière ou visites thématiques au musée des Beaux-Arts.

Un peu d'histoire

Les Romains se retirent

Après le déclin romain et celui de la ville haute (le *Forum Vetus* – voir plus haut le texte sur Fourvière), la région est envahie par des tribus barbares, les *Bagaudes,* paysans de la Gaule romaine, ruinés par les guerres. Rappelons que la ville était alors alimentée en eau par des aqueducs et un important réseau de tuyaux de plomb. Or, ces barbares, par définition peu civilisés, volent ce plomb pour en faire des armes. C'est malin ! Plus d'eau pour la colline ! Aussi ***la population déserte-t-elle Fourvière au début du IVe s pour venir s'installer juste au pied de la colline,*** au bord de la Saône et donc de l'eau. Il suffit de creuser le sol et celle-ci jaillit. La cité se redéveloppe en longueur et chaque cour, chaque ensemble de maisons possède alors son puits privé.

Les premières foires et l'arrivée des Italiens

Les siècles passent, le quartier change, mais le véritable tournant se produit en 1420, lorsque Charles VII accorde à Lyon deux foires franches (gratuites). Elles drainent une importante population de ***marchands et de banquiers, en grande majorité italienne,*** notamment des producteurs et marchands de soie. Le commerce explose sous Louis XI, en 1463, quand le nombre de foires passe à quatre. Cette étroite bande de terre devient alors ***l'un des plus grands centres d'échanges de biens et de services d'Europe.*** Les Transalpins appartiennent à l'aristocratie marchande : Piémontais, Génois, Lombards et surtout Florentins. Ils posent bagages dans l'actuel quartier *Saint-Jean,* tandis que *Saint-Paul* se consacre plus à la finance qu'au commerce : trésoriers généraux, receveurs du domaine du roi, banquiers... Les étroites ruelles résonnent des noms des Médicis (ils tenaient une maison de banque), des Strozzi, des Pazzi. *Saint-Georges,* quant à lui, conserve un tissu populaire de mariniers (les « nautes »), de potiers et de canuts. *Saint-Jean* sera italien durant tout le XVIe et la première moitié du XVIIe s, mais ***les foires déclinent en 1590*** car elles perdent à cette date leur caractère franc. Petit à petit, les Italiens rentrent au bercail.

Le quartier Renaissance

Quand ils arrivent au début du XVIe s, les Italiens apportent leur sens du commerce, mais aussi leur ***architecture.*** Ils bâtiront plusieurs centaines de ***demeures superbes,*** dont la plupart sont ***aujourd'hui classées.*** Elles sont concentrées entre les églises Saint-Georges et Saint-Paul. Les édifices sont hauts et les rues étroites, car l'espace disponible est limité. Les traboules facilitent le passage des piétons tout en évitant une perte de place pour les habitations. Par chance, tout ce quartier restera quasiment inchangé, à part la construction du palais de justice et de deux églises. Le XIXe s n'a d'yeux que pour la presqu'île et la Croix-Rousse. Tant mieux ! Mais ***le vieux Lyon se délabre*** petit à petit et devient insalubre. Les populations les plus déshéritées y trouvent refuge. Le siècle suivant n'apporte rien de mieux. Les façades sont lépreuses et la palette chromatique oscille du gris baveux au noir crasseux. Louis Pradel, qui devient maire à la mort d'Édouard Herriot, caresse le projet d'une voie rapide entre Fourvière et la presqu'île, qui amputerait sans vergogne le vieux Lyon.
Le projet dément ne voit heureusement jamais le jour. André Malraux, ministre de la Culture, fait voter une loi sur la réhabilitation des quartiers anciens en 1962 et, deux ans plus tard, ***le vieux Lyon est le premier secteur sauvegardé de France.***

Renaissance d'un quartier

Une intense réhabilitation débute donc dans les années 1970. Elle se poursuit encore aujourd'hui. On reprend tout à zéro : rues rendues aux piétons, remodelage total des façades, réinstallation de meneaux aux fenêtres, réhabilitation des cours... Parfois, on va même bien au-delà des réalités historiques, notamment en ce qui concerne la ***recolorisation des édifices.*** En effet, au XVIe s, les couleurs étaient réalisées avec les sables du Rhône et de la Saône, ce qui donnait des nuances de gris, de jaune pâle, de sable. Lors de la réhabilitation, on tapa sans hésiter dans la palette italienne, comme à Venise : rose, rouge, orange et sable. Tant mieux. Ainsi le nouveau vieux Lyon est-il sans doute plus beau que l'ancien.

À saluer également : on a tenté de conserver dans le quartier une importante diversité sociale. Plusieurs édifices superbes sont des HLM (entre autres, au nº 28 et aux nºs 38-40, rue Saint-Jean ; au 2, pl. du Gouvernement ; et la célèbre galerie due à Philibert Delorme au 8, rue de la Juiverie).

Les marques de la Renaissance

Vous allez voir nombre de ***demeures Renaissance*** au cours de vos pérégrinations. L'élément principal est sans conteste la cour et son indispensable ***escalier à vis,*** abrité dans une tour plus haute que les bâtiments eux-mêmes, véritable ***marque de prestige et symbole de richesse.*** Il permettait de desservir deux immeubles : l'un en direct, l'autre par l'intermédiaire de galeries en loggia ouverte à l'italienne (au départ gothique, puis de plus en plus remplacée par des plafonds de bois à la française). Mentionnons aussi les fenêtres à meneaux moulurées, le puits dans la cour et parfois le passage couvert, voûté d'ogives ou pas. Sans omettre toutes les sculptures d'angle, les culots, etc. Ces éléments ne sont pas présents partout, mais au moins trois d'entre eux le sont dans la plupart des demeures Renaissance.

BALADE DANS LE VIEUX LYON

Notre balade dans le vieux Lyon parcourt les trois quartiers qui le composent en commençant par *Saint-Georges,* le plus populaire à défaut d'être le plus touristique, puis on remonte vers le nord pour rencontrer *Saint-Jean,* où se concentrent les visiteurs d'un jour, pour terminer par *Saint-Paul,* quelque peu délaissé.

À VOIR

Saint-Georges

Ici, les maisons sont moins ouvragées, les rues plus étroites. En fait, les riches marchands italiens n'y habitaient pas vraiment. Ce sont plutôt les Lyonnais qui y résidaient. Ainsi, peu d'édifices portent la marque de leur talent. C'est un peu le petit frère oublié. Peu de boutiques, quelques bars et un tissu populaire encore très présent, avec pas mal d'artisans, ce qui lui donne cet air de village presque méditerranéen aux beaux jours.

La rue Saint-Georges *(zoom détachable B4-5)* **:** elle a conservé son joli tracé médiéval. Entre les nºs 3 et 5, bas-relief en imposte représentant un phénix. On « traboule » au nº 12, l'une des rares ouvertes à Saint-Georges. Monter les escaliers en plein air pour découvrir cette charmante courette privée et sortir au nº 10 de la même rue. Quelques bars nocturnes.

L'église Saint-Georges *(zoom détachable B5)* **:** dessinée par Pierre Bossan au milieu du XIXe s et de style néogothique, elle ne possède pas d'intérêt architectural notable.

Bifurquer par la ***montée des Épies*** *(zoom détachable B5)* et tout droit la ***rue Armand-Caillat,*** bordée de vénérables demeures, modestes et rafistolées. Une échappée qui prend rapidement des allures champêtres comme on les aime. On récupère la montée du Gourguillon, qui clôturait notre parcours de Fourvière.

Le musée des Automates *(plan détachable B5)* **:** *100, rue Saint-Georges, 69005. ☎ 04-72-77-75-28. • museeautomates.com • Ⓜ Vieux-Lyon. ♿ Tlj 14h-18h (fermeture de la billetterie à 17h15). Fermé 1er mai, 25 déc et lun suivant les journées du patrimoine. Entrée : 5 € au lieu de 7 € sur présentation de ce guide.* Ce petit musée privé rassemble une collection de 250 automates électromécaniques réalisés depuis 1946 dans un atelier artisanal. Autrefois destinés à animer les vitrines des magasins, ils sont aujourd'hui également fabriqués pour le musée. Il faut compter environ un mois pour chaque personnage, qui passe dans les mains du mécanicien, du décorateur, de la couturière... La visite commence par quelques explications sur la naissance d'un automate. On découvre ensuite des scènes animées inspirées de la vie quotidienne, de l'histoire de Lyon, d'œuvres françaises... On retrouve le cirque avec ses équilibristes et ses clowns, un hommage à François Rabelais (médecin à l'hôtel-Dieu de Lyon autour de 1530) avec une scène de *Gargantua.* Dans les cuisines, le rôtisseur ressemble étrangement à Paul Bocuse... Hommage aussi à Laurent Mourguet : Guignol ne pouvait pas ne pas être présent. Tout comme les tisseurs de soie de Lyon du XIXe s, également à l'honneur. Clin d'œil à la peinture (Millet, Vermeer...) ainsi qu'à l'univers des contes avec le pays imaginaire de Peter Pan. Une visite ludique et instructive, avec jeu de piste pour les enfants.

La rue Tramassac *(zoom détachable B4)* **:** en suivant cette rue, on découvre, au pied de la colline, une plaque commémorative de ce que l'on appela la catastrophe de Fourvière. En novembre 1930, les édifices au pied de la colline qui longeaient la rue Tramassac montrèrent des signes de faiblesse, puis s'effondrèrent à cause de l'humidité (due à la grande quantité d'eau circulant dans la colline), exactement comme au temps des Romains. Il fut interdit de reconstruire et aujourd'hui, la nature a repris ses droits.
En empruntant ensuite la *rue de la Brèche,* on découvre le cœur du vieux Lyon, le quartier *Saint-Jean,* avec sa cathédrale.

Saint-Jean

Depuis la place Saint-Jean ornée d'une jolie fontaine, belle vue sur la colline de Fourvière.

La cathédrale Saint-Jean *(zoom détachable B-C4)* **:** *pl. Saint-Jean. Ⓜ Vieux-Lyon. Tlj 8h15 (8h dim)-19h ; j. fériés 13h-19h. Visites guidées organisées par des bénévoles (coordonnées à l'intérieur de la cathédrale).*
Les Lyonnais sont fiers de la rénovation de celle qu'ils continuent d'appeler ***primatiale,*** à cause du primat des Gaules, titre historique de l'évêque de Lyon. Beau mélange de roman et de gothique (sa construction s'est étalée de 1180 à 1480).
La cathédrale fut le théâtre d'événements déterminants pour la vie religieuse et politique : conciles au XIIIe s, dépose de la dépouille de Saint Louis (Louis IX) lors de son retour de croisade, consécration de Jean XXII au XIVe s. Le mariage d'Henri IV et de Marie de Médicis y est aussi solennisé en 1600, après qu'ils se sont mariés par procuration. Le frère du grand Richelieu y reçut sa barrette de cardinal et Napoléon y vint de temps en temps. Par ailleurs, les allusions maçonniques sont très présentes sous des abords religieux. Sur le portail, un médaillon figurant un homme peut être vu sous deux angles différents : il rigole quand on le voit à l'endroit, mais il est plutôt terrifiant vu la tête en bas.

SAINT-JEAN ŒCUMÉNIQUE

Une gargouille sur l'angle nord-ouest de la primatiale Saint-Jean représente un tailleur de pierre d'origine musulmane, chef du chantier. On y a inscrit « Dieu est grand », en français et en arabe. Un pas vers la réconciliation des peuples.

La façade
Large mais pas agressive, rythmée par une balustrade, elle est en partie composée de blocs de pierre provenant de monuments romains qui se sont effondrés au IXe s, notamment l'ancien forum. Elle est très marquée par la fin du XVe s, à savoir un gothique très flamboyant. Belle rosace et série de gables très pointus surplombant et encadrant les portes. Au sommet trône Dieu le Père (normal) et un poil plus bas la Vierge et l'ange Gabriel (re-normal). En revanche, noter que toutes les niches de la façade sont vides. Le responsable ? Le vilain baron des Adrets, qui fit son grand ménage au XVIe s. Mercenaire à la solde des calvinistes, il abjura le catholicisme et dévasta nombre d'édifices religieux dans le Midi et à Lyon. Ici, il détruisit toutes les statues de saints et décapita tous les anges nichés dans les voussures des trois portails.

L'intérieur

Le principe de construction est simple. L'abside et le chœur sont romans et plus on s'avance vers la façade, plus on va vers le gothique. Chaque fois que les caisses étaient vides, on cessait la construction, d'où l'étalement de celle-ci dans le temps. Intérieur assez épuré. Travées essentiellement gothiques. Sans faire une revue de détail, voici les principaux points d'intérêt de la visite :

– ***Les vitraux :*** ils furent démontés pendant la guerre pour être préservés. D'origine, on trouve la rosace centrale dans les tons bleu-violet (1392), ainsi que tous les vitraux de l'abside (XIIIe s). Du même siècle, voir encore les deux rosaces du transept. Celle située au sud possède des couleurs froides, plus claires, pour compenser la chaleur du soleil. Couleurs chaudes, plus denses, pour celle du nord. Le plus vieux vitrail est dans la chapelle de la Vierge, à côté de l'horloge astronomique, et date de 1180.

– ***L'horloge astronomique :*** originellement du XIVe s, elle fut remaniée aux siècles suivants. Elle se met en branle normalement à 12h, à 14h, à 15h et à 16h (n'attendez pas trop si rien ne se passe, à la suite d'une attaque dont les Lyonnais ne se sont pas remis, le mécanisme non plus n'a pas été remis en route à la fin des travaux). La majestueuse façade indique les dates, la position de la Lune, du Soleil, de la Terre et celle des étoiles au-dessus de Lyon. Noter que, compte tenu des connaissances de l'époque, le Soleil tourne autourLa de la Terre et non l'inverse. Et puis, avez-vous remarqué que le Soleil s'éloigne et se rapproche en fonction des saisons ? Le grand cercle en dessous de celui qui donne l'heure renseigne sur la date du jour jusqu'en... 2019.

Sur le flanc droit de l'horloge, une aiguille indique les minutes et, comme le cadre n'est pas rond, afin d'en suivre les contours elle se rétracte au fur et à mesure de son avancée.

AUTOMATES SUR TOUTE LA GAMME

Sur l'horloge astronomique, plusieurs étages d'automates se mettent au boulot l'heure venue : le coq qui bat des ailes, l'Annonciation, l'Esprit Saint, Gabriel, Dieu... bref, toute la famille. Saviez-vous, par ailleurs, que c'est sur l'air de l'hymne à saint Jean-Baptiste, qui rythme l'action des personnages, que les noms des notes de musique furent déterminés ? Chaque syllabe de chaque début de phrase en latin donna son nom à une note. Ainsi les termes de la chanson : Ut queant laxis, Resonare fibris, Mira gestorum... *donnèrent l'ut, le ré, le mi et ainsi de suite.*

– ***L'abside :*** c'est la partie la plus ancienne, du XIIe s, donc purement romane.

– ***La chapelle des Bourbons :*** *dans le bras droit de l'église, deuxième chapelle sur la droite.* Elle est caractéristique du gothique flamboyant. Fines nervures, clés pendantes, balcon de pierre ciselée comme de la dentelle évoquant des éléments végétaux tels que vigne, houx, gui, chardon, chou, frisée et escargots... de Bourgogne. Toute la grammaire décorative propre à cette période est là. Quelques toiles provenant de la collection du cardinal Fesch, oncle de Napoléon et archevêque de Lyon.

– ***Le trésor :*** *tout de suite à droite après l'entrée. De mi-mai à mi-sept, mar-sam 9h-12h (11h mer), 14h-18h30 et un dim ap-m sur 2. À partir de 9h30 et jusqu'à 18h hors saison. GRATUIT.* Dans la salle haute de la manécanterie (lire ci-dessous) aux murs ornés de tapisseries du XVIIe s. Constitué au XIXe s, le trésor rassemble dans quelques vitrines un superbe coffret en ivoire du Xe s (qui servait de coffre à jouets !) et un autel portatif byzantin du XIIIe s pour les pièces les plus anciennes, des émaux limousins, des vêtements liturgiques symboliques du talent des fabricants lyonnais...

La manécanterie *(zoom détachable B4)* ***:*** *à droite de la cathédrale.* Belle bâtisse romane, ancienne maison de chanoines et seul vestige du cloître Saint-Jean détruit à la Révolution. Elle date du XIe s et a conservé beaucoup de charme

À VOIR

avec sa série d'arcatures aveugles, ses colonnettes assemblées deux à deux... Son nom vient de *mane cantare,* « chanter le matin » en latin, car ce fut à partir du XVe s l'école de chant des choristes de la cathédrale.
– Juste à côté, sur la droite, le jeudi matin, petit marché bio sur la placette.

Le jardin archéologique *(zoom détachable C4)* **:** *sur le flanc nord de la cathédrale Saint-Jean.* Il fut question, dans les années 1970, de construire une annexe au palais de justice voisin. La démolition d'anciennes maisons insalubres permit de tomber sur les fondations de deux églises médiévales. On abandonna vite fait le projet initial pour préserver les fouilles, aujourd'hui toujours visibles. Trois édifices religieux s'élevaient donc ici, l'un à côté de l'autre, formant jusqu'à la Révolution un important groupe archiépiscopal. Saint-Jean (la cathédrale), Saint-Étienne pour les chanoines du chapitre et Sainte-Croix, simple église paroissiale pour les gens du quartier. L'ensemble formant le cloître Saint-Jean, entouré de murailles. Le tout fut détruit à la Révolution, sauf la cathédrale. Parmi les ruines qui subsistent, voici ce que l'on découvre par ordre d'arrivée dans l'histoire : un baptistère de l'église Saint-Étienne datant en partie du IVe s, époque des premiers chrétiens (sous verre). Et puis l'abside romane de Sainte-Croix. Les deux églises furent entièrement remaniées dans le style gothique lorsque Saint-Jean fut édifiée. Notable encore, cette arche imposante provenant de la nef de l'église Sainte-Croix.

Le palais de justice *(zoom détachable C4)* **:** petit crochet par le quai Romain-Rolland pour observer cet édifice construit sur le modèle d'un temple grec, d'où les colonnes. Ceux qui le fréquentent l'appellent d'ailleurs « les 24 colonnes ». Réalisé au milieu du XIXe s par Louis-Pierre Baltard, le père du créateur des anciennes halles de Paris, il se distingue par son global manque de fantaisie. Colonnes corinthiennes aux chapiteaux à feuilles d'acanthe, c'est la panoplie complète du néoclassique. Une des seules constructions du vieux Lyon, avec quelques églises, de l'après-Renaissance. À l'intérieur, les salles d'audience abritent plafonds à caissons et peintures du XVIIe s (possibilité de visite guidée sur résa avec l'office de tourisme).

La rue Saint-Jean *(zoom détachable B-C4)* **:** véritable colonne vertébrale du quartier. On va l'emprunter et zigzaguer autour d'elle en « traboulant » à qui mieux mieux.
– Au no 39, au-dessus du store du resto, un vestige du linteau de la porte de l'église Sainte-Croix, récupéré après la destruction de l'église à la Révolution.
– Au no 37, la ***Maison du chamarier*** *(zoom détachable C4),* celui qui faisait respecter l'ordre public. Il conservait les clés du cloître Saint-Jean dont cette bâtisse faisait partie. Porte gothique et pilastres à fleurons. Les meneaux sont ici absents. En effet, à la fin du XVIIIe s, le calcul des impôts se faisait selon le nombre de fenêtres. Chaque séparation comptant pour une fenêtre, les propriétaires retirèrent la plupart des meneaux pour payer moins d'impôts. Logique ! Mme de Sévigné résida ici plusieurs fois, faisant halte sur la route pour aller rendre visite à sa fille à Grignan (elle a dû écrire quelques lettres, elle ne pouvait pas s'en empêcher !). On peut pénétrer dans la cour, presque un modèle déposé avec sa tour qui abrite un escalier à vis et son puits du XVIe s flanqué d'une petite fontaine.

Le musée Miniature et Cinéma *(zoom détachable B-C4)* **:** *Maison des avocats, 60, rue Saint-Jean, 69005. ☎ 04-72-00-24-77. • museeminiatureetcinema.fr • Ⓜ Vieux-Lyon. Tlj 10h-18h30 (19h w-e, j. fériés et vac scol). Fermé 25 déc et 1er janv. Entrée : 8 € au lieu de 9 € pour les adultes et 6 € enfants et étudiants sur présentation de ce guide.*
Un musée très original qui fait partie des coups de cœur de nombreux visiteurs de tous âges, de toutes nationalités, amoureux du 7e art. Comme son nom l'indique, ce musée privé présente deux expressions artistiques rares et des plus étonnantes : on peut y découvrir une impressionnante collection de scènes en miniature,

À VOIR

ainsi que de nombreux décors et accessoires de cinéma invitant le visiteur à pénétrer dans les coulisses de tournages de films. Le tout dans une bâtisse du XVIe s restaurée pour la cause. Un musée qui s'adresse à l'imaginaire le plus intime de chacun d'entre nous, petit ou grand.
On commence par le sous-sol, pour revivre, de façon quasi oppressante, le tournage du film *Le Parfum,* dans ses décors authentiques avec des personnages de cire qui pourraient servir un jour pour un autre scénario de polar, à la limite du fantastique, toujours. On poursuit le voyage dans le temps en grimpant d'étage en étage, s'arrêtant ici pour revoir un extrait de film, là pour comprendre les effets utilisés par des metteurs en scène que l'on a tous admirés un jour. Le petit nouveau, c'est l'*Alien queen,* monstre robotisé terrifiant qui, après une année de restauration dans les ateliers du musée, fait désormais partie de la collection cinéma.
La collection permanente, exposée au 3e étage, présente, avec un soin particulier accordé à l'éclairage, les miniatures réalisées par Dan Ohlmann, autrefois ébéniste et architecte d'intérieur, qui est à la base de la création de ce musée entièrement privé, il faut le préciser. Ces scènes miniaturisées, chefs-d'œuvre de patience et de dextérité, racontent de façon attachante le patrimoine lyonnais, de la prison Saint-Paul à la salle de danse de l'opéra en passant par le délicieux bric-à-brac d'un atelier de canuts à la Croix-Rousse. En redescendant, rien ne vous empêche, selon l'affluence, de retourner voir les maquettes, objets, accessoires, trucages et effets spéciaux divers provenant de célébrissimes tournages (de films fantastiques pour l'essentiel), qui vous auraient échappé durant la montée. Des vitrines que Dan Ohlmann lui-même sera peut-être en train de réaménager, perché sur une échelle, ignoré du flot des visiteurs qui le prennent pour l'électricien du musée ! Expos temporaires au 2e étage.
La *boutique,* au rez-de-chaussée, vous tend ses vitrines : succombez à la tentation, personne ne vous en voudra.

À VOIR

– ***La place de la Basoche*** *(zoom détachable B4)* **:** *rue de la Bombarde.* Ancienne *Auberge de la Croix-d'Or* ; au XIVe s, ce superbe ensemble était habité par des gens de la magistrature, d'où son nom, puisque *basoche* désigne en ancien français le lieu où se tenaient les tribunaux. Voici la panoplie complète du style Renaissance avec deux tours, l'une octogonale, l'autre à pans coupés, loggia au fond et puits. On peut ensuite suivre, sur quelques mètres, la *rue de la Bombarde.* Au n° 8, belle imposte, aux initiales des proprios. Et au n° 10, justement, une enseigne de bombarde.
Reprendre à gauche la ***rue Saint-Jean,*** pousser la porte du n° 58 pour admirer la cour intérieure. Là encore, escalier à vis octogonal et à sa base le charmant puits, accessible par trois côtés, galerie à croisées d'ogives...
– Au n° 54, on « traboule ». C'est l'une des plus longues de la rue, qui traverse cinq immeubles. C'est d'ailleurs sa seule particularité. Sortie au 27, ***rue du Bœuf.*** Noter les arcades des rez-de-chaussée. C'est le nombre d'arcades qui indiquait l'importance de la boutique qui l'occupait. Le caniveau central faisait office d'égout. Les pauvres gens circulaient au centre de la rue, dans les immondices en tout genre, tandis que les plus nantis longeaient les boutiques, là où ça puait le moins. Ils tenaient ainsi le « haut du pavé »...

TRIÉS SUR LE VOLET !

Les boutiques sous les arcades présentaient leurs marchandises sur un volet horizontal donnant sur la rue. Ainsi les articles faisaient-ils l'objet d'une sélection puisqu'ils étaient « triés sur le volet »... d'où l'expression. Et quand on en avait marre, il suffisait de fermer le clapet (vieille plaisanterie lyonnaise).

– Au 19, rue du Bœuf, belle ***enseigne de la maison L'Outarde d'Or*** *(zoom détachable B4),* une oie sauvage à la chair fine, enseigne d'un maître volailler du XVIIIe s. Noter la phrase « Je vaux mieux que tous les gibiers », de 1708. Une porte est, en principe, ouverte le matin : allée à croisées d'ogives, cour intéressante, galerie, escalier à vis et deux tourelles dont l'une à encorbellement, ce qui est assez rare. Au nº 22, l'hôtel *La Tour Rose,* avec, au-dessus de la porte, les médaillons des anciens propriétaires.

– À l'angle de la rue du Bœuf et de la place Neuve-Saint-Jean, fameuse ***enseigne*** de 1571, faussement attribuée à Jean de Bologne, sculpteur attitré des Médicis, et représentant un taureau. Cette plaque donna son nom à la rue.

– Au nº 16 rue du Bœuf, la véritable ***tour Rose*** *(zoom détachable B4),* anciennement appelée la *Maison du crible,* c'est-à-dire du collecteur d'impôts, qui passait au crible, ou au tamis, les finances des mauvais payeurs. Admirable tour avec ses escaliers à vis, tour en saillie, fenêtre en plein cintre. Signe de richesse, c'est l'une des plus hautes qui subsistent en ville, bien plus élevée que les habitations autour.

– Incursion ***place Neuve-Saint-Jean,*** pour admirer un ensemble remarquable donnant sur la rue : belle tour carrée sur pans coupés, grandes loggias ouvertes et trace de fontaine. On « traboule » par l'immeuble et on sort par le 40, ***rue Saint-Jean.*** Puis on « traboule » à nouveau presque en face, au nº 27. Cour adorable, très bien refaite, avec galeries ouvertes, fenêtres à meneaux et pierre dorée (pierre argilo-calcaire de couleur dorée que l'on trouve dans la région des... Pierres-Dorées). Noter, dans les premières marches d'escalier, les petits trous qui permettaient de donner de la lumière à la cave située derrière. On sort au 6, rue des Trois-Maries. Au nº 5 de la même rue, sculpture avec les trois Marie, justement, qui donnèrent son nom à la rue.

– ***La place de la Baleine*** *(zoom détachable C4)* **:** au nº 6, belle imposte très élégante et fine, en fer forgé et tour de bois ouvragé du XVIIe s, style rocaille.

– Au 18, rue Saint-Jean, gracieuse croisée d'ogives, un escalier à vis et, penchez-vous, il n'a pas de pilier central comme les autres : cet escalier est hélicoïdal, ce qui est assez rare. Dans la cour, toujours des galeries et des clés de voûtes frappées aux armes des proprios, et encore un puits dans un coin. Sortir et revenir par la rue Tramassac.

AH ! SI J'ÉTAIS RICHE...

Les Gadagne faisaient partie de ces riches commerçants et banquiers florentins qui quittèrent l'Italie au milieu du XVe s. Ils vinrent vivre et exercer à Lyon, attirés par les fameuses foires. À cette époque, la famille florentine acquit une fortune si considérable que l'on ne disait pas que l'on était « riche comme Crésus » mais « riche comme Gadagne » !

Gadagne musées *(zoom détachable B-C4)* **:** *1, pl. du Petit-Collège (rue de Gadagne), 69005. ☎ 04-78-42-03-61. • gadagne.musees.lyon.fr • Ⓜ Vieux-Lyon. ♿ Accès par le 14, rue de Gadagne. Mer-dim 11h-18h30. Fermé lun, mar et j. fériés. Entrée : 6 € pour 1 musée, 9 € pour les 2 musées. Expos temporaires, entrée : 7 €. Gratuit moins de 18 ans. Audioguides gratuits. Animations, visites guidées, ateliers pour enfants, spectacles. Résas au ☎ 04-37-23-60-46 ; mar 14h-16h ; mer-sam 10h-12h et 14h-16h. Librairie.* IMPORTANT : il est possible de rentrer admirer le bâtiment en accès libre et de monter sur les toits profiter des jardins et se restaurer au *Café Gadagne* sans passer par les musées.

La rénovation du musée d'Histoire de Lyon et du musée des Marionnettes du monde est une belle réussite. Tout d'abord sur le plan architectural. Il a fallu respecter l'édifice, classé Monument historique, tout en créant de nouveaux espaces et une nouvelle muséographie. On a creusé sous le bâtiment, mettant au jour des vestiges gallo-romains, médiévaux et Renaissance qui ont été intégrés dans l'aménagement du musée. Grâce à des ascenseurs, les salles d'exposition de tous les niveaux sont desservies, permettant ainsi à tous les publics d'effectuer le même parcours. Également un auditorium, un centre de documentation, des ateliers, une boutique-librairie, sans oublier des jardins en terrasses au 4e étage, avec un café doté d'une vue superbe sur les toits du vieux Lyon. Bref, un ensemble complet qui bénéficie de toutes les ressources d'un musée du XXIe s à vocation européenne.

– Avant de visiter les musées, prenez le temps d'admirer cette ***remarquable demeure Renaissance,*** l'une des plus vastes du quartier, élevée au début du XVIe s pour le fils d'un négociant en épices. Elle fut rachetée par la célèbre famille Gadagne, banquiers florentins dont l'histoire raconte que leur goût pour la fête était aussi grand que leur fortune – Rabelais évoque d'ailleurs leur nom dans son *Quart Livre.* Elle est agrandie au XVIIe s pour ne plus être modifiée jusqu'au XIXe quand l'édifice est divisé en petits appartements. La maison est acquise au début du XXe s par la ville, qui y installe le musée historique de la ville de Lyon en 1921 et le musée international de la Marionnette en 1950.

Le musée d'Histoire de Lyon

Il est, disons-le d'entrée, plus passionnant que son intitulé le laisserait supposer, grâce à une muséographie contemporaine exemplaire. 30 salles, pour un panorama complet de la ville depuis l'Antiquité jusqu'à nos jours, indispensable pour mieux comprendre et aimer Lyon. En introduction, l'histoire du bâtiment et de sa rénovation. Intéressant pour saisir l'ampleur des travaux, avant de remonter le temps par le bel escalier d'honneur d'un édifice comparé à un « mille-feuille » historique par un de ses guides les plus passionnants.

Une présentation à la fois sobre et didactique permet d'appréhender l'évolution de la ville à la fois dans sa dimension spatiale et historique grâce à un petit nombre de pièces soigneusement choisies et représentatives de chaque époque ou de chaque thématique. On prend un réel plaisir à parcourir le musée sans se sentir écrasé par une multitude de vitrines ou de textes. Démarrons donc la visite avec quelques points de repère :

– Au sous-sol, les salles consacrées à l'Antiquité et au Moyen Âge avec l'évocation des martyrs de Lyon (sainte Blandine est, sans doute, la plus célèbre) et l'importance du poids religieux (voir, dans la *salle 4,* consacrée aux abbayes, les beaux reliefs stylisés d'animaux et la couronne dite « de Charlemagne »). Changement d'étage, changement d'époque. À partir de la *salle 6,* on aborde la Renaissance. Admirez la cheminée monumentale, mais, surtout, le premier plan présentant une vue générale de Lyon. Nous sommes au XVIe s et la ville s'agrandit considérablement. C'est l'époque glorieuse de Lyon avec les foires, le développement de l'imprimerie et un art de vivre influencé par l'Italie (très beaux meubles). Le XVIIe s voit l'édification de l'hôtel de ville : une maquette souligne la folie de cette grandeur, et cette folie des grandeurs tout bonnement, au moment même où le conseil municipal n'a plus de pouvoir réel ! La grande Fabrique de soie est, bien sûr, évoquée avec un métier à la grande tire, qui a été remonté *salle 14.* C'est grâce à lui que Lyon devient centre de la soie, on ne précise pas, cela va de soi.

Le XVIIIe s bouleverse Lyon sur les plans politique et géographique ; durant la Révolution, la ville est en décalage avec la capitale et sera, de ce fait, assiégée par les armées nationales en 1793. Par ailleurs, il faut songer à l'agrandir, ce que fera le grand architecte Soufflot en construisant le quartier de Saint-Clair. Ce sont aussi les débuts de l'extension de la ville rive gauche et le projet de l'ingénieur Perrache (beau portrait très posé *salle 15*) d'agrandir la presqu'île en repoussant le confluent des fleuves à la Mulatière. Le projet aboutira un siècle plus tard. *Salle 19,* levez les yeux : beau plafond du XVIIe s en bois et papier mâché.

En fait, il faudrait avoir des yeux partout, car ce qui fait l'âme de ce musée, c'est le soin apporté aux détails. L'histoire au quotidien vous est contée par les objets présentés, comme, dans la salle précédente consacrée à la Révolution, ce tout petit caillou qui est en réalité un croûton de pain datant du siège de 1793 ou cette pique des citoyennes de Lyon de 1792 marquant l'arrivée des femmes sur le plan politique. La première partie du XIXe s *(salles 19 à 22)* voit Napoléon Ier relancer l'industrie de la soie (en témoignent les lits de l'Empereur et de Joséphine *salle 20*). C'est aussi l'apparition du métier Jacquard.

– Noter en passant qu'à partir de la *salle 20,* quatre salles ont été conservées dans leur jus Renaissance (encadrement des portes et fenêtres, plafonds à la française). Il ne leur manque que la couleur puisque les murs étaient autrefois décorés. La seconde moitié du XIXe s voit la ville se métamorphoser sous l'action du préfet Vaïsse

avec le creusement des grandes artères du centre-ville, l'aménagement du parc de la Tête-d'Or et la construction de Notre-Dame-de-Fourvière. C'est aussi l'arrivée du chemin de fer (première ligne entre Lyon et Saint-Étienne évoquée par un superbe papier peint panoramique *salle 27,* et la naissance des industries nouvelles qui vont définitivement marquer l'économie et la géographie de la ville (industries chimique et pharmaceutique, construction automobile et début de l'industrie cinématographique).
– Pour la période contemporaine, après l'épisode des deux guerres rapidement évoqué, c'est surtout le rôle des maires Édouard Herriot (la largeur de son costume d'académicien est impressionnante) et Louis Pradel qui est mis en avant dans l'évolution urbanistique de la ville au cours des années 1930-1980. Un musée à parcourir avant de partir sur le terrain, aurions-nous envie de vous dire. Un de ces musées rares qui réussissent à passionner petits et grands, sur un thème que l'on aurait qualifié autrefois de rébarbatif. Et comme vous avez quand même mérité un peu de détente, place à la marionnette et à Guignol.

Le musée des Marionnettes du monde
9 salles qui présentent, par roulement (avec des accrochages thématiques), l'exceptionnelle collection du musée. Cela permet de témoigner de la vitalité de cet art dans le monde entier (plus de 2 000 marionnettes du monde entier, des castelets, des affiches)... Une volonté du musée qui souhaite prouver que la marionnette est un art du spectacle bien vivant, en constante évolution, et pas seulement réservé aux enfants. Dans chaque salle, un dispositif multimédia présente des extraits de spectacles et des infos sur les techniques de manipulations. À tout seigneur, tout honneur : vous ne serez pas étonné que la première salle soit consacrée à Guignol avec les trois premiers personnages taillés dans le bois par Mourguet lui-même. Le trio gagnant est déjà là : Guignol, Madelon et Gnafron (retrouvez Guignol et Laurent Mourguet dans « Hommes, culture, environnement », en fin de guide). Paradoxalement, c'est grâce à la création de la police des théâtres en 1852 que l'on conserve des traces des pièces de Mourguet. Les textes devaient, en effet, être soumis à la préfecture pour une éventuelle censure en amont de la représentation. Ce qui n'empêchait nullement notre amuseur de dévier royalement de la trajectoire éditoriale pour se moquer de la maréchaussée plus qu'il n'était annoncé. De plus, une partie des textes était improvisée en fonction de l'actualité. Puis on voit apparaître de nouveaux personnages : le juge, le diable...

HISTOIRE DE PROFILS

En analysant les visages, vous vous interrogerez sur le fait que Gnafron et Madelon ont la bouche tordue ! Présentés de profil, les personnages pouvaient ainsi passer du sourire à la tristesse simplement en changeant de côté. Astucieux, non ?

Dans les salles suivantes, on fait connaissance avec les autres héros populaires. Dans la *salle 2,* décorée d'une belle fresque du XIXe s, beau Lafleur d'Amiens avec son genou articulé, car si Guignol donne le bâton, son cousin picard, lui, donne des coups de pied ; ou ce Polichinelle parisien du XVIIIe s à la bouche articulée. Une salle évoque le succès de Guignol à Paris dans les différents parcs, avec un castelet des Buttes-Chaumont. Dans la capitale, Guignol, devenu valet, s'adresse surtout aux enfants. On lui a aussi adjoint un fils : Guignolet (quant au guignolet-kirsch, c'est une autre histoire...). Les marionnettes sont également utilisées dans les théâtres forains, dans des adaptations de pièces de théâtre ou de contes. Elles sont présentes dans les cabarets, comme au fameux *Chat Noir* à Montmartre, qui présente des spectacles d'ombres, puis dans les music-halls, et on les retrouve, bien sûr, à la télévision. Admirez d'ailleurs la sophistication d'une des marionnettes présentées dans *La Piste aux étoiles* par Louis Valdès. Le tour du monde continue avec les marionnettes vénitiennes à fils, richement vêtues, et les *pupi* de Sicile, ou bien encore les marionnettes anglaises avec l'une des plus vieilles pièces du musée, *Old mother Shipton* (vers 1700), qui possède un trou dans le coin de sa bouche pour pouvoir fumer sa pipe tranquillement ; sans oublier *Punch,* le héros anglais absolument déchaîné qui tue femme et enfant ; et, bien sûr, des marionnettes tchèques, russes ou turques. Chaque pays a ses héros, souvent insolents et grandes gueules, qui se chargent d'exprimer ce que les petites gens ne peuvent dire à voix haute. Les deux dernières salles exposent des marionnettes venues d'Indonésie, du Japon et d'Afrique. De très belles pièces qui permettent de découvrir d'autres techniques de fabrication et de manipulation (ombres javanaises, masque africain), mais également de sensibiliser le visiteur à la dimension sacrée ou religieuse de cet art dans les autres cultures. Une exposition réussie, qui permet – à travers des personnages hauts en couleur – de voyager à travers les pays et les techniques (marionnettes à gaine, à tringle, à fils, à tige...). Mais la visite de Gadagne ne serait pas complète sans se rendre sur les toits où des jardins suspendus (dans l'esprit des jardins symboliques de la Renaissance) ont été aménagés. Nostradamus résida un temps dans l'hôtel. Une divine surprise et une magnifique façon de terminer la visite, surtout si l'envie vous prend de faire une pause gourmande.

|●| Même si vous ne visitez pas le musée, rien ne vous empêche d'aller déjeuner dans l'un des plus jolis cafés de la ville, caché dans les hauteurs de Gadagne. Idéal surtout quand, aux beaux jours, on peut s'installer sous la treille pour manger les petits plats du moment à prix doux proposés par le ***Café Gadagne*** *(☎ 04-78-62-34-60).*

La place du Gouvernement *(zoom détachable C4),* où vivait le gouverneur du Lyonnais, du Beaujolais et du Forez. Il régnait sur la justice, la police et les finances. Rien que ça. Au nº 5, une maison du XVIIe s. Contrairement aux maisons du XVIe s dont la tour d'escalier se situait dans la cour, elle est ici en façade. À cette époque, cette tour continue d'être un signe de prestige, mais elle change de position et perd de sa grâce : fronton curviligne et triangulaire alterné, typiques de la Renaissance. Toujours sur la place, au 12, rue Saint-Jean, le seul exemple d'imposte en bois du quartier, représentant un paon faisant la roue. On « traboule » au 2, place du Gouvernement, où l'on notera, avant de s'y engouffrer, la porte en anse de panier avec ses petits culots sculptés d'une sirène et d'une sorte de griffon. Dans la haute cour, un puits surmonté d'une coquille et de délicates corniches moulurées. Sortir au 10, quai Romain-Rolland et remonter jusqu'à la place Ennemond-Fousseret.

– Sur la place Fousseret, le ***mur peint de la Cour-des-Loges*** *(zoom détachable C4)* : représentation de la réception de l'*hôtel de la Cour-des-Loges,* évoquée sous forme d'un décor de théâtre que l'on serait en train de monter.

La place du Change : autrefois place de la Draperie (marché au textile), on y trouve l'ancienne Bourse. C'est sur cette place que se réunissaient banquiers et courtiers. Les affaires se traitaient sur des tables, dehors, que l'on appelait des « banques ». Ainsi les mots « banque » et « banquet » (où l'on mange) ont-ils la même origine (le banquier étant celui qui nous bouffe nos économies !). Mais les échanges prirent une telle importance que l'on se décida à édifier une Bourse au milieu du XVIIe s. On l'appela la « Loge du Change », première Bourse de Lyon, qui fut agrandie et modifiée telle qu'on la voit aujourd'hui par Germain Soufflot. Depuis le début du XIXe s, c'est un temple protestant. En face, au nº 2, la ***maison Thomassin*** *(zoom détachable C4),* avec ses arcs gothiques, ses armoiries de France (Charles VIII et Anne de Bretagne) et ses signes du zodiaque aujourd'hui illisibles. La suite de la balade nous fait pénétrer dans le quartier Saint-Paul.

Saint-Paul

De la place du Change, emprunter la ***rue de la Loge.*** Rappelez-vous *L'Horloger de Saint-Paul* de Tavernier, incarné par Philippe Noiret ; eh bien, c'est là, au nº 4. L'échoppe a été complètement transformée. Mais il y a un nouvel horloger (de Saint-Paul !) au nº 1 de la rue de la Juiverie. Au 18-20 du quai de Bondy le Palais de Bondy ; fraîchement restauré, accueille désormais des expositions d'artistes français et des concerts de musique classique.

Prendre (justement) à droite la ***rue de la Juiverie*** en laissant à votre gauche l'attirante montée du Change et ses volées d'escaliers. Quartier juif jusqu'à la fin du XIVe s, période à laquelle ses habitants furent chassés et remplacés petit à petit par des banquiers et commerçants italiens. Aujourd'hui surtout occupée par des artisans et des galeries d'art, la *rue de la Juiverie* est très typique du quartier. Au no 23, un long bâtiment Renaissance en pierre à bossage. Vous ne vous étonnerez pas plus que ça si l'on vous dit qu'il répond au nom de ***maison des Lions*** *(zoom détachable B4)*, puisqu'il y en a 15 en façade. On racontait que l'un des lions cachait un trésor dans son nez. Tous les nez furent évidemment cassés et l'on trouva... rien du tout. Au no 22, en face, encore un édifice Renaissance avec une porte élégante en anse de panier, terminée par de mignons petits culots, et en angle une tourelle de guet en encorbellement. Entre les nos 16 et 18, la ***ruelle Punaise,*** qui veut dire puer, ce qui n'a rien de surprenant puisqu'il s'agit d'un égout à ciel ouvert, un des derniers témoignages du Moyen Âge. Aux nos 12 et 10, plusieurs frontons triangulaires interrompus. Pour ceux qui tiennent le coup, pousser la porte du no 10 pour son élégante cour. Au no 8, pénétrer pour admirer le remarquable ***hôtel Bullioud*** *(zoom détachable B4)*, maison remodelée par Philibert Delorme en 1536. La première cour n'a d'autre intérêt que son puits. Poussez donc jusqu'à la seconde. Véritable joyau avec galerie sur trompes. Cette galerie-façade fut ajoutée et plaquée sur la façade d'origine par Delorme pour que le propriétaire puisse faire la liaison entre ses deux tourelles. Influence italienne très marquée avec pilastres de styles dorique et ionique. Aujourd'hui, c'est une HLM ! Au no 2, ***maison Henri-IV*** *(zoom détachable B4)*, transformée ensuite en gare de funiculaire destinée aux corbillards et aux convois funéraires. Elle fonctionna jusqu'en 1937. On voit mieux la maison par-derrière, en empruntant la montée Saint-Barthélemy, d'où l'on découvre le buste du roi en façade. On prétend qu'il y passa une nuit avec Gabrielle d'Estrées. Bon, on n'était pas là pour tenir la chandelle.

La rue de la Lainerie : au no 14 *(zoom détachable C4)*, exceptionnelle ***maison Debourg,*** du plus pur style gothique (XVIe s) et richement ouvragée avec pilastres à fleurons qui encadrent les fenêtres, arcs en accolade sculptés... Levez les yeux jusqu'au 1er étage : portraits des proprios et une Vierge d'angle qui semble avoir perdu l'Enfant Jésus. Une des plus anciennes maisons du quartier.

L'église Saint-Paul *(zoom détachable B3)* **:** *à l'extrême nord du quartier, sur la pl. Gerson.* L'une des plus anciennes églises de Lyon, dont les parties principales sont un mélange de roman et de gothique, compte tenu de ses différentes périodes de construction, reconstruction et restauration. Portail principal néogothique avec, dans le tympan, saint Paul sur le chemin de Damas. Le clocher date du XVe et abrite un carillon de 11 cloches. À l'intérieur, nef à quatre travées avec piliers à chapiteaux sculptés. Les chapelles latérales datent du XVe. Sur les voûtes de la deuxième chapelle à droite après l'entrée, jolis médaillons représentant des anges musiciens. Les peintures du chœur sont dues au Lyonnais Paul Borel dans les années 1900.

BALADE AU CŒUR DE LA PRESQU'ÎLE

La presqu'île est artificielle. Autrefois, c'était tout simplement une île puisque le confluent Rhône-Saône se situait probablement au pied de la Croix-Rousse, et son nom était *Condate* (« confluent » en gaulois). Vers le IIIe s, les marécages furent comblés par les alluvions et l'île devint presqu'île. Le confluent se situait alors juste au sud de l'abbaye d'Ainay, entre la gare de Perrache et la place Bellecour. Il faudra attendre l'ingénieur Perrache pour que les marécages soient asséchés au-delà de l'abbaye et que

le confluent soit reculé bien plus au sud. C'est là que se construit le Lyon de demain, dont on vous parlera un peu plus loin, au chapitre Confluence.
Les principaux axes de la presqu'île furent tracés à partir du milieu du XIXe s : il s'agit des rues de la République, Victor-Hugo, Édouard-Herriot et de Brest. On doit tout cela au préfet Vaïsse, le Haussmann lyonnais, qui assainit toute cette partie de la ville. Le tracé précédent était essentiellement médiéval, entrelacs de ruelles étroites et sombres, peu propices à la mobilité et encore moins à la répression de la population. Ainsi traça-t-on de larges artères. C'est ce visage que propose actuellement cette langue de terre. Notre circuit en explore les points principaux, au départ de la place Bellecour.

Balade de la place Bellecour à la place Carnot

PERDU LES PÉDALES ?

Avez-vous remarqué, sur la statue de Louis XIV qui trône place Bellecour, que le roi est vêtu comme un empereur romain ? On raconte aussi que le sculpteur se serait suicidé après avoir réalisé qu'il avait oublié les étriers. Sottise ! Les empereurs romains montaient sans étriers ! On doit cette fausse rumeur à quelques humoristes lyonnais.

La place Bellecour *(zoom détachable C5)* **:** point central de la ville, d'où l'on voit la colline de Fourvière. Troisième place de France par sa taille (6 ha), après l'esplanade des Quinconces à Bordeaux et la place de la Concorde à Paris, la *Bella Curtis* fut tracée au début du XVIIIe s sous Louis XIV, sur d'anciens jardins potagers, propriété de l'abbaye d'Ainay. Louis XIV, dont l'immense statue exécutée par Lemot est un point de rendez-vous bien pratique, lui donna son éclat. Les révolutionnaires s'acharnèrent sur la place et c'est sa royale effigie, commandée sous la Restauration et inaugurée en 1825, que l'on voit aujourd'hui.
De part et d'autre de Louis à cheval, la femme indolente et l'homme impétueux, qui représentent respectivement la Saône et le Rhône, sont en revanche des originaux. À propos de statue, cherchez donc celle d'Antoine de Saint-Exupéry, né à Bellecour. Certains édifices encadrant la place subirent les foudres révolutionnaires. Lyon, coupable d'insurrections proroyalistes en 1793, fut réprimée par le montagnard Fouché et Collot d'Herbois. « Lyon fit la guerre à la liberté, Lyon n'est plus », disaient les révolutionnaires. Ainsi la décision fut-elle prise de raser les maisons des plus riches, notamment sur les façades est et ouest de la place, ainsi que les hôtels particuliers du quartier. À l'issue de ces événements, la ville perdit son nom comme on arrache les épaulettes d'un officier déchu. Pendant un an et demi, elle s'appela donc « Ville-Affranchie ». Rappelons qu'aujourd'hui Lyon n'a pas complètement perdu ses sympathies royalistes et qu'il existe toujours une Association des descendants des martyrs de la Révolution. Reconstruites en partie au XIXe s, donc, les façades sont remarquables de sobriété. Pas d'ostentation, pas d'exhibition des richesses. Attitude typique de la bourgeoisie d'affaires lyonnaise des XIXe et XXe s. Immanquable grande roue (de la Fête des lumières à mi-mars) qui offre, si ça vous tente, un autre point de vue sur la ville. Et, tiens, la création du parking souterrain a légèrement bombé la place...

La place Antonin-Poncet *(zoom détachable C5)* **:** on y voit le vaste *hôtel de la Poste,* d'un style Art déco discret des années 1930. On a également conservé ici le clocher de la chapelle de l'hôpital de la Charité, ancien hospice pour mendiants, mères célibataires et surtout enfants abandonnés, du XVIIe s. C'est grâce à l'intervention des habitants que cette tour à horloge fut préservée. Bravo aussi à Michel Noir qui rendit cette place aux piétons et à la verdure.

Le quartier d'Ainay (plan détachable C5) **:** grosso modo situé entre Bellecour et Perrache. Deux mots sur ce quartier résidentiel avant de parler de l'église d'Ainay. Plus connu sous le nom de Charité-Ainay, c'est le siège de la vieille bourgeoisie lyonnaise. On se fréquente ici entre bonnes gens, avec le souci permanent de ne pas faire entrer n'importe qui dans le cercle des intimes. C'est sans doute l'un des coins les plus fermés de Lyon. Derrière les façades souvent quelconques se cachent les appartements les plus vastes et les plus luxueux qui soient. Mais le maître mot, chuuut... c'est la discrétion.

La basilique Saint-Martin-d'Ainay (plan détachable B-C5) **:** rue Bourgelat. Cette église est tout ce qui subsiste d'un vaste monastère dédié à saint Martin dès le IXe s. C'est à ce niveau-là que se fermait le confluent jusqu'au XVIIIe s. En résumé, cette abbaye bénédictine connut son heure de gloire entre les XIIe et XIVe s, à tel point que l'abbaye a même possédé jusqu'à 72 églises dans le diocèse et même au-delà. Papes et rois y séjournèrent régulièrement, les calvinistes la saccagèrent en 1562 et la Révolution la réduisit à ses dimensions actuelles. Il fallut attendre l'important remaniement réalisé au XIXe s pour qu'elle reprenne du poil de la bête.
La façade conserve ses contours romans. Les blocs de pierre de la partie basse sont, comme pour la cathédrale, des remplois d'anciens monuments romains de Fourvière. Originellement, les parties latérales n'existaient pas et le clocher était donc avancé. Si le porche a été remanié, le reste des arcades est d'origine. Noter les incrustations de briques en haut du clocher et, au-dessus de la croix, un bestiaire (oiseaux, cerfs, lions, griffons...).
À l'intérieur, l'essentiel de la décoration est concentré dans le chœur, à part quelques chapiteaux romans sur les côtés. Comme dans la plupart des églises de Lyon, il n'y a pas de déambulatoire : celui-ci servait d'ordinaire à accueillir les pèlerins afin qu'ils puissent tourner autour du chœur et voir les reliques installées dans les chapelles rayonnantes. Or, comme la ville ne possédait aucune relique, il n'y a pas de déambulatoire. C.Q.F.D.
– À l'extérieur, sur la placette, un ***presbytère néoroman*** avec, dans les fenêtres à arcs trilobés, les sculptures des différents abbés d'Ainay.

Le musée des Tissus et des Arts décoratifs (plan détachable C5) **:** 34, rue de la Charité, 69002. ☎ 04-78-38-42-00. • mtmad.fr • Ⓜ Ampère-Victor-Hugo. Ouv 10h-17h30. Fermé lun et j. fériés. Entrée : 10 € ; réduc, notamment à partir de 16h ; gratuit moins de 12 ans. Visite guidée des expos temporaires dim à 15h. Installé depuis 1964 dans l'hôtel de Villeroy, ancienne résidence du gouverneur du Lyonnais au XVIIIe s, cet attachant musée vit des heures difficiles après une menace de fermeture avancée par la chambre de commerce et d'industrie qui en assurait la gestion jusqu'alors. Une restructuration complète étant nécessaire, profitez-en pour découvrir, tant qu'il est temps, le double visage du musée.
– Les tissus, d'abord. Après l'Égypte copte et sa célèbre *tenture aux poissons* datée du IIe ou IIIe s apr. J.-C., et les tissus perses et ottomans, petit détour par une salle (très reposante et « zen » !) consacrée à l'Extrême-Orient. Le ***1er étage*** est ensuite dédié aux textiles espagnols et italiens puis français (et surtout lyonnais !). On ne peut pas louper l'une des pièces maîtresses du musée, le Jaque, ou pourpoint dit « de Charles de Blois », puisqu'il occupe

COMME UN CHEVEU SUR LA SOUPE

Pour la petite histoire, l'origine du tissage de la soie viendrait de ce que, vers 2700 av. J.-C., une belle (ça va « de soie » !) princesse chinoise qui buvait son thé au pied d'un arbre à soie a vu un cocon tomber dans l'eau chaude de sa tasse. Et c'est en voulant enlever l'intrus qu'elle s'est aperçue que le fil se déroulait facilement ; d'où l'idée de tisser cette étonnante texture !

À VOIR

toute une vitrine. Ce vêtement illustre la mode masculine du XIVe s et la complexité de fabrication d'une telle tenue (il a fallu assembler pas moins de 32 pièces de tissu et coudre 32 boutons !). Après le Moyen Âge et la Renaissance où la part belle est faite aux tissus religieux, le reste de l'étage laisse le visiteur rêveur devant les magnifiques costumes des XVIIIe et XIXe s et les tentures destinées aux grandes familles royales (à l'image du célèbre *Grand Broché de la Reine,* retissage d'après la tenture pour la chambre de Marie-Antoinette à Versailles). Dommage, simplement, que tout ça manque singulièrement d'explications « grand public » (les discrets cartels sont très, très techniques !). Après avoir emprunté le grand escalier du hall, le parcours chronologique se poursuit au ***rez-de-chaussée*** par des tissus et des costumes de la fin du XIXe s à nos jours (belle série de tissus commandés par Paul Poiret et dessinés par Raoul Dufy).

– L'itinéraire rejoint le musée des ***Arts décoratifs.*** Dès son entrée dans l'ancien hôtel particulier des Lacroix-Laval, le visiteur est plongé dans le quotidien d'un notable lyonnais du XVIIIe s. Pour l'accompagner dans son parcours, des fiches de salle sont à sa disposition à l'entrée du musée et, pour les plus jeunes, un jeu de piste permet d'apprendre et de comprendre en s'amusant. Les plus grands ébénistes de l'époque sont exposés (Hache, Oeben, Riesener...), et des collections entières de majoliques italiennes et de faïences françaises occupent une place de choix dans les vitrines des étages. Citons aussi la remarquable collection de pendules, dont la célèbre *pendule cage,* à l'heure pour la plupart (un horloger les remonte chaque semaine !) et qui donne vie au lieu par leur tic-tac et leur sonnerie ! Parmi les chefs-d'œuvre du musée, le clavecin à double clavier de Donzelague daté de 1716, que les plus chanceux pourront entendre grâce à l'intervention épisodique d'un claveciniste professionnel, l'impressionnante collection de marqueterie de paille ou encore les objets d'art d'Extrême-Orient, des *netsuké* japonais à l'étonnant paravent en laque de Chine. Et, en fin de visite, des pièces d'orfèvrerie contemporaine avec des grands noms du design italien comme Alessi ou le groupe de Memphis.

Petit détour par la *boutique* du musée en sortant. Des livres, des jeux, des accessoires de papeterie, du linge de maison, des sacs et bien sûr des foulards et autres accessoires de mode, pour la plupart inspirés des œuvres du musée.

À VOIR

Les rues Auguste-Comte, Victor-Hugo et de la Charité *(plan détachable C5-6)* concentrent les boutiques de stylistes chic, les antiquaires et quelques galeries d'art.

Balade entre Bellecour et les Terreaux

La rue des Marronniers *(zoom détachable C5)* **:** à l'image de ses consœurs les rues Saint-Jean et Mercière, elle se caractérise par l'abondance des restaurants qui s'y concentrent.

La rue de la République *(zoom détachable C3-4-5)* **:** autrefois rue Impériale, aujourd'hui piétonne et commerçante, cette « rue de la Ré », comme l'appellent les Lyonnais, est noire de monde le samedi et déserte le dimanche. Elle fut tracée par Vaïsse pour permettre le passage d'une batterie de canons (22 m de large), à la suite des craintes que suscitèrent les révoltes de canuts (et non pour le plaisir de la promenade). Rendue aux piétons dans les années 1970, elle est bordée de beaux bâtiments aux fenêtres typiquement lyonnaises (lambrequin en fer forgé, pas de volets mais des jalousies) et possède quelques éléments d'architecture notables. Ainsi, au no 85, l'ancien siège ***du Progrès*** de style Empire, désormais un magasin *Fnac,* et, au no 79, le ***ciné Pathé,*** typique des années 1930.

Empruntons la traboule du nº 81 qui permet de sortir rue Bellecordière, que l'on emprunte sur la gauche jusqu'à la ***place de l'Hôpital*** *(zoom détachable C4)* : c'est l'entrée principale de l'hôtel-Dieu, actuellement en rénovation pour accueillir un hôtel de luxe et une galerie marchande. La façade côté Rhône est signée Germain Soufflot, qui travailla à Lyon pendant 10 ans. De la place de l'Hôpital part la ***rue Louis-Paufique*** (plus connue sous son ancien nom, Confort). ***Louise Labé*** vécut au ***nº 28*** au XVIe s. Poétesse à la réputation angélique ou sulfureuse, selon les sources, surnommée la Belle Cordière, car son mari et son père produisaient des cordes, elle tint ici même un salon littéraire de grand renom (voir aussi notre rubrique « Personnages » dans « Hommes, culture, environnement », en fin de guide). Élégant mascaron au-dessus de la porte et imposte de fer forgé, guirlande de pampres et cornes d'abondance.

AU RAYON X

C'est dans l'Hôtel-Dieu de Lyon que s'est ouvert, en 1895, le premier service de radiologie français, moins de deux mois seulement après la découverte des rayons X par le physicien allemand Wilhelm Röntgen. On doit cette première à Étienne Destot qui paiera cher ce rôle de pionnier : les mains irradiées, il dut renoncer à la radiologie (et à la sculpture) en 1913.

Direction ***place de la République*** *(zoom détachable C4)*. Traversons-la comme un seul homme, en évitant de plonger dans l'agréable fontaine. Sous la place, un parking dont Lyon a le secret : un parking-œuvre d'art. Ça change des parkings coupe-gorge. On doit celui-ci à François Morellet et Pierre Vurpas. Au fond, à côté du *Printemps,* démarre le joli *passage de l'Argue.*

Le passage de l'Argue *(zoom détachable C4)* **:** des quelques passages percés dans la ville au XIXe s, il ne subsiste que celui-ci. Reliant la rue de la République à celle de Brest, il est typique de l'élégance démonstratrice de ce siècle-là. Sortir rue de Brest, que l'on prend à gauche jusqu'à la place des Jacobins.

La place des Jacobins *(zoom détachable C4)* **:** rien à voir avec ceux de la Révolution puisqu'il s'agissait de religieux dominicains. Il y avait là un monastère qui a été détruit après la Révolution. On agrandit alors la place et on l'orna de cette belle fontaine de marbre, signée Gaspard André.

La place des Cordeliers *(zoom détachable C-D4)* **:** pour remplacer la première Bourse, qui était naturellement située dans le vieux Lyon, le palais du Commerce et de la Bourse fut édifié ici au milieu du XIXe s dans un style pompier. Il est l'exemple parfait du manque d'imagination architecturale de l'époque : frontons triangulaires et curvilignes de la Renaissance, pilastres à l'antique, et on en passe. C'est aujourd'hui la chambre de commerce et d'industrie. Le bas-relief sous l'escalier met en scène une femme qui se jette sans retenue dans les bras d'un homme. On aura reconnu la Saône s'abandonnant dans le Rhône.

L'église Saint-Bonaventure *(zoom détachable C-D4)* **:** *toujours pl. des Cordeliers. Ouv 7h30-19h et dim 9h30-12h, 18h-21h30.* Édifiée au XIIIe s par les franciscains, elle faisait partie d'un vaste complexe composé de cloîtres et de chapelles. Elle doit son nom au grand théologien Bonaventure, ministre général des franciscains. Ces franciscains, appelés également « cordeliers » à cause de la corde blanche qui ceinturait leur robe de bure, aimaient le dépouillement et leur mode de vie était axé sur la pauvreté, puisque c'était un ordre mendiant. L'histoire fit deux pieds de nez à cette église au milieu du XIXe s : tout d'abord on installa une Bourse, temple du fric, juste en face, puis la première façade en gothique tardif (fin XVe s) fut remaniée à la même époque pour être transformée en néo-flamboyant, ce qui correspondait à une véritable trahison architecturale quand on voit la simplicité des flancs, et une trahison morale quand on se réfère à son histoire. Cette église revêt pourtant une importance particulière dans le cœur des Lyonnais, puisqu'elle est depuis longtemps le lieu de prière des commerçants et artisans de la presqu'île et des petites gens en général. L'intérieur en gothique primitif est bas, sombre et austère, fidèle à l'esprit de l'ordre franciscain. Toutes les chapelles latérales furent ajoutées au fil des siècles par les différentes confréries et corporations qui la fréquentèrent et sont dédiées à leurs saints patrons. Les vitraux furent refaits après la Seconde Guerre mondiale. En effet, quand les Allemands quittèrent la ville en septembre 1944, ils firent aimablement sauter 22 ponts sur les 24 existants. Presque un carton plein ! Pratiquement tous les vitraux des églises environnantes furent soufflés. Les nouveaux sont d'ailleurs de très belle facture. On reprend notre balade par la rue de la République.

Derrière la chambre de commerce, la ***place de la Bourse*** *(zoom détachable C4)* possède un charme indéniable depuis son réaménagement dans le style pépinière, avec alternance d'allées de rhododendrons, buis et érables d'espèces différentes. Bravo à Alexandre Chemetoff, le paysagiste.

On traverse la rue de la République pour emprunter la ***rue de la Poulaillerie,*** autrefois appelée la rue Maudite parce qu'ici résidait Pierre Valdès, fondateur d'une sorte de secte, les « pauvres de Lyon », que l'on appela les « vaudois » (lire son histoire dans la rubrique « Personnages » de « Hommes, culture, environnement » en fin de guide).

Toutes les rues de ce quartier portent des noms de commerces du Moyen Âge : ***rues de la Fromagerie, Grenette*** (halle aux grains), ***des Bouquetiers*** (fleuristes !), ***Dubois*** (ébénistes), ***Tupin*** (potiers)... En parlant de commerces, justement, les amateurs de boutiques anciennes iront voir la ***boutique « Cuirs et Peaux »*** *(15, rue Tupin ; ☎ 04-78-37-82-96 ; ouv slt jeu-sam 10h-18h30).* C'est la plus vieille boutique de Lyon, inchangée depuis 1895. Éclairage au gaz (il ne fonctionne plus), vieux comptoir en bois et vitrines d'époque. Fournitures pour chaussures, cuirs pour cordonniers... Plein de produits comme des cirages et graisses des années 1920 et 1930, et quelques martinets pour les enfants pas sages et les lecteurs de Sade. Accueil adorable de M. Baudière.

À VOIR

Le musée de l'Imprimerie et de la Communication graphique *(zoom détachable C4)* **:** *13, rue de la Poulaillerie, 69002. ☎ 04-78-37-65-98. • imprimerie.lyon.fr • Ⓜ Cordeliers. Mer-dim 10h30-18h. Fermé lun, mar (sf groupes sur résa) et j. fériés. Entrée : 6 € ; réduc ; gratuit moins de 18 ans. Visites guidées à thème oct-juin certains dim à 15h. Ateliers (calligraphie, gravure, reliure, typographie, enluminure, illustration) ouv au public et aux scolaires. Expos temporaires.*
Dans l'hôtel de la Couronne, l'élégante demeure Renaissance qui servit d'hôtel de ville jusqu'au début du XVIIe s est le royaume du livre et de l'imprimerie. Une refonte totale des collections permanentes permet d'explorer tous les territoires de l'imprimé, depuis le livre jusqu'à l'affiche grand format en passant par la pochette de disque ou la BD, et de présenter le design graphique. Pénétrez donc pour admirer le porche voûté et la cour avec escalier à vis, croisée d'ogives, fenêtres à meneaux et une superbe galerie (bas-relief du Rhône et de la Saône), rare vestige de cette architecture dans la presqu'île. On peut ressortir au 2 bis, rue des Forces (c'étaient des ciseaux de tailleur). Si le musée rassemble un grand nombre de livres, documents, machines et objets graphiques de toutes les époques et souvent éloignés de la cité des Gaules, il évoque toujours cette grande spécificité lyonnaise que fut l'imprimerie. En effet, Lyon fut, à la Renaissance, l'une des capitales européennes de l'imprimerie naissante et contribua de façon majeure à la diffusion de la pensée de l'époque. C'est cette histoire lyonnaise qui décida d'ailleurs de la création du musée de l'Imprimerie en 1964. Sur les 2 étages, chaque thème est résumé sur des panneaux didactiques.

Le 1er étage
Pour tout savoir sur les origines de l'imprimerie, donc, mais aussi du papier, de l'illustration, des débuts de l'édition. Et déjà, le mythe vole en éclats. Non, Gutenberg n'a pas inventé l'imprimerie ! Le *Jikji,* un recueil de textes bouddhistes daté de 1377, est le plus ancien livre connu imprimé avec des caractères

mobiles métalliques, 75 ans avant la *Bible* de Gutenberg, le premier livre imprimé en Europe. À Gutenberg reste bien sûr le mérite d'avoir perfectionné l'imprimerie typographique et mis au point la fonte des caractères métalliques. Un feuillet de la *Bible* de Gutenberg est montré en regard de plusieurs incunables (ouvrages imprimés entre 1455 et 1500, aux premiers temps de l'imprimerie), de grande valeur et de toute beauté, illustrés à la main. Une bible polyglotte de Plantin, éditée en latin, grec, hébreu et chaldéen, a été l'entreprise typographique la plus gigantesque du XVIe s. Vitrines présentant les travaux des plus grands imprimeurs où l'humanisme lyonnais en général est largement évoqué. Lyon devient la première ville de France pour l'imprimerie, loin devant Paris. Reconstitution de la presse de Gutenberg à deux coups. Imprimerie répandant connaissances et idées, réforme, puis Contre-Réforme se jouèrent à coups de livres. Le « Placard contre la messe », pamphlet de 1534, propagé par les disciples de Luther (et exposé ici), sera l'un des éléments déclencheurs des guerres de Religion.

Le 2e étage

Entièrement réaménagé, repensé, cet étage est en partie dédié aux imprimés éphémères, étiquettes et réclames diverses, qui ont bercé l'enfance de nos parents et grands-parents. Patrons de couture, menu imprimé sur soie pour le président Sadi-Carnot (juste avant qu'il ne soit assassiné), publicité pour la *Vache qui rit*... Il faut déambuler dans les salles du musée pour découvrir pochettes de disques des années 1960, BD, et presse enfantine. Des sujets légers qui rendent la visite accessible à tous, sans empêcher les visiteurs plus spécialisés de se pencher sur un étrange lumitype, ancêtre de nos traitements de textes. Le musée a reçu un don de 30 000 journaux, dont on a ici un bel échantillon, comme l'un des plus vieux journaux du monde, imprimé à Anvers en 1605 ! À voir aussi, le 1er numéro du *Canard enchaîné* et les fanzines. Dans la rotonde, des gravures, de Rembrandt à Jacques Callot. Ne pas rater *Le Christ* gravé d'un seul trait de burin partant de la pointe du nez par Claude Mellan (1642). Ou un spectaculaire plan de Lyon (1696) de grande dimension, avec sa matrice de cuivre et son tirage, montrant toutes les applications de la technique, dont la cartographie. Pour finir sont abordés les procédés d'illustration comme la taille-douce, la lithographie ou la chromolithographie, qui coïncide avec l'avènement de la révolution industrielle. La photographie supplante alors progressivement la gravure sur bois dans tous les secteurs de l'illustration. Un musée riche et varié, qui a su faire évoluer sa muséographie en incluant les nouveaux moyens de communication.

L'église Saint-Nizier *(zoom détachable C4)* **:** *pl. Saint-Nizier. ♿ Ouv mar-ven 8h-20h, sam 10h-18h30 et dim 9h-12h, 15h30-20h. Entrée libre.* Construite comme tant d'autres sur plusieurs églises précédentes et dédiée à saint Nizier, évêque de Lyon au VIe s. Les premières messes lyonnaises, au tout début de notre ère, furent sans doute célébrées ici. Il est communément accepté, bien que rien ne l'atteste, que c'est en ce lieu que furent recueillies les cendres des grands martyrs chrétiens de Lyon en 177. Bâtie entre le début du XIVe et la fin du XVIe s, sa façade révèle un curieux mélange : la flèche de gauche (la plus ancienne) est couverte de brique rose tandis que sa voisine est issue d'une rénovation du XIXe s. Curieux, ce portail central à caissons et en cul-de-four, de style Renaissance, avec alternance de rosaces et de chérubins. À l'intérieur, jeter un œil au gothique flamboyant de la *chapelle de la Trinité*. Observer encore la *chapelle Saint-Louis-de-Gonzague*, notamment la *statue de saint Expédit,* martyr et patron des courses ou causes pressées (ce n'est pas une blague). À noter que Saint-Nizier fut un lieu de rencontre important des résistants pendant la guerre.

Reprenez la rue de Brest vers le nord et bifurquez à droite dans la ***rue du Plâtre.*** Au no 8, glissez-vous donc dans cette traboule chic dont la courette est occupée par le resto *Le Passage* (très cher), fréquenté par le showbiz de passage... justement. Vous ne ferez, vous aussi, que passer, pour récupérer la rue de la Ré jusqu'à la place de la Comédie.

À VOIR

L'opéra de Lyon *(zoom détachable C-D3)* **:** *sur la pl. de la Comédie, ce qui n'a finalement rien d'étonnant. Rens et résas : mar-sam 12h-19h au guichet, par tél au ☎ 04-69-85-54-54 ou sur • opera-lyon.com • Ⓜ Hôtel-de-Ville. ♿ Visite de l'opéra sam 13h : rens à l'office de tourisme (☎ 04-72-77-69-69). Dans la grande salle (1 100 places) et l'amphithéâtre de l'opéra (188 places), programme très attractif et varié.*

Une merveille : de facture classique au départ (1831), plutôt ennuyeuse, il devient trop petit, trop vieux et finalement peu pratique. Les systèmes de sécurité ne sont plus adaptés. En 1985, on décide de le réhabiliter et on organise un concours international, qui sera gagné par Jean Nouvel. Réouverture en 1993 sous le petit nom de l'opéra Nouvel.

Nouvel conserve le péristyle, les quatre côtés, ainsi que le grand foyer. Comme il faut gagner de l'espace et que l'on ne peut pousser les murs, on creuse et on surélève : résultat, cinq étages en dessous et six étages au-dessus de la corniche, et un gain sur le vide grâce également à ce fantastique dôme de verre en demi-cercle. Celui-ci est aussi haut que tout le reste. Sur le plan décoratif, Nouvel a choisi le noir comme unique palette chromatique et le rouge pour l'éclairage... et c'est beau. Salle de spectacle en bois noir (balcon et parterre), sol de granit noir d'Afrique. À l'origine, les dalles du péristyle du foyer du public étaient même lustrées. Mais avec les dames en jupe, cela fit désordre...

DU MONDE AU BALCON

Vous aurez noté ces charmantes Muses qui ornent la corniche de l'opéra. Comptons-les : 1, 2, 3... 8. Tiens, il en manque une ! Tout simplement parce qu'Uranie, muse de l'Astronomie, ne fait pas partie des Arts. Elle n'avait donc pas sa place à côté de ses sœurs. Elles furent refaites en fonte lors de la restauration, puis recouvertes de silicone pour leur donner l'aspect de la pierre. Des Muses siliconées !

Un mot sur l'éclairage et l'éclairagiste. Yann Kersalé fit ici merveille. Tout est rouge, comme le sang d'un corps vivant, d'un corps qui vibre. L'éclairage de la verrière est relié à un système de capteurs d'activité qui mesure l'intensité de l'activité sur la scène et dans la salle. En plein cœur de l'action, la luminosité de la verrière croît donc au maximum. Une fois le spectacle terminé, le rouge pâlit doucement. Merveilleuse idée.

La place des Terreaux *(zoom détachable C3)* **:** qu'est-ce qu'un terreau ? Il s'agit d'un fossé longeant les fortifications séparant autrefois la presqu'île de la Croix-Rousse. Il fut comblé au XVIe s afin d'en faire une place publique où se tenaient le marché aux porcs ainsi que les exécutions capitales. Durant la Révolution, c'est là que l'on installa la guillotine. Voici encore une place qui a fait peau neuve grâce à Michel Noir en 1994. C'est l'architecte lyonnais Christian Drevet qui restructura l'ensemble et utilisa les services de Daniel Buren, qui fit un sol de granit noir jalonné de bandes blanches semblant suivre au sol le rythme des pilastres du palais Saint-Pierre (actuel musée des Beaux-Arts).

La vraie bonne idée conceptuelle (nom d'un chameau, qu'on a du vocabulaire !), ce sont les 69 fontaines débordantes au ras du sol et illuminées à la fibre optique qui quadrillent la place. Un vaste espace d'où la voiture a été heureusement chassée pour faire place à la déambulation pédestre. Mais tout cela sait se faire discret et n'est là que pour honorer cet ouvrage superbement dynamique, étonnamment moderne, qu'est la ***fontaine Bartholdi,*** réalisée à l'origine pour la ville de Bordeaux, qui n'eut pas les moyens de l'acheter. C'est donc Lyon qui emporta le morceau en 1892. Pour Bordeaux, la fontaine était une allégorie de la Garonne allant fougueusement jeter ses eaux à l'océan. Pour Lyon, la dame sur le char représente tout simplement la France tirée par ses quatre grands fleuves. Superbe mouvement fougueux de cette équipée sauvage qui semble se libérer du roc. On a vraiment le sentiment que le char va avancer. Observer les sabots des chevaux, légèrement palmés, tels d'impossibles monstres marins. La fontaine trouva son emplacement définitif lors du réaménagement de la place, dans le sens de l'écoulement du Rhône et de la Saône.

Le musée des Beaux-Arts (zoom détachable C3) **:** *20, pl. des Terreaux, 69001. ☎ 04-72-10-17-40. • mba-lyon.fr • Ⓜ Hôtel-de-Ville. ♿ (pour plus de confort et de sécurité, téléphoner à l'accueil ou au ☎ 04-72-10-17-54 le w-e et se présenter au 17, pl. des Terreaux). Perpendiculaire à l'hôtel de ville, une longue façade aux lignes régulières rythme la pl. des Terreaux. Bus C3, nos 3, 6, 13, 18, 19, 44 et 91. Ouv 10h-18h (10h30-18h ven). Fermé mar et j. fériés. Entrée pour les collections permanentes : 8 € ; réduc ; gratuit moins de 18 ans, étudiants jusqu'à 26 ans et chômeurs. 2 grandes expos/an.*
Cette ancienne abbaye bénédictine des dames de Saint-Pierre a été construite au XVIIe s selon les plans de l'architecte avignonnais François Royers de La Valfenière. La monotonie de l'édifice tient en partie à sa nature religieuse. Regardez l'hôtel de ville en comparaison. Des dômes étaient originellement prévus sur les pavillons d'angle. Une austérité de façade, pourrait-on dire.
Traversez ces murs par le porche qui se trouve face à la fontaine Bartholdi et vous découvrirez un cloître magnifique transformé au XIXe s en jardin public. Une chouette halte un peu verdoyante dans ce quartier très minéral. Parmi les statues figées au grand air, deux œuvres de Rodin (*L'Ombre* et *L'Âge d'airain*), ainsi qu'un bronze de Bourdelle.
Après la Révolution de 1789, les dames bénédictines sont expropriées. Le palais Saint-Pierre, sécularisé, accueille les œuvres confisquées aux émigrés et au clergé. Dès 1801, il devient un musée officialisé par un décret napoléonien. Mais à cette mission éducatrice s'ajoute une fonction utilitariste. Le musée doit être une source d'inspiration autant qu'un lieu d'apprentissage. Les édiles veulent relancer le commerce des manufactures lyonnaises : celles dont l'industrie est fondée sur les soieries. Grand consommateur, l'État comprend aussitôt les enjeux et envoie à Lyon quelque 110 tableaux entre 1803 et 1811. Parmi ces toiles, des Véronèse, des Tintoret, des Rubens, des Champaigne. La peinture de fleurs est à l'honneur. Un temps. Collectionneur d'objets égyptiens, l'archéologue-conservateur François Artaud entend tout autant rappeler le rang de *Lugdunum* dans l'histoire nationale. Tandis que l'École des beaux-arts donne peu à peu naissance à l'école lyonnaise, et dans des champs autres que ceux pour lesquels elle avait été créée, le palais des Arts se transforme progressivement en musée encyclopédique.
C'est aujourd'hui le plus grand musée régional français, intelligemment rénové par les architectes Dubois et Wilmotte. 70 salles permanentes couvrent l'art pharaonique jusqu'aux peintures du XXe s présentées au 2e étage pour tirer profit de la lumière naturelle.

Le rez-de-chaussée
Voir, pour commencer, l'étonnant réfectoire à l'exubérance baroque ainsi que la chapelle (en fait, l'ancienne église Saint-Pierre) dont on peut admirer, sur la rue Paul-Chenavard, le beau porche en pur style roman du Xe s (seul vestige du monastère bénédictin fondé au VIe s). La chapelle accueille un ensemble de sculptures des XIXe et XXe s, parmi lesquelles différentes œuvres de Rodin, dont *La Tentation de saint Antoine,* première pièce directement achetée par le musée à l'artiste. Moins connue, la superbe *Odalisque* de James Pradier œuvre où sourd l'influence de Canova. Pradier travaillait directement sur le modèle vivant. Une méthode qui lui valut l'inimitié de Victor Hugo. Parmi les modèles, cet ancien amour de Pradier : Juliette Drouet.

Le 1er étage
– *Antiquités égyptiennes, grecques, romaines, étrusques... :* on commence par le département des antiquités égyptiennes avec de très beaux sarcophages, dont celui de *Teti-Anou* (fin de l'Ancien Empire). Les deux yeux peints – *oudjat* – sur la partie est de la cuve permettaient au défunt, couché sur le flanc gauche, de

regarder la rive du Nil au soleil levant. À partir du Nouvel Empire, la cuve cède le pas au sarcophage anthropomorphe. La fraîcheur des teintes, particulièrement celle de la robe à résille rouge de Nout, qui décore l'intérieur du couvercle du cercueil d'Isetemkheb, est étonnante. On trouve aussi une belle collection d'*ouchebti*. Ces petites statuettes en bois peint, en faïence bleue ou en fritte émaillée, qui ont l'apparence du défunt momifié, sont appelées à le remplacer dans toutes les corvées qui lui seraient imposées dans l'au-delà. À défaut, on s'échappera ici-bas par les deux portes monumentales en grès de Médamoud (au nord de Louqsor) pour découvrir les salles consacrées à Rome et à la Grèce antique (avec notamment une remarquable korê de l'acropole d'Athènes).
– D'autres salles proposent une vision assez exceptionnelle des principaux objets d'art rapportés du Japon, d'Iran, de Syrie (très belle armure de tête de cheval). Place ensuite à l'art roman avec, par exemple, un jongleur berrichon du XIIe s (qui dégage presque de l'énergie !), un Jugement dernier, bois sculpté de Biberach (XVIe s) à la Bosch avec sa foultitude de personnages. Trésor fabuleux (la numismatique devient une source historique de premier plan pour les chercheurs) que cette salle du Médaillier avec pas moins de 40 000 pièces : sesterces, sceaux, médailles, parmi les plus vieilles de France. Lyon, en raison de sa position géographique, concentrait les meilleurs orfèvres. Observez le fameux sceau de Chalier (1747-1793), homme politique acquis aux idées révolutionnaires, mais dont « l'encre non sympathique » condamnait à mort les Lyonnais par simple apposition de sa marque. Les mobiles étaient ahurissants. On observera encore quelques faïences « stannifères » (qui contiennent tout bêtement de l'étain) pour déboucher sur la période Art nouveau : avec des pièces somptueuses de Lalique, de Gallé, de Linossier et de Marinot. Le clou étant, bien sûr, la chambre de Mme Guimard.

Le 2e étage
– *XVe-XVIIIe s, salles 1 à 14 :* parmi les peintures et sculptures, signalons quelques chefs-d'œuvre, *La Vierge à l'Enfant entourée d'anges,* une huile sur bois exécutée vers 1509 par Quentin Metsys et qui concentre tous les thèmes forts de la Renaissance – le jeu des perspectives, la présence de la nature utilisée comme toile de fond où la sérénité d'un beau ciel bleu fait écho à cette figure de Vierge empreinte de douceur et d'humanisme. En prime, cette palette de couleurs vives issues de procédés chimiques, caractéristiques de cette peinture flamande. Étonnamment inventive, cette gamme réduite de couleurs, blanc, noir et orange, qui compose le *Portrait d'une noble dame saxonne.* Lucas Cranach emploie un fond bleu extrêmement moderne, par endroits délavé, comme pour humaniser cette femme au visage sévère, à la mise impeccable, presque trop parfaite pour être vivante. Remarquez comment l'enchevêtrement des doigts prolonge le crevé des manches. Signalons encore la magnifique mise en scène de Véronèse, pour sa *Bethsabée au bain,* sans oublier l'étonnant portrait de *Saint François* (la passion rend aveugle, dit-on), dont le grand peintre espagnol Francisco de Zurbarán a peint le cadavre debout. Acquis respectivement en 2007 et en 2016, *La Fuite en Égypte* et *La Mort de Chinoé* de Nicolas Poussin sont des chefs-d'œuvre de la peinture française du XVIIe s.
– *XIXe-XXe s, salles 15 à 31 :* d'une facture prodigieuse de sobriété, *La Monomane de l'envie* est une huile sur toile exécutée par Théodore Géricault deux ans avant sa mort. Ce regard hypnotisant à force de souffrance contenue s'inscrit dans une série de portraits de fous commandée par un ami médecin, chef du service des aliénés de la Salpêtrière. *La Femme caressant un perroquet,* d'Eugène Delacroix, est considérée comme l'un des joyaux du musée. Plus surprenantes, les toiles de Louis Janmot, peintre lyonnais dont le fantastique puise souvent aux sources d'une mélancolie mystique : *Le Poème de l'âme.* Autre peintre lyonnais internationalement connu : Puvis de Chavannes (ne pas manquer les quatre compositions murales de l'artiste dans l'escalier de l'angle sud-est du bâtiment). À comparer avec la palette expressionniste autant que mal connue de l'un des plus grands artistes lyonnais du XXe s : Combet-Descombes. Voir aussi le *Nave nave mahana,*

première toile de Gauguin acquise par un musée français. Également quelques Bonnard, Gleizes, *La Parisienne* et la superbe *Tête de femme, Méduse,* d'une luminosité aussi irradiante qu'une icône, réalisée par le peintre russe Alexeï Von Jawlensky. Sans oublier les artistes incontournables que sont Ingres (avec une œuvre majeure, *L'Arétin et l'envoyé de Charles Quint*), Flandrin, Courbet, Monet, Manet, Van Gogh et Matisse. En contrepoint, *La Cathédrale,* de Nicolas de Staël, autre peintre d'origine slave. Dans un registre toujours iconique, *La Sainte Face,* de Georges Rouault. Chef-d'œuvre absolu, légué au musée par Jacqueline Delubac en 1997. Au total, cette comédienne bien oubliée aujourd'hui, qui fut un temps la compagne de Sacha Guitry, donna à sa ville natale 35 tableaux ou pastels, ainsi que 3 bronzes. Braque, Miró, un grand Picasso peint en 1937 peu de temps avant *Guernica. Femme assise sur la plage* ou le *Nu aux bas rouges,* œuvre de jeunesse. Sur les cimaises également, Soulages, Léger, Hartung, Fautrier, Wifredo Lam, Victor Brauner, Francis Bacon avec deux autres toiles magnifiques illustrant le « désespoir joyeux », comme il le nommait : *La Carcasse de viande* et *Étude pour une corrida.* Grâce à la politique d'acquisition du musée, la collection s'étoffe toujours.

*En accès libre au 1er étage du musée, la **librairie-boutique** du musée des Beaux-Arts est ouv tlj sf mar 10h (10h30 ven)-17h45.*

Café-restaurant ***Les Terrasses Saint-Pierre.*** Belle terrasse en été.

L'hôtel de ville *(zoom détachable C3)* **:** *visite guidée slt (sur résa à l'office de tourisme).* Édifié au milieu du XVIIe s, il brûla en bonne partie deux ans après la fin des travaux, puis fut réhabilité et repensé dans ses proportions actuelles au début du siècle suivant par Jules Hardouin-Mansart, l'architecte de Versailles. Style classique, avec, au pinacle, un Henri IV ajouté au XIXe s en lieu et place d'un Louis XIV qui subit les foudres de la Révolution. Beffroi élégant avec horloge et carillon et, au-dessus, une boule dorée qui est censée tourner et indiquer les phases de la Lune. Bon, franchement, nous, nous ne l'avons jamais vue bouger. De part et d'autre, encore l'homme et la femme, le Rhône et la Saône. Les vertus cardinales trônent au sommet des pavillons latéraux (Vérité, Justice, Prudence et Force). Pendant la Révolution, c'est ici que siégeait le tribunal. En fonction du verdict, les accusés se dirigeaient soit vers les caves nord s'ils étaient graciés, soit vers les caves sud s'ils devaient être coupés en deux. Au début, on les décapitait en place publique, puis la cadence fut si élevée que l'on finit par se contenter de les fusiller dans la plaine des Brotteaux.

Sur le flanc sud de la place, le *palais Saint-Pierre,* qui abrite le *musée des Beaux-Arts.* Glissons-nous derrière la place par la rue Sainte-Catherine, qui se poursuit par la rue de la Martinière, jusqu'au bout, jusqu'à la Saône.

ALLEZ-Y AU CULOT !

Au XVIIe s, les canuts se révoltèrent contre la vie chère. Ainsi, ils décidèrent de se mettre en marche vers l'hôtel de ville. Seulement, une fois arrivés, ils trouvèrent porte close. Le plus fort de la troupe se mit à donner des coups de postérieur. La porte vola en éclats et c'est ainsi qu'ils purent entrer dans la bâtisse. Le prévôt décida, par la suite, de faire mettre un heurtoir à la porte de l'hôtel de ville pour que, désormais, il suffise à quiconque de frapper tout simplement à la porte, au lieu de l'enfoncer. Depuis, on peut y voir un petit ange en guise de heurtoir, qui, pour frapper à la porte, se sert... de son postérieur.

Le mur peint des Lyonnais *(zoom détachable C3)* **:** *2, rue de la Martinière (dans le prolongement de la rue Sainte-Catherine).* Répertorie un beau bouquet de Lyonnais célèbres, mais nul doute que certains ont dû faire la tête de ne pas voir la leur en peinture. Ça va de l'abbé Pierre à Bernard Pivot, de Laurent Mourguet à Bertrand Tavernier, de Bocuse à Bernard Lacombe, de l'empereur Claude à Frédéric Dard...

Le mur peint de la Bibliothèque de la cité (zoom détachable C3-4) **:** *sur le quai de la Pêcherie, à l'angle de la rue de la Platière.* Si ce n'est pas le plus inspiré, on y jettera malgré tout un œil puisque l'on passe devant. Axé sur les écrivains de la région Rhône-Alpes, parmi lesquels on reconnaîtra Elsa Triolet, Rabelais, Bernard Clavel, Tardi...

Le quai de la Pêcherie *(zoom détachable C3-4)* **:** en étroite logique avec l'histoire du quartier, on y trouve des bouquinistes, ouverts essentiellement l'après-midi. Suivons le quai jusqu'à la place d'Albon et empruntons la rue Mercière.

La rue Mercière *(zoom détachable C4)* **:** la partie la plus intéressante de cette rue se situe au sud de la rue Grenette. C'est la seule concentration de façades Renaissance (XVIe et XVIIe s) dans la presqu'île. Troisième grande mangeoire de la ville avec les rues Saint-Jean et des Marronniers (il n'y a quasiment que des restos). On observera surtout les maisons côté Saône. La rue Mercière était très logiquement la rue des marchands *(via Mercatoria)* et, si curieux que cela puisse paraître aujourd'hui, vu son étroitesse, c'était l'axe principal qui reliait les deux seuls ponts que Lyon compta pendant des siècles. Nous sommes là au centre du foyer de l'imprimerie qui éclôt à Lyon à la fin du XVe s. Une bonne quarantaine d'imprimeurs mais aussi enlumineurs, relieurs, cartiers, dominotiers avaient leurs ateliers ici. Le vin, les armes, les épices, les draps et plein d'autres articles s'y échangeaient dans une joyeuse animation. Malheureusement, la rue reçut dans sa partie nord, dans les années 1970, les foudres dévastatrices de Louis Pradel, l'ami du béton. Et il n'y alla pas de main morte. Seule une partie de rue fut épargnée. Il y a trois décennies, c'était encore la rue la plus « chaude » de la ville, avec son chapelet de péripatéticiennes. « Nettoyée » au moment de sa restauration, elle est alors devenue une rue consacrée à d'autres plaisirs, ceux de la bouche (quoique la qualité ne soit pas forcément au rendez-vous...). À l'angle de la rue Ferrandière, le bel ***hôtel Cardon,*** au décor raffiné, ayant appartenu à l'un des plus puissants libraires lyonnais, qui se spécialisa dans l'édition d'auteurs jésuites espagnols.

À VOIR

On « traboule » par le 56, rue Mercière, dans l'allée marchande. Sortir ***quai Saint-Antoine*** *(zoom détachable C4)* et pénétrer immédiatement au nº 27 par le couloir voûté. Au fond de la cour, deux niveaux de loggias ouvertes, l'escalier à vis et les fenêtres à meneaux, ainsi que la trace d'un ancien puits, le tout typique du XVIe s (les poubelles des restos voisins restent, elles, typiques du XXIe s...). Essayer ensuite de pénétrer au nº 29. Au bout du couloir apparaît la porte d'entrée intacte d'un des théâtres de Guignol de Laurent Mourguet. Il était installé dans l'ancienne chapelle du couvent des Antonins. Petite histoire cocasse : ce couvent s'occupait des malades atteints du « mal des Antonins » ou « mal des ardents », sorte de gangrène transmise par l'ergot de seigle. Louis XI leur avait octroyé le privilège royal d'élever des porcs et de les laisser vagabonder toute la journée dans les rues. Mais ça puait tellement qu'ils finirent par se friter chaudement avec les gens du quartier, puis par se faire tout simplement expulser au XVIIIe s. La charité a ses limites.

Le théâtre et la place des Célestins *(zoom détachable C4)* **:** « Aux Célestins », comme disent les Lyonnais, un merveilleux théâtre à l'italienne, lieu incontournable, ancré dans la ville depuis plus de 200 ans. Un somptueux écrin qui a accueilli les plus grands, porté de plus jeunes, de tous styles et de tous crins. Le deuxième théâtre de France après la Comédie-Française peut aussi se visiter avec l'office de tourisme ; c'est l'occasion assez unique de pénétrer dans le foyer des artistes, puis de fouler la scène l'espace d'un instant. Scène construite exactement à l'emplacement du

ET MERDE !

Cette expression bizarre se dit toujours, chez les comédiens, pour souhaiter bonne chance. Autrefois, les spectateurs venaient en calèche. La quantité de crottin devant le théâtre était évidemment proportionnelle à l'affluence. Donc, un signe de succès pour le spectacle.

chœur de l'église des moines célestins, la boucle est bouclée. La place, comme beaucoup d'autres de la ville, a subi un beau lifting. Au centre, un curieux objet. C'est un périscope qui permet de jeter un œil à ce qui se passe en dessous. Et, en dessous, c'est un étonnant parking (le plus beau de la ville) conçu et réalisé par Michel Targe et Daniel Buren.

LA CROIX-ROUSSE

Tout débute avec l'ancien village gaulois de Condate, dont le nom signifie « confluent », puisque c'est à ses pieds que le Rhône et la Saône se rencontraient. Les Romains y avaient édifié un amphithéâtre dont on peut encore voir les ruines. Puis plus grand-chose pendant un paquet de siècles. La véritable naissance de ce quartier couvert de bois, puis saupoudré de quelques clos religieux, a lieu avec le renouveau de la soierie au début du XIXe s. La Croix-Rousse se caractérise alors par un habitat particulier : les immeubles de canuts, destinés à accueillir les nouveaux métiers Jacquard qui nécessitent plus de 4 m sous plafond, et des traboules pour raccourcir les trajets à travers les immeubles, économiser l'espace et protéger les rouleaux de soie. On quitte alors les autres quartiers devenus inadaptés (Saint-Georges et la Guillotière, notamment) pour s'installer sur les pentes. Ces logements populaires et fonctionnels sont aujourd'hui prisés par la bourgeoisie branchée, et le quartier est devenu à la mode, sans perdre toutefois son côté village. Pour mieux s'en imprégner, lire avant la balade notre texte consacré à l'histoire de la soierie à Lyon, « Soyeux de Lyon », dans « Hommes, culture, environnement » en fin de guide.

BALADE DANS LE QUARTIER DES CANUTS

Le secteur peut schématiquement se diviser en deux parties distinctes : le plateau et les pentes. Le boulevard de la Croix-Rousse en constitue la frontière. Notre balade débute sur la place de la Croix-Rousse, au métro du même nom. Explorons d'abord un peu le plateau, autrefois habité par une petite population rurale (chacun y cultivait son lopin de terre). Situé en dehors des limites de la ville, l'endroit était peu peuplé. Il reste aujourd'hui encore moins prisé des touristes, mais possède malgré tout un certain charme. Nous dévalerons ensuite les pentes.

– Chaque sam ap-m et tlj pdt les vac scol des zones A et C : visite guidée sur les pas des Canuts à travers les traboules de la Croix-Rousse. Départ de la visite à 16h45, durée 1h30, arrivée pl. des Terreaux à 18h15. Billet jumelé Maison des Canuts + traboules 12 € ; réduc étudiants. Visite seule des traboules 7 € ; réduc étudiants et gratuit jusqu'à 11 ans. Contact à la Maison des Canuts (voir ci-dessous).

Le plateau de la Croix-Rousse

🏃 ***La Maison des Canuts*** *(plan détachable C2) : 10-12, rue d'Ivry, 69004. ☎ 04-78-28-62-04. • maisondescanuts.com • Ⓜ Croix-Rousse. Bus C13, S4, nº 33, S6, nº 45, S12. ♿ Lun-sam 10h-18h30. Fermé dim et j. fériés. Visite libre : 2 € ; réduc ; gratuit étudiants moins de 26 ans et enfants de moins de 11 ans. Visite commentée de l'atelier de 50 mn (à 11h et 15h30) ; 7 €/pers ; réduc. Gratuit jusqu'à 11 ans, avec démonstration sur des métiers du XIXe s qui fonctionnent. Visite commentée des traboules de la Croix-Rousse sam ap-m (tlj vac scol) 16h30-18h (places limitées).* À ne pas manquer, car le commentaire passionnant permet d'appréhender la complexité du savoir-faire du métier (à défaut de le comprendre) et d'admirer la sophistication des productions que vous pourrez aller ensuite

regarder de plus près au musée des Tissus et des Arts décoratifs. La visite débute par des explications techniques et une démonstration sur les deux types de métier : le métier à grande tire et le métier Jacquard, dont les perfectionnements permettent le développement de la soierie lyonnaise, mais transforment également la ville et son urbanisme. Les immeubles de la Croix-Rousse en sont les parfaits exemples. La seconde partie de la visite, plus historique, est consacrée à l'origine de la soie (en Chine) et à l'organisation de la grande Fabrique lyonnaise avec l'histoire des canuts et de leurs luttes, véritable aristocratie ouvrière à l'origine de nombreuses institutions sociales. On comprend ainsi mieux comment, en cinq siècles d'histoire, Lyon a été façonnée par le textile. Rassurez-vous, il ne s'agit en aucun cas d'une visite nostalgique et savante, ni d'un cours d'histoire ennuyeux, mais d'une vulgarisation bien vivante de l'évolution de la Fabrique lyonnaise suivie d'une présentation de l'évolution du textile et de ses différentes applications au XXIe s. Une salle est également consacrée aux fils d'or et de soie et au ver à soie, tandis qu'une autre évoque un atelier de canuts et parle de leurs révoltes. Sur le mur, une fresque retrace les évolutions techniques des métiers ainsi que les mouvements sociaux des canuts, qui n'auront de cesse de se battre pour l'instauration d'un tarif minimum du prix de la façon.
Boutique proposant écharpes, foulards, tissus... en soie, laine ou soie et laine. Un grand choix d'articles tous fabriqués dans la région.

À VOIR

La Grande-Rue-de-la-Croix-Rousse *(plan détachable C1-2)* **:** très commerçante depuis toujours et bordée par de modestes maisons des siècles passés, elle mérite qu'on s'y attarde. Au n° 77, emprunter l'impasse au bout de laquelle on découvre un gentil cinéma des années 1920, le *cinéma Saint-Denis,* avec une petite cour d'école juste derrière. Pour les amoureux de la dernière séance. Deeemandez le prograaamme ! *(☎ 04-78-39-81-51 ; • grac.asso.fr •).* Au n° 81, on découvre, au fond du passage, une vieille cour de ferme. Au n° 87 se cache, dans une autre cour, le *jardin Rosa Mir*. Étonnant endroit, un peu à la Gaudí, aménagé par un certain Jules Senis à partir des années 1950. Ce maçon espagnol mit 20 ans à terminer son œuvre, à assembler ces milliers de coquillages qui décorent murs et colonnades. Fermé pour cause de rénovation, il reste cependant visible depuis la terrasse supérieure.

La place Joannès-Ambre *(plan détachable C1)* **:** elle abrite le théâtre de la Croix-Rousse, typique de l'architecture des années 1930. Sur la gauche de la place, sous le *Crédit Mutuel,* une traboule contemporaine sous un immeuble moderne qui permet de gagner la croix qui a donné son nom au quartier. Sur la place, juxtaposition des modestes maisons des siècles passés avec les constructions récentes. Pas particulièrement palpitant, mais c'est l'ancien cœur historique de la Croix-Rousse.

Soierie Vivante *(plan détachable C1)* **:** *21, rue Richan, 69004. ☎ 04-78-27-17-13. Mar-sam 9h-12h, 14h-18h30. Fermé j. fériés. Visite commentée à 14h ou 16h mar-sam à l'atelier de passementerie ou mar-sam à 15h ou 17h à l'atelier de tissage rue Godart, 800 m plus loin. Compter 30 mn (ou 1h30 pour 2 ateliers). Tarif : 7 €/atelier (10 € pour 2 ateliers) ; réduc.* Possibilité de visiter différents ateliers de tissage traditionnel, animés parfois par d'anciens tisseurs, dont un atelier de passementerie. Vente de soieries à la boutique de l'association (même adresse, mêmes horaires), propose aussi des activités pédagogiques pour les enfants.

Le Mur des Canuts *(plan détachable B-C2)* **:** *à l'angle de la rue Denfert-Rochereau et du bd des Canuts, dans un quartier plutôt moderne, tranquille et populaire.* Peint en 1987, puis remanié en 1997 et en 2013. Certainement l'un des murs peints les plus réussis et les plus grands aussi (1 200 m², c'est la plus grande fresque en trompe l'œil d'Europe). Hyperréaliste, avec des gens qui bossent, des gens qui passent, d'autres qui regardent les premiers bosser et les autres passer. Certains visages sont ceux d'habitants du quartier, très impliqués dans ce projet, et des artistes eux-mêmes. Belle intégration de la perspective. Réalisme troublant puisque l'on dit même qu'un pigeon a malencontreusement voulu se poser sur le toit ! On devine, de-ci de-là, les mécènes de l'œuvre habilement remerciés. Un mur vivant, qui vivra probablement d'autres changements au fil des années et de l'évolution du quartier.

Les pentes de la Croix-Rousse *(plan détachable B-C2-3)*

Ce quartier possède quelque chose de mythique et son histoire récente mérite d'être racontée, au même titre que son brillant passé (voir « Soyeux de Lyon » dans la rubrique « Hommes, culture, environnement » en fin de guide), afin que la balade que nous vous proposons fasse le lien entre hier et aujourd'hui. Les immeubles du quartier offrent une large palette d'appartements correspondant à une demande et à des bourses très variées : jeune population branchée d'artistes, de créateurs et d'étudiants, ou couple à l'aise financièrement et qui trouve ici un côté village, une ambiance bohème qui ne sont pas pour lui déplaire. D'autant plus qu'ici, évidemment, les lofts lumineux avec vue démente se trouvent tout en haut et les petits deux-pièces sans lumière sur la cour au rez-de-chaussée. Reste que les logements du bas jusqu'au 4ᵉ étage étaient principalement des appartements de canuts dotés de hauts plafonds permettant mezzanines et aménagements originaux, ce qui n'était pas possible aux 5ᵉ et 6ᵉ étages. Autre particularité lyonnaise : au XIXᵉ s, les immeubles ont été doublés pour accueillir davantage d'ouvriers avec leurs métiers, donc une partie a la vue sur la ville, l'autre sur la rue. Ainsi les prix des loyers dans un même immeuble varient-ils de manière importante. Le quartier a beaucoup bougé ces dernières années avec la fermeture de petites boutiques de confections, et n'en finit pas de se remodeler, devenant un des spots les plus tendance du moment (boutiques sympas, cafés, etc.). Mais ceux qui y vivent l'ont choisi. On n'habite pas les pentes par hasard !
Concernant la topographie de la Croix-Rousse, on note que la plupart des rues sont très en travers de la pente et à faible déclivité. En effet, les trop fortes pentes empêchaient les carrioles chargées de marchandises de gravir les collines. Seuls les escaliers et les traboules « coupent le fromage ». On s'imagine aisément les hommes de peine des canuts, les rendeurs – sans doute appelés ainsi parce qu'ils se « rendaient » d'un point à un autre – portant les lourds rouleaux de soie de la fabrique jusqu'aux Terreaux où résidaient les négociants.

La place de la Croix-Rousse *(plan détachable C2)* **:** dominée par la statue de Jacquard (inventeur d'un système de métier à tisser qui révolutionna le travail des canuts), elle constitue le lieu où se croisent le boulevard et la grand-rue du même nom près de laquelle se tient un marché particulièrement animé et sympathique. Nous sommes au cœur de ce quartier à l'atmosphère laborieuse, ancien bastion des canuts, ces ouvriers-tisserands de la soie et précurseurs des mouvements prolétaires du milieu du XIXᵉ s, avant de quasiment disparaître, tués par le progrès technologique.

Prendre le ***boulevard de la Croix-Rousse*** vers l'est jusqu'au ***Gros Caillou*** *(plan détachable C2).* Quelques mots sur ce boulevard pour rappeler qu'il fut percé au milieu du XIXᵉ s sur l'emplacement des anciens remparts qui protégeaient la ville, détruits après l'annexion de la Croix-Rousse par Lyon en 1852. Quand au Gros Caillou, il est évidemment posé là : ce bloc erratique (amené il y a fort longtemps par les glaciers et découvert lors des travaux de percement du tunnel de l'ancien funiculaire en 1892) est un des symboles du quartier. Jolie vue depuis l'esplanade, jusqu'aux Alpes par beau temps.

Descendre la ***rue des Pierres-Plantées*** *(plan détachable C2)* jusqu'à la rue du Bon-Pasteur. Depuis le promontoire qui surplombe le jardin, vue extraordinaire sur Saint-Jean, la colline de Fourvière et la côte, saccagée dans les années 1975. Petite incursion ***rue du Bon-Pasteur*** pour jeter un œil inquisiteur à l'impasse Beaukgard, au nº 49 *(plan détachable C2).* Adorable écrin populaire et bucolique où quelques arbres font bon ménage avec les immeubles. Un brin de poésie urbaine.

À VOIR

La place Colbert (plan détachable C2-3) : admirable point de vue sur le Crayon et la Part-Dieu. Au premier plan, sur la droite, l'ancien couvent des Colinettes, aujourd'hui célèbre *Cercle Villemanzy,* qui reçoit aussi bien les chercheurs que les touristes (voir « Où dormir ? »). La place abrite quelques immeubles de canuts, avec leurs grandes fenêtres et leurs stores à jalousies en bois, décorées sobrement de lambrequins festonnés. Il n'y avait jamais de volets, car les fenêtres sont si proches les unes des autres qu'il n'y a pas d'espace pour en installer.

Au n° 9, pénétrer dans l'immeuble pour admirer la célèbre ***cour des Voraces*** *(plan détachable C3).* L'une des images les plus connues de Lyon quand on parle traboules. Exceptionnel escalier droit à la française du milieu du XIXe s, avec ses galeries à rampes en fer forgé. La pierre grise, le pilier central, l'austérité du milieu lui donnent un aspect comment dire... particulier. Très bel équilibre. Au-delà de l'esthétique, les Voraces revêtent une importance historique. On dit que ce fut l'un des principaux foyers d'insurrection des canuts en 1831 et 1834.
Noter la sobriété des façades. L'accent était mis sur la fonctionnalité et la lumière (grandes fenêtres). Aujourd'hui, cette cour a été réhabilitée par l'association Habitat et Humanisme, créée par le père Bernard Devert. Tout a été restauré, mais les habitations restent bon marché. On a veillé à ce que le mélange social et ethnique soit respecté, comme c'était le cas avant la réhabilitation. Bravo ! Descendre les marches dans la cour tout en bas. On débouche dans une ruelle que l'on prendra à gauche vers les ***jardins Villemanzy.*** Vue sur la Part-Dieu et, juste en dessous, au premier plan, l'enchevêtrement, brouillon et harmonieux à la fois, des édifices qui bordent le Rhône.

LA SOIF DES VORACES

La cour des Voraces doit son nom à une confrérie, les Voraces, créée au milieu du XIXe s pour lutter contre la diminution de la contenance du pot lyonnais. À l'époque, les canuts n'apprécièrent pas que la bouteille de plus de 1 l soit réduite à 46 cl. Ils allèrent donc se fournir directement en tonneaux de beaujolais.

À VOIR

« Trabouler » à nouveau au 14, ***montée Saint-Sébastien*** et sortir au *29, rue Imbert-Colomès* ; prendre à droite pour croiser la ***rue Pouteau.*** Jeter un œil aux escaliers qui composent toute cette rue.
Toujours *rue Imbert-Colomès (plan détachable C3),* au n° 8, la minuscule ***rue Caponi,*** la rue la plus étroite de la ville. Lever les yeux pour observer les quelques vieilles jalousies de bois qui subsistent. On croise la ***montée de la Grande-Côte,*** qui possède deux visages : à droite, la partie détruite sous Pradel et, à gauche, la section conservée.

Continuer tout droit par la *rue Neyret.* Dans le virage, vue plongeante sur l'***ancien amphithéâtre des Trois-Gaules*** *(plan détachable C3),* construit en 19 apr. J.-C. pour réunir les représentants des 60 cités des Trois-Gaules (Belgique, Aquitaine et Lyonnaise). Il s'y déroulait des jeux, de terribles combats de gladiateurs, des fêtes populaires mais aussi des exécutions. N'est-ce pas ici même que les premiers chrétiens furent martyrisés, dont sainte Blandine, en 177 ? Le poteau dressé au centre de l'ovale rappelle ce tragique épisode de l'histoire de la cité. C'est aussi là que Caligula fit assassiner son cousin Ptolémée. Il ne reste rien des gradins ni des murs d'enceinte qui devaient ressembler au Colisée de Rome, en plus petit évidemment. Même l'ovale a été en partie amputé par l'urbanisation. De là, belle vue sur Fourvière et, dans une percée, sur les flèches de Saint-Nizier et l'hôtel-Dieu.

Allez, on récupère la ***rue des Tables-Claudiennes,*** où furent trouvées les célèbres plaques aujourd'hui visibles dans le musée gallo-romain de Lyon-Fourvière (voir plus haut « La colline de Fourvière »).

La ***rue Burdeau*** *(plan détachable C3),* sa parallèle, regroupe de nombreuses galeries d'art contemporain. Leur désir commun est de faire connaître et de valoriser la créativité artistique, qui est présente, de façon riche et foisonnante dans ce quartier. Au nº 30, faites un tour ***passage Thiaffait,*** et traboulez dans les passages voûtés en jetant un œil à l'escalier à double volée, avant de ressortir au 19, ***rue René-Leynaud.*** Se retourner : superbe façade bien rénovée avec fenêtres à meneaux, ondulant légèrement sous le poids des ans. De l'autre côté de la rue, même chose.

Continuer vers l'***église Saint-Polycarpe*** *(plan détachable C3),* avec son impressionnante et pompeuse façade du XVIIIe s, ajoutée un siècle après sa construction et très bien éclairée le soir. Elle fut canardée par les révolutionnaires. Des impacts de boulets sont encore visibles sur le pilastre cannelé de droite.

L'IMPRIMERIE DE LA RÉSISTANCE

Au nº 21 de la rue René-Leynaud, Eugène Pons utilisa toutes ses machines pour imprimer faux papiers, tracts ainsi que les grands journaux de la Résistance, notamment Combat *et* Témoignage chrétien. *Il mourut en déportation en 1945.*

S'engouffrer dans la rue de l'Abbé-Rozier, juste en face, puis via la petite place du Forez, dans la ***rue des Capucins,*** à main gauche. On pénètre là dans l'ancien quartier des soyeux (les revendeurs de soie, pas ceux qui la fabriquaient). Articulation logique, ç'a longtemps été le quartier des grossistes en prêt-à-porter qui ont aujourd'hui migré sur la rive gauche du Rhône. Au bout de la rue, se diriger vers la place Croix-Paquet, au bas de la montée Saint-Sébastien. Au nº 5 de la place, allez hop ! on « traboule » pour découvrir la ***cour des Moirages,*** où les canuts venaient faire traiter la soie, pour lui donner un aspect chatoyant. Sortir par la petite rue des Feuillants, que l'on suivra par la droite, puis la rue du Griffon sur la gauche.

La place Louis-Pradel *(zoom détachable C-D3)* **:** la grande esplanade située face au Rhône est le rendez-vous des skateurs et amateurs de glisse qui en ont fait leur terrain de jeux. D'ailleurs, la sculpture de César, *l'Homme de la liberté,* n'est-il pas représenté sur des patins à roulettes ? Place aménagée avec degrés et cours d'eau.

Filons ***rue Désirée*** *(zoom détachable C3),* bordée d'immeubles essentiellement du XVIIe s, et empruntons la sulfureuse ***rue Sainte-Catherine,*** l'une des plus populaires de la ville pour les bars. Chaud devant en fin de soirée ! Au nº 13, belle porte de chêne de l'immeuble où fut fondé en 1875 par Joséphine Andrée le 1er syndicat féminin français de la couture.

L'Atelier de soierie *(plan détachable C3)* **:** *33, rue Romarin, 69001. ☎ 04-72-07-97-83. Ⓜ Hôtel-de-Ville. • ateliердesoierie.com • Lun-sam 9h30-13h, 14h-18h30. Entrée et démonstration gratuites pour les individuels.* Le seul atelier d'impression traditionnelle à la lyonnaise. Il s'agit d'impression au cadre plat. Possibilité de voir le travail en direct. Explications sur cette technique mise à la mode dans les années 1920. À l'étage, atelier de peinture à la main sur velours, mousseline ou soie, et point de vente.

Pour achever la visite du quartier des canuts, allez donc faire un tour ***place Rouville,*** au nº 5, pour admirer la ***maison Brunet*** *(plan détachable B3),* maison de canut typique, édifiée en 1825. Très haute, très vaste, elle semble dominer les pentes et la Saône. Elle joua un rôle important lors de la révolte des canuts, où elle devint un véritable camp

NOUVEAU CONCEPT : LA MAISON-CALENDRIER

La maison Brunet reprend tous les éléments de la cosmologie et revêt ainsi un caractère particulièrement symbolique : 4 portes cochères, une pour chaque saison, 7 étages pour les jours de la semaine, 52 appartements rappelant les semaines et 365 fenêtres en tout pour tous les jours de l'année. Dans chaque appartement, plusieurs métiers à tisser.

À VOIR

retranché. La garde ne put déloger les irréductibles, pourtant assiégés comme dans une forteresse. Juste derrière, au nº 17 rue Rivet, l'immeuble où est né Tony Garnier en 1869.

Les Subsistances (plan détachable A3) : *8 bis, quai Saint-Vincent, 69001. ☎ 04-78-39-10-02. • les-subs.com • Entrée libre tlj 9h-19h ; accueil-billetterie ouv mar-ven 13h-18h + sam mars-oct 14h-19h. Billetterie fermée en août. Tarifs des spectacles (théâtre, danse, cirque, musique) : 10-14 € ; réduc sur présentation de ce guide, slt pour les manifestations organisées par Les Subsistances. Visites guidées pour des groupes d'individuels (à partir de 10 pers) sur résa au ☎ 04-78-39-10-02. Dispositif numérique pour smartphones et tablettes, le « Subs-circuit », qui permet de découvrir l'histoire du lieu. GRATUIT. Expos temporaires.*
Posé au bord de la Saône, ce laboratoire international de création au service des artistes est tout autant un outil de travail et de production qu'un espace d'échanges. Visites guidées régulières des lieux (sur rendez-vous) et système de visite interactive, le « Subs-circuit », qui associe montages vidéo et textes historiques. C'est gratuit, et on vous prête même des tablettes.
Constitué d'une école (l'ENSBA, l'École nationale supérieure des beaux-arts de Lyon) et d'un lieu de création artistique contemporaine (Les Subsistances) avec une résidence d'artistes, cet espace unique en France n'est pas seulement un ensemble architectural intéressant et doté d'une histoire, mais un véritable centre d'expression et de création. Ancien couvent de Sainte-Marie-des-Chaînes au XVIIᵉ s, grenier militaire au XIXᵉ s, Les Subsistances, alors dédiées à Dieu puis à l'Armée, occupent un espace où l'on retrouve, à travers les nombreux bâtiments (salles de spectacle, espaces de travail, d'exposition), ce qui fut autrefois le cloître, l'orangerie, les moulins, la boulangerie, l'entrepôt de stockage, etc. Quant au public, il est invité à venir assister à tout type de spectacles et de performances (voir plus haut « Où sortir ? ») ou, tout simplement, à profiter, quand il fait beau, de la chouette terrasse de café.

Avant de repartir au gré de vos humeurs, dans ce quartier que vous connaissez désormais comme votre poche, rien ne vous empêche de faire un petit crochet par l'***église Saint-Bruno*** (plan détachable B3) : *7, impasse des Chartreux. Visite libre tlj sf dim et j. fériés 15h-17h.* Située entre l'impasse des Chartreux et l'allée des Marronniers, un véritable joyau architectural et certainement l'une des plus belles églises baroques de France. Construite au XVIIIᵉ s par l'architecte lyonnais Ferdinand Delamonce, on peut y admirer un superbe mobilier signé Servandoni, notamment un magnifique baldaquin.

À VOIR UN PEU PLUS LOIN DU CENTRE

SUR LA RIVE GAUCHE DU RHÔNE

Avec le temps, on a appris à regarder autrement ce vaste secteur, qui vous permet de respirer, au nord, autour de l'un des plus beaux espaces

verts de France, la Tête-d'Or, et d'une Cité internationale sur qui reposait l'avenir de Lyon, avant que, tout au sud, côté Confluence, un autre quartier ne s'éveille. Entre les deux, vous n'êtes pas obligé de tout faire à pied, rien ne vous empêche de prendre bus et métro pour aller flâner dans le quartier des Frères Lumière ou sur les pas de Tony Garnier, un peu plus à l'est, avant de remonter, quand la faim se fera sentir, côté 6e arrondissement. Un quartier bien vivant où de nouvelles tables ne cessent de pousser, un peu au nord des halles, qui restent le vrai cœur de ce vaste ensemble (voir plus haut « Où manger ? Où faire son marché ? »).

Un ensemble regroupé un jour sous le vocable « Rive Gauche », certainement par des Parisiens, nous ont confié des Lyonnais pas rancuniers, car personne, à Lyon, ne se vantera devant vous d'habiter « rive gauche » : on sort dans le 3e, le 6e ou le 8e arrondissement, on s'encanaille vaguement à la Guillotière, on pousse jusqu'à Villeurbanne, pour les puces, mais « rive gauche », non, vraiment... Tant pis, pour nous qui jouons les touristes sans en avoir l'air, ce petit distinguo reste bien pratique.

À la découverte du 6e arrondissement : balade entre Rhône et Tête-d'Or (plan détachable E-F1-2)

TOMBÉ SUR LA TÊTE ?

Pourquoi la Tête-d'Or ? La légende veut qu'un trésor, une tête de Christ en or, ait été caché dans ce parc par un membre de la communauté juive persécutée sous le régime de Philippe le Bel. Personne n'a jamais rien trouvé et ce n'est pas faute d'avoir cherché, même avec le recours d'une voyante.

À VOIR

Le parc de la Tête-d'Or (plan détachable E1-2) : *69006. ☎ 04-72-69-47-60. • loisirs-parcdelatetedor.com • Ⓜ Foch ; bus nos 4, 27, 36, 41 et 47. L'ensemble du parc est ouv 6h-20h30 (22h30 avr-fin sept). GRATUIT.* Il y a 8 entrées pour pénétrer dans le parc, mais la plus belle, la « porte des Enfants du Rhône », est en bas du boulevard des Belges, au bord du Rhône, et s'ouvre sur la perspective d'un immense lac, avec, en son centre, sur l'île du Souvenir, un impressionnant *monument aux morts,* œuvre de Tony Garnier. Beau travail de ferronnerie dans le style XVIIIe s, même si les grilles datent du début du XXe s. Aujourd'hui, les Lyonnais parlent de leur parc comme du poumon de la ville. L'air que l'on y respire n'est pourtant pas celui de la montagne, mais c'est l'un des plus grands parcs urbains de France, et le rendez-vous de nombreux citadins, un peu comme les New-Yorkais vont à Central Park, pour faire du sport, se promener, bouquiner, bronzer, ne rien faire ou... faire des rencontres ! Il faut prendre le temps d'explorer les 117 ha de parc municipal, aux beaux jours de préférence, pour apprécier les roseraies et le jardin botanique. Vu les distances, on vous conseille vivement d'enfourcher un vélo pour arpenter les allées. En toute saison, les familles profitent de l'accès libre au zoo (voir ci-dessous), des 5 000 m² de serres dont les grandes serres de 23 m de haut édifiées en 1903 et inscrites à l'Inventaire des monuments historiques, et des nombreux loisirs proposés sur place : location de barques et d'embarcations à pédales, balançoires, minikart, train touristique, carrousel, manèges et, bien sûr, théâtre de Guignol. Également un restaurant avec une belle terrasse qui donne sur le lac, et plusieurs buvettes. Des couleurs, des odeurs, une ambiance différente à chaque saison. La mélancolie de l'hiver et les cygnes qui se perdent sur la neige, les premières fleurs du printemps, l'ombre épaisse et fraîche des arbres en été, puis les couleurs chatoyantes de l'automne. Quatre saisons, quatre parcs.

La visite de la ***grande roseraie,*** à l'époque de la floraison, est également un grand moment pour les amateurs. Inaugurée en 1964 par Grace de Monaco, elle s'étend sur plus de 5 ha et compte 16 000 rosiers. On va donc de « Lancôme » à « Dolce Vita » en passant devant « Le Rouge et le Noir ». Et puis on s'arrête un instant auprès de « Maria Callas ». Quand on approche son nez, elle sent bon. Quand on approche l'oreille, chut, n'entendez-vous pas ? Elle chante... Autant de roses, autant d'hommages.

VOS PAPIERS S'IL VOUS PLAÎT...

Autrefois, le parc de la Tête-d'Or était ouvert aux calèches, qui se louaient à l'entrée du parc, mais trop nombreux étaient ceux qui abusaient du galop ; à tel point que, en 1891, on demanda aux conducteurs d'inscrire un numéro sur leur calèche pour identifier les éventuels chauffards. Et c'est ainsi que le premier système d'immatriculation au monde vit le jour.

Le jardin zoologique *(plan détachable E-F2)* **:** *69006. ☎ 04-72-82-35-00. • zoo.lyon.fr • Animaux visibles 9h-18h30 (18h avr et oct, 17h nov-mars). GRATUIT.* Créé en 1858 au cœur du parc de la Tête-d'Or, le zoo s'étend désormais sur 8 ha et compte environ 400 animaux. Un bel espace qui favorise la reproduction des pensionnaires dont certaines espèces protégées, visiblement bien dans leur peau dans ce zoo où ils évoluent en semi-liberté. Depuis une dizaine d'années, la *plaine africaine* accueille, en plus des zèbres, antilopes, girafes, lémuriens, quelques fauves : un lion, une lionne et une panthère.

Le jardin botanique et les serres du parc de la Tête-d'Or *(plan détachable E-F2)* **:** *☎ 04-72-69-47-78. • jardin-botanique-lyon.com • Ⓜ Masséna ; bus nos 41, 36 et C1. (accès partiel). Ouv tlj. Jardin extérieur : 9h-17h (18h avr-sept). Jardin alpin : mars-sept 9h-11h30. Serres : 9h-16h30 (17h30 avr-sept, dim 17h). GRATUIT. Ateliers, visites tt public, parcours thématiques payants : 6 €.* Le jardin botanique de Lyon a été fondé en 1796 sur les pentes de la Croix-Rousse. Lorsque le parc de la Tête-d'Or fut créé en 1856, le maire de l'époque décida de l'y transférer. Il comprend aujourd'hui les serres (petites, grandes, et celle des plantes de Madagascar), le jardin extérieur et une dizaine de collections sur des thèmes différents : arbustes, bambous, pivoines, roseraie, jardin d'hiver, jardin alpin, arboretum, fougeraie, école de botanique, serre des plantes carnivores, etc.

Commencez votre visite par les *grandes serres,* face à la statue du botaniste lyonnais Jussieu. Le pavillon central, une belle poussée de métal de 21 m de haut, date de 1880 et a été classé Monument historique en 1982. Vous êtes au cœur d'un vaste jardin tropical où les cinq continents sont représentés. De milieu tempéré en milieu chaud et humide, 1 250 variétés de plantes, dont 300 plantes utiles, offrent une promenade de tous les sens. N'arrachez pas les feuilles mais respirez-les, votre nez pourra retrouver le parfum du poivre, de la cardamome, du jojoba, du curcuma. Le patchouli vous rappellera le camphre. Saviez-vous que les clous de girofle poussent sur des arbres ? Parmi les espèces les plus rares, découvrez les camélias centenaires, un cycas de plus de 180 ans (quand on apprend que cette plante existait déjà au temps des dinosaures, on la trouve toute jeunette !). À voir aussi, les étranges fruits bleus du peliosanthe (dans le pavillon des orchidées), l'acajou, le bambou le plus rapide du monde (jusqu'à

LE MAGICIEN DE LYON

C'est le surnom donné par les rosiéristes anglo-saxons à Joseph Pernet-Ducher, horticulteur de génie qui inventa, en 1898, la première rose vraiment jaune « Soleil d'or ». Avant lui, c'est également un Lyonnais, Jean-Baptiste Guillot, qui avait donné naissance à la première rose « moderne », issue de l'hybridation de roses anciennes et de roses chinoises, baptisée « la France ».

1 m de poussée par jour !). À côté, la serre des camélias, à visiter en début d'année lors de la floraison. Très grande variété. Voir aussi la serre spéciale Madagascar : nombreux cactus et agaves, dont l'étonnant agave *Victoria Reginae* qui produit une fleur enchanteresse. Levez les yeux pour admirer les fleurs exotiques, les régimes de bananes... Terminez votre visite par la serre aux plantes carnivores (plus de 300) programmées pour attraper des insectes (et non vos doigts !).
On peut ensuite se promener au *jardin extérieur.* À l'instar des peintures du musée des Beaux-Arts ou des tapisseries des Gadagne musées, sa création se conjugue avec la volonté d'alors de proposer des modèles de fleurs aux canuts. Cela explique sûrement l'impressionnante variété florale : plus de 300 pivoines différentes (collection de rang national) et 400 autres variétés. Par ailleurs, un jardin alpin tout juste réaménagé donne un aperçu de la flore de moyenne altitude. Instructive, aussi, la partie du jardin nommée « école de botanique », où les plantes sont présentées selon la classification scientifique, famille par famille, des plus primitives (renonculacées/anémones) aux plus évoluées (orchidées).

La Cité internationale *(plan détachable E-F1) : entre le parc de la Tête-d'Or (et d'ailleurs inspiré des serres pour l'architecture) et le Rhône, à l'emplacement de l'ancien palais de la Foire. Bus : C1 et C2 (depuis la Part-Dieu) et C5 (depuis Bellecour).*
Un projet ambitieux confié à l'architecte Renzo Piano. Sur un site gigantesque de plus de 80 000 m² se sont regroupés, auprès des locaux d'Interpol, un complexe de cinéma ultramoderne, un palais des congrès (complété par un amphithéâtre), des immeubles de bureaux, le musée d'Art contemporain (voir plus bas), une brasserie, des parkings, un *Hilton,* ainsi qu'un casino. Également de nombreux logements.
Une architecture résolument moderne et ambitieuse, que bon nombre de Lyonnais ont boudée (après l'accueil réservé à l'opéra Nouvel, il fallait s'y attendre), offusqués de voir dans leur ville s'élever des façades de brique rouge. Cet endroit fut le siège, en 1996, des réunions du G7. Précurseur quant à la mise en lumière des sites lyonnais, il faut saluer la Cité, bien ancrée dans le festival Lumière. Un lieu qui vaut donc absolument le détour... de nuit !

Le musée d'Art contemporain de Lyon *(plan détachable E1) : Cité internationale, 81, quai Charles-de-Gaulle, 69006. ☎ 04-72-69-17-17. • mac-lyon.com • ♿ Bus : ligne C1 depuis la gare de la Part-Dieu ; ligne C4 – correspondance métro A à Foch ou métro B et D à Saxe-Gambetta ; ligne C5 depuis Bellecour par Hôtel-de-Ville, arrêt « Musée-d'art-contemporain ». Mer-dim 11h-18h, sf périodes d'installation d'expo ; téléphoner absolument. Visites guidées. Entrée : 8 à 9 € (plus cher lors de la biennale) ; réduc ; gratuit moins de 18 ans.*
Face à l'une des plus belles roseraies d'Europe, celle du parc de la Tête-d'Or, le musée a gardé des années 1930 la superbe façade de l'ancien palais des congrès. Il a pris aux années 1990 la griffe de l'architecte Renzo Piano.
Attention, ici – et malgré l'important fonds détenu par le musée –, aucune exposition permanente (vérifier l'ouverture avant de venir), mais plusieurs expos simultanées d'artistes vivants ou pas. Régulièrement, une grande exposition est dédiée à un artiste de référence (Yoko Ono en 2016).
Les espaces intérieurs du musée – trois plateaux de 1 000 m² chacun – sont entièrement modulables, engendrant une muséographie à géométrie variable selon la nature et le volume des œuvres exposées ; un fonctionnement exceptionnel pour un musée.
Avec un total de plus de 1 000 œuvres, le musée conserve aujourd'hui une belle collection constituée en majorité d'installations de grandes dimensions. Les œuvres d'artistes tels que Baldessari, Boltanski, Broodthaers, Dumb Type, Filliou, Kosuth, Paik, Sarkis, Spoerri, Viola... rendent ainsi compte des formes prises par l'art contemporain après 1945. Depuis 1991, le musée contribue à l'organisation de la Biennale de Lyon, qu'il accueille dans ses espaces d'exposition.

Le quartier de la Part-Dieu et des halles (plan détachable E-F4)

Sur la rive gauche du Rhône s'étend un vaste secteur qui ne fut rattaché à Lyon qu'en 1852. Il est longtemps resté rural, avant d'être comme happé par la ville. L'histoire lui donne deux sérieux coups d'accélérateur : le premier, au milieu du XIXe s, avec la construction d'une caserne et le développement d'un quartier résidentiel qui provoque le reflux d'un vieux tissu populaire et ouvrier. Le second bouleversement aura lieu dans les années 1960 et 1970, où l'on transformera la majeure partie de cet espace, après la destruction de la caserne, en une ZAC. Au centre de ce secteur, la gare de la Part-Dieu, où commence et finit, pour beaucoup, tout séjour ici-bas. Une gare dont la réhabilitation n'est pas un luxe.

Les Halles de Lyon – Paul-Bocuse *(plan détachable E4)* **:** *102, cours Lafayette, 69003. Ⓜ Place-Guichard ; bus n° 1. Mar-sam 7h-19h ; dim et j. fériés 7h-12h. Écaillers et restos ouv jusqu'à 22h30 sept-fin avr.* Il faut y aller de préférence un matin, le vendredi, le samedi ou, encore mieux, le dimanche, lorsque les échoppes sont bien approvisionnées et la clientèle plus nombreuse. On se rend compte à ce moment précis que Lyon est encore et toujours la capitale de la gastronomie. Sinon, bien sûr, allez-y à l'heure du déjeuner. Adresses fameuses, goûteuses, nombreuses (voir plus haut « Où manger ? »).

À VOIR

Le quartier de la Guillotière et ses alentours (plan détachable D-E-F5-6)

Dès le XVIe s, ce quartier, exonéré de taxes, attira tavernes et auberges, car il n'était pas cher d'y séjourner. Les routards de l'époque s'y donnaient donc rendez-vous. Il y avait là l'unique pont qui permettait de traverser le Rhône et de pénétrer dans la ville. Ainsi les voyageurs provenant de tous les horizons s'y retrouvaient-ils. On assécha les marécages et le quartier tomba dans l'escarcelle de la ville comme ses copines de la Croix-Rousse, de la Part-Dieu et de Vaise, en 1852. Digues et quais permirent de retenir les soudains épanchements du Rhône.

C'est un quartier coloré à défaut d'être très beau, car aujourd'hui comme hier la population immigrée s'y est arrêtée. Bazars, épiceries, petites échoppes donnent le ton de ce coin différent du Lyon propre sur lui. Pour le découvrir, emprunter la *Grande-Rue-de-la-Guillotière* (dite « Grande-Rue-de-la-Guill' ») qui va de la place Gabriel-Péri à la place Stalingrad et qui a conservé son tracé médiéval. Le côté populaire et bien vivant du quartier (et les prix de l'immobilier !) attirent aujourd'hui à la Guillotière étudiants comme « créatifs ». Encore un quartier qui se « boboïse » diront les mauvaises langues. On écrira, nous, que c'est tout bénéfice pour la Guillotière. D'autant que s'y ouvrent nombre de très sympathiques adresses.

Le Centre d'histoire de la Résistance et de la Déportation *(plan détachable C6)* **:** *14, av. Berthelot, 69007. ☎ 04-72-73-99-00. Ⓜ Jean-Macé ou Perrache ; Ⓣ T2 : Centre-Berthelot. • chrd.lyon.fr • ♿ Mer-dim 10h-18h. Fermé les j. fériés sf les 8 mai et*

SUR LES PAS DE JEAN MOULIN

C'est dans la maison du Dugoujon, à Caluire (voir « Au nord de Lyon »), que Jean Moulin fut arrêté le 21 juin 1943. Racheté par le conseil général, ce lieu symbolique fait revivre les heures les plus sombres de la Résistance. On peut prolonger le circuit commémoratif en visitant un autre lieu tout aussi émouvant : la prison de Montluc, devenue, après la guerre, une prison pour femmes. C'est là que le petit-fils du Dugoujon donnait aux détenues des cours d'art plastique.

11 nov. Entrée : 4 € ; réduc ; gratuit moins de 26 ans. Billet jumelé avec celui de l'expo : 6 €. Visite commentée : 3 € en plus du tarif d'entrée. Renseignez-vous aussi sur la programmation : conférences, spectacles, parcours urbains, expos...
Ne pas manquer la visite de ce centre dans une ville déclarée « capitale de la Résistance » par de Gaulle. L'ancienne école de médecine militaire fut, pendant les années noires, réquisitionnée par la Gestapo. C'est d'ailleurs ici même que Jean Moulin fut interrogé et torturé par Klaus Barbie, avant de mourir au cours de son transfert en Allemagne. La première partie de la visite – chronologique – est organisée autour des collections du musée (documents d'archives, témoignages vidéo, quelques objets) et jalonnée de clichés grand format pris par trois photographes pendant la guerre : André Gamet, Charles Bobenrieth et Émile Rougé. Plusieurs reconstitutions sont ensuite présentées : une petite place de la Croix-Rousse, un intérieur des années 1940 (où cohabitent photo de Pétain et radio réglée sur Radio Londres !) et, à la cave, une imprimerie clandestine. La visite s'achève dans l'auditorium où sont diffusées les images – parfois presque suffocantes... – du procès de Klaus Barbie.
– À noter : on trouve également ici un excellent ***centre de documentation.*** *Ouv à ts, au 2e étage. Mer-sam 10h-12h30, 13h30-17h. Fermé j. fériés.* Accès à une extraordinaire documentation (plus de 30 000 ouvrages) sur toute la période. Consultation et recherche possibles.

Sur la ***place Gabriel-Péri*** *(plan détachable D5)* commence le ***quartier arabe.*** Petits salons de thé-pâtisseries orientaux, pour croquer un *doigt de fatma* ou siffler un verre de thé à la menthe. Juste à côté, entre le Rhône et la rue de Marseille, s'étend un minuscule quadrilatère qui abrite une population à dominante asiatique : ***rue Passet, rue d'Aguesseau, rue Basse-Combalot...*** Même si le quartier n'a rien de particulièrement typique, gentille animation avec boutiques, restos et épiceries. Sympa, et l'un des seuls secteurs où les commerçants ouvrent le dimanche.

Le Musée africain *(plan détachable F6)* **:** *150, cours Gambetta, 69007. ☎ 04-78-61-60-98. • musee-africain-lyon.org • Ⓜ Garibaldi. Mar-ven 11h-18, sam-dim 14h-18h. Fermé 1er janv, w-e de Pâques, 1er mai, août, 24, 25 et 31 déc. Entrée : 4 € au lieu de 8 € sur présentation de ce guide ; réduc. Expos temporaires, conférences, projections.*
Créé par la Société des missions africaines, ce musée présente des pièces rassemblées depuis le XIXe s par des missionnaires exerçant en Afrique de l'Ouest. Une collection riche de quelque 2 200 œuvres exposées et une importante bibliothèque rassemblant plus de 7 000 ouvrages.
– *Au 1er niveau :* reconstitutions de scènes de vie quotidienne (familles, mobilier usuel), belle collection d'armes de jet et métier à tisser traditionnel.
– *Au 2e niveau :* consacré aux relations sociales et aux échanges commerciaux. Noter les très beaux poids akans (les Akans constituent un ensemble d'ethnies établies en Côte d'Ivoire et au Ghana). Également une belle collection d'instruments de musique (« tam-tam parleur », cora, balafon, etc.) et quelques figures de soldats ou de fonctionnaires britanniques en laiton ou en bois peint qui ne manquent pas d'humour. À voir : le trône Zinkpo, les sceptres et mises en scène de la chefferie, signes de pouvoir et de féodalité ; des récades du royaume d'Abomey (symboles d'autorité du souverain), on passe au sceptre de Porto-Novo offert par le Portugal. Très surprenante vision apocryphe en laiton d'un *Saint Michel terrassant le dragon* dans la collection d'art chrétien.
– *Au 3e niveau :* approche du rapport au visible/invisible. Parmi eux, les impressionnants masques we, peuple du Sud-Ouest de la Côte d'Ivoire. Le masque de justice à mâchoire mobile avec sa fraise de griffes de panthère en bois ou le masque du mendiant collectés au début du XXe s. Les masques krou (Côte d'Ivoire), représentés à coups de volumes géométriques, ont été une source d'inspiration constante pour le cubisme. Entre quelques masques gèlèdè yoruba du Bénin, saisissants par la fraîcheur de leur polychromie (objets collectés en 1900 !), on s'attardera une dernière fois devant cette étonnante statuette de chasseur baoulé

(Côte d'Ivoire) à la figure sombre, encagoulée, presque méditative au-dessus d'un vêtement de tissu rêche, croûtée à force de sang séché. Menacé de fermeture pour des questions budgétaires, le musée a lancé un appel de financement participatif, qui lui permettra, on l'espère, de rester ouvert encore longtemps.

Mémorial de la prison de Montluc : *en face de l'université Lyon-III, à l'angle de la rue Jeanne-Hachette et de la rue du Général-Mouton-Duvernet, 69003.* Ⓜ *Sans-Souci ;* Ⓣ *Manufacture-Montluc. À 10 mn à pied de la gare de la Part-Dieu. Ouv mer-sam 14h-17h30, visite guidée gratuite à 15h30.* Inscrite il y a quelques années au titre de Monument historique afin d'éviter sa démolition, la prison de Montluc, lieu emblématique de la barbarie nazie durant la Seconde Guerre mondiale, a été réhabilitée pour en faire le témoin d'une époque que l'on ne veut pas oublier. Ce n'est pas un musée au sens classique du terme, mais un lieu de mémoire et de recueillement qui témoigne des conditions terribles de détention des plus de 10 000 prisonniers qui y furent détenus entre 1942 et 1944 dans l'attente de leur déportation ou de leur exécution. Les cellules réhabilitées affichent les photographies et biographies de leurs détenus dont un certain Jean Moulin... Pour ceux qui veulent continuer le travail de mémoire entrepris précisément autour de ce dernier, il est possible de poursuivre jusqu'à Caluire-et-Cuire (un peu au nord du parc de la Tête-d'Or), où un mémorial a ouvert au sein de la villa du docteur Dugoujon. C'est là que Jean Moulin fut arrêté par Klaus Barbie le 21 juin 1943, ainsi que Raymond Aubrac et quatre autres résistants.

L'ANTICHAMBRE DE LA GESTAPO

C'est à Montluc que fut incarcéré Jean Moulin, mais aussi le maréchal de Lattre de Tassigny, l'historien Marc Bloch, l'industriel Marcel Dassault et les enfants d'Izieu. Sans oublier les milliers d'anonymes juifs, résistants ou otages, torturés par la Gestapo de Klaus Barbie. Pendant son procès en 1983, Robert Badinter, alors ministre de la Justice, demanda expressément à ce que le « boucher de Lyon » soit incarcéré à Montluc.

À VOIR

À L'EST ET AU SUD-EST DE LYON

Villeurbanne et ses gratte-ciel
(hors plan détachable par G3)

L'Institut d'art contemporain (plan détachable G4) **:** *11, rue du Docteur-Dolard, 69100* ***Villeurbanne.*** ☎ *04-78-03-47-00.* • *i-ac.eu* • Ⓜ *République ; bus C3.* ♿ *Mer-dim 13h-19h ; pdt les expos mer-ven 14h-18h, w-e 13h-19h. Entrée : 6 € ; réduc ; gratuit moins de 18 ans. Visites commentées gratuites le w-e à 16h.* Institution pionnière en France, l'Institut a la double mission d'organiser des expositions temporaires dans ses murs et de constituer la collection IAC-FRAC Rhône-Alpes pour la diffuser sur l'ensemble du territoire rhônalpin (à Nantua, à Saint-Donnat, à Saint-Paul-Trois-Châteaux...). Programme des expositions tout à fait éclectique, mais toujours de haut niveau, qui met en avant des artistes majeurs (Boetti, Buren, Graham, Weiner, On Kawara...), des groupes ou de jeunes artistes. 1 600 œuvres de plus de 700 artistes de renommée nationale et internationale composent la collection Rhône-Alpes : peinture, photographie, vidéo, installation, sculpture... il y en a pour tous les goûts.

– Quant aux **gratte-ciel,** on les voit sur l'avenue Henri-Barbusse. Ⓜ *Gratte-Ciel (sic !). Possibilité de les découvrir dans le cadre des visites « Architectures contemporaines » organisées par l'office de tourisme. Consultez sinon le site des Utopies*

Réalisées (• utopies-realisees.com •) qui donne ttes les infos pratiques pour visiter les 5 sites emblématiques de l'architecture du XXe s à Lyon. Dans cette ville *(Villa Urbana)* fondée par les Romains en 50 av. J.-C., un ensemble unique d'immeubles Art déco que l'on doit à l'architecte Leroux et réalisé sous le mandat du maire Lazare Goujon. L'objectif officiel : améliorer les conditions de vie des ouvriers. L'objectif officieux, pour Lazare Goujon : gagner les élections municipales de 1935. De part et d'autre de l'***avenue Henri-Barbusse,*** mais aussi ***rue Paul-Verlaine*** et ***rue Michel-Servet,*** les deux tours d'entrée font 62 m et 19 étages. Les autres immeubles ont de 9 à 11 étages. Il s'agit d'une construction métallique boulonnée. Une fois le squelette monté, il est rempli de briques creuses. Une belle prouesse pour l'époque. Elle a inspiré tous les Européens. Chaque appartement dispose d'un petit balcon, d'une miniterrasse (la plus haute culmine à 28 m) et est desservi par un ascenseur à deux vitesses. Les 1 500 appartements, toujours habités, ont gardé leur vocation d'habitations à loyer modéré.
Au fond, l'*hôtel de ville,* construit entre 1929 et 1930 par l'architecte lyonnais Robert Giroux (Grand Prix de Rome), barre le boulevard et a également une façade sur la place Lazare-Goujon. De ce côté, il fait face à l'ancien palais du Travail du même architecte (1928), aujourd'hui le TNP (Théâtre national populaire). Possibilité de s'attabler au resto ***33 TNP*** pour un plat du jour dans une ambiance brasserie.

Le quartier des frères Lumière *(plan détachable F-G6 et hors plan détachable par G6)*

Le 8e arrondissement de Lyon abrite un petit quartier à l'histoire passionnante. Nouvelle zone industrielle de Lyon dès la fin du XIXe s, ce quartier s'est développé au travers d'industries célèbres : les usines *Lumière,* ou encore *Berliet* qui a lancé la production des premières automobiles françaises. Des ateliers *Cottin-Desgouttes,* d'où est sortie la populaire « Sans-secousse », une touriste 12 CV, pourvue d'une suspension indépendante sur les quatre roues. Tandis que, à deux pas, le moteur du premier TGV a été conçu chez *Jeumont-Schneider,* autrefois *Schneider-Westinghouse,* l'une des plus grosses usines françaises de l'industrie métallurgique. Bref, une concentration industrielle qui a engendré une réflexion sur l'habitat ouvrier. Sous l'égide d'Édouard Herriot, l'architecte avant-gardiste Tony Garnier jette les bases d'un urbanisme fonctionnel et humaniste dont le 8e arrondissement porte encore aujourd'hui les traces. Les cités-jardins n'ont pas toutes cédé la place aux immeubles résidentiels ou aux logements sociaux. Quant au patrimoine industriel, souvent d'une très grande beauté architecturale, dépêchez-vous de lui rendre visite avant qu'il soit détruit. N'oubliez pas que le hangar du Premier-Film ne doit sa survie qu'à la sensibilité visionnaire de quelques-uns (voir ci-dessous le musée Lumière).

Institut Lumière *(plan détachable G6)* **:** *25, rue du Premier-Film, 69008. ☎ 04-78-78-18-95. • institut-lumiere.org • Ⓜ Monplaisir-Lumière ; bus C16. Musée ouv mar-dim 10h-18h30 et les lun fériés. Fermé 1er mai, 1er janv et 25 déc. Entrée : 6,50 € ; réduc. Gratuit moins de 7 ans. Pdt les vac scol, visites guidées tlj à 15h.*
Parc Lumière ouv tlj 8h30-19h30 ; bibliothèque Raymond-Chirat ouv mar-ven et 1er sam du mois 14h-18h30 (nov-mai). Entrée : 3 € ; réduc. Séances de cinéma mar-dim journée et soirée, séance jeune public mer et sam à 14h30. Séance : 7,20 € ; réduc ; 3,50 € séances jeune public. Billetterie en ligne sur Internet. Audioguide en 5 langues et 1 version enfant (3 €).
On découvre une imposante villa de maître, construite entre 1899 et 1901 par Antoine Lumière, le père des frères Lumière. Le « château de Monplaisir », comme on l'appelle ici. Une belle demeure cossue de style Art nouveau, un intérieur typique de la bourgeoisie 1900 : carreaux de ciment, carreaux de céramique, verres colorés... Le jardin d'hiver, première pièce de la visite, a une allure

folle. Dans la 2e salle, une maquette reconstitue des villas et les usines de la famille Lumière. L'agencement du musée, moderne et interactif, permet de découvrir les extraordinaires inventions d'Auguste et de Louis Lumière, artistes autant qu'ingénieurs, et ce, au travers des deux étages de la villa familiale ; mais aussi les différentes inventions qui ont précédé les découvertes des frères Lumière (lanterne magique, praxinoscope, des systèmes ludiques que vous pourrez parfois faire fonctionner et qui sont bien souvent de beaux objets en tant que tels).
Cette famille hors du commun est à l'origine d'inventions insolites dans les domaines les plus divers. À ne pas manquer : le Cinématographe nº 1, qui a servi à la première projection de cinéma au monde, et les Autochromes, les premières photographies en couleurs dont les tonalités rappellent l'impressionnisme. Et quand vous grimperez l'escalier, observez ce magnifique coq sur la rampe en bois sculpté. Symbole du lever du jour, des Lumière qui montaient... au 1er étage ?
Autour de la villa, un beau jardin clos par le mur des cinéastes, sur lequel sont apposées des plaques marquant leur passage, et le fameux Hangar du Premier-Film. C'est bien là qu'est né le cinéma le 18 mars 1895. Mettez vos pas à votre tour exactement à l'endroit où Louis dut poser les siens pour poser le premier cinématographe. Fermez un œil, regardez la structure du Hangar, classé Monument historique et qui abrite désormais une magnifique salle de projection à la programmation audacieuse, ouverte en fonction des séances. Sur chaque siège est apposé une plaque avec le nom d'un réalisateur. En sortant de l'institut Lumière, flânez sur la place Ambroise-Courtois (où il y a le métro) au charme très provincial, dotée d'un kiosque à musique, qui résonne le plus souvent du timbre des boulistes. L'été, dans le cadre de « L'été en cinémascope » de l'institut Lumière, des projections gratuites sont organisées tous les mardis, sur le mémorial des frères Lumière.

À VOIR

On peut prendre un petit verre sur le zinc du ***Bistrot Autrement*** *(12, pl. Ambroise-Courtois ; ☎ 04-78-01-00-11 ; tlj 6h-minuit ; plat du jour env 9 € ; formule déj 13,50 € ; menus 19,90-24,90 €).* Un joli petit bistrot acquis aux armes cinématographiques des frères Lumière. En été, sympathique terrasse sur la place piétonne.

À l'angle de l'avenue des Frères-Lumière et de la rue Villon, vous tomberez sur l'une des ***anciennes maisons des frères Lumière,*** qui n'habitaient pas au « château de Monplaisir ». Elle abrite désormais le restaurant *Marguerite,* le petit dernier de Bocuse (voir plus haut « où manger ? »).
Vous pouvez vous rendre à pied (un petit quart d'heure) jusqu'au Musée africain (voir plus haut). Admirez en route l'***ancienne manufacture des tabacs,*** conçue et réalisée par l'architecte Joseph Clugnet dans les années 1920. Ce fut, jusqu'aux années 1960, la plus moderne de France. 700 employés s'activaient, entre autres, pour la célèbre « Gauloise ». Elle abrite aujourd'hui l'université Jean-Moulin Lyon-III.

L'hôpital Édouard-Herriot *(hors plan détachable par G6)* **:** en sortant du musée Lumière, remonter cette fois l'avenue des Frères-Lumière vers l'est. À 15 mn de marche, cet ensemble hospitalier inscrit aux Monuments historiques en 1967 a été réalisé par l'architecte Tony Garnier. Extrêmement innovant, il s'inspire de l'hôpital Bispebjaerg de Copenhague, visité par l'architecte en compagnie du maire de l'époque, Édouard Herriot. L'ensemble adopte le principe d'une cité-jardin pour malades. Les bâtiments, qui ont plutôt mal vieilli, vus de l'extérieur, sont reliés les uns aux autres par un immense réseau de voies

LA MÉDECINE DES ODEURS

Au XIXe s, on repérait les maladies par leur odeur : viande avariée pour la fièvre jaune, pain chaud pour la typhoïde ou poulet grillé pour la rubéole. Une technique bien peu efficace. Et pourtant, aujourd'hui, certains chiens repèrent le cancer de la vessie ou certains cancers de la prostate en reniflant l'urine.

souterraines. Les pavillons en béton sont recouverts d'un toit-terrasse, rendu possible par l'invention du béton armé. Le tout dans un écrin de verdure structuré de pergolas. Notons l'orientation des pavillons, adaptés aux maux des malades. En revanche, profondément athée, Garnier refusera de dessiner la chapelle. L'un de ses élèves, Louis Thomas, s'en chargera.

Le quartier des États-Unis et la cité Tony-Garnier (hors plan détachable par G6)

« Les États », comme on dit ici. En hommage à ces 10 000 soldats américains qui avaient stationné dans l'Est lyonnais lors de la Première Guerre mondiale. Ils y avaient leurs baraquements au milieu d'un grand terrain vague. Nous sommes dans le 8e arrondissement de Lyon, le long du boulevard des États-Unis, au cœur de la cité Tony-Garnier. 4 000 habitants. Probablement la seule cité HLM au monde que l'on visite. Cours, haies taillées, sols sablés, bancs et pergolas rythment ces immeubles pavillonnaires. Ambiance méditerranéenne. Dans les années 1920, il s'agissait de fixer une population mi-ouvrière, mi-rurale.
« Sauver l'ouvrier du taudis », foyer de tuberculose et d'alcoolisme, tel était le mot d'ordre d'Édouard Herriot, maire de Lyon à l'époque. Le quartier devenait ainsi le premier ensemble d'habitations bon marché, HBM (ancêtres des HLM), réalisé en Europe. Il accompagnait l'essor industriel florissant de la ville.
Ce vaste programme d'urbanisation, fortement remanié, est confié à l'architecte lyonnais Tony Garnier. Celui-ci substitue à la pierre de taille le ciment armé, augurant nombre d'innovations comme le couvrement des immeubles en terrasse, la simplification des formes, une approche cubiste des volumes. De 1920 à 1933, 1 563 logements, répartis en 12 îlots, sont construits pour accueillir 12 000 personnes. Mais les immeubles vieillissent mal. Dans les années 1980, on parle même de détruire certaines parties du quartier plutôt que de les réhabiliter, à cause du coût élevé des travaux. Attachés à leur quartier, les habitants vont se mobiliser. La réhabilitation est enfin acceptée, mais les crédits ont du mal à suivre. La solution des fresques s'impose aussitôt au Comité des locataires. Contact est pris avec la *Cité de la création,* un collectif d'artistes qui a signé de gigantesques trompe-l'œil au cœur de Lyon. Transformer un quartier populaire en ***musée urbain*** était un défi incroyable.
Et c'est bien sûr l'œuvre de Tony Garnier (plans et dessins de sa cité idéale) qui est revisitée. Quoi de plus réaliste qu'un projet utopique ? L'idée séduit. Les premières peintures apparaissent (11 m de large et 21 m de haut), financées, entre autres, par l'Office public des HLM. Au coin des rues, le panier des ménagères côtoie l'univers avant-gardiste de Tony Garnier. En 1991, c'est la consécration internationale : l'Unesco décerne à la cité Tony-Garnier le label de la « Décennie mondiale du développement culturel » pour avoir pris en compte la culture dans le développement. Des visiteurs étrangers affluent, ainsi que de nouveaux créateurs. Encouragée par l'Unesco, la réalisation des six derniers murs peints est confiée à des artistes (ivoirien, russe, égyptien, indien et mexicain), certains de réputation internationale, à l'instar du peintre new-yorkais Matt Mullican. Le thème ? Dessiner sa vision personnelle de la Cité idéale. Le succès est immédiat et les gens sont fiers de leur cité. 17 000 visiteurs chaque année. Près de 5 500 m² de peintures murales réalisées sur 25 murs. « Quand on parle du quartier des États-Unis, ce n'est plus dans les pages "faits divers" des journaux, désormais, mais dans les pages culturelles, et cela n'a pas de prix », confient ses locataires.

Le musée urbain Tony-Garnier (hors plan détachable par G6) **:** *4, rue des Serpollières, 69008. ☎ 04-78-75-16-75. • musee@mutg.org • museeurbaintonygarnier.com • Ⓣ T4, arrêt « États-Unis – Tony-Garnier » ou Ⓜ Grange-Blanche, puis bus C22 ; ou bus C25 direct de la Part-Dieu. ♿ Mar-sam (+ dim pdt expos) 14h-18h. Tarifs : 8 € ; réducs. 3 € pour l'appartement 1930 mar-sam à 16h30 (et 14h30 sam) ; 8 € la visite guidée dans la cité le sam à 14h30 (murs peints et*

À VOIR

appartement). Fermé j. fériés, entre Noël et le Jour de l'an et 4 sem en août. Audioguide pour découvrir la cité 5 €. Divers événements culturels et artistiques tte l'année : visites guidées thématiques, nocturnes, ateliers, expos temporaires, conférences, etc. (se renseigner). Histoguide (5 €), cartes postales, livres...
Ce musée vous invite à découvrir l'œuvre de Tony Garnier, architecte et urbaniste d'avant-garde, figure centrale de l'histoire architecturale de Lyon. À travers une promenade urbaine en plein air, 25 murs peints dévoilent son projet utopique de cité industrielle, ses grands travaux pour la ville de Lyon et les cités idéales d'artistes internationaux. Réalisées à partir de 1988 par les artistes contemporains de Cité-création, ces peintures sont un hommage à l'architecte lyonnais dont l'ambition était de construire une cité idéale.
– ***L'appartement 1930 :*** *au cœur du quartier des États-Unis. Visite (non accessible aux fauteuils roulants) mar-sam 16h30.* Un petit trois-pièces qui restitue fidèlement l'atmosphère de l'entre-deux-guerres. Illustrant la modernité de Tony Garnier, c'est un saut dans le temps à la découverte de la vie des ouvriers de l'époque. Le musée propose régulièrement des visites du stade de Gerland, édifice aux dimensions olympiques, classé Monument historique et conçu par Tony Garnier (se renseigner pour les dates).
– Au ***nº 1, rue des Serpollières,*** face au musée Tony-Garnier, on trouve trois édifices de trois étages, premières réalisations de Garnier avant qu'on lui demande de revoir sa copie (voir plus haut l'histoire du quartier). Tous les autres immeubles appartiennent au projet modifié.
– ***Les murs peints :*** sur les 25 murs, les trois premiers présentent le plan du quartier, un portrait géant de Tony Garnier (mur 2) et la vie ouvrière à la fin du XIXᵉ s (mur 3), largement inspiré de Zola (opposition labeur-jouissance). Un mur, inauguré en 2001, montre des vues de la maison de l'architecte, sur l'île Barbe. Sur le plan général de la cité, l'image grandiose de sa cité utopique, pensée autour d'un fleuve. 11 autres murs reprennent des éléments de la cité industrielle de Garnier, réalisés à partir de ses plans-gravures, en respectant ses couleurs. On y découvre le côté futuriste de son œuvre (gare ferroviaire, le 6 ; projet d'école, le 10 ; projet de maison particulière, le 9 ; stade pour les sports athlétiques, le 15 ; intéressante vue globale du projet d'« habitations en commun entre la Guillotière et Vénissieux », le 18...). Et puis six murs confiés à des artistes étrangers sur le thème de leur vision idéale de la ville et de l'habitat. Parmi ceux-ci, *la Cité idéale russe* (le 23). Beaucoup de vie et de couleurs, avec des maisons qui s'animent joyeusement. Le 21 est un délire mexicain haut en couleur tandis que le 20 est une illustration d'une peuplade indienne du nord de Bombay, les Warlis, ne connaissant pas l'écriture. On y retrouve la cellule familiale, les rituels, les danses... À noter, entre 2004 et 2006, quatre peintures des cités idéales prolongent le musée en direction du jet d'eau Mendès-France. La dernière peinture en date est la *Fresque du Québec* (rue Paul-Cazeneuve), réalisée en septembre 2008 pour célébrer le 400ᵉ anniversaire de Québec. Le choix des œuvres fait toujours l'objet d'une concertation étroite avec les habitants, ainsi chacun se sent-il détenteur et défenseur de cette superbe idée. À tel point d'ailleurs que, contrairement à bien d'autres coins de la ville, on ne voit aucun tag !
À la fin de votre visite guidée, n'hésitez pas à vous promener dans la *rue Émile-Combes* (attenante à la cité). Une petite merveille de poésie au printemps ou à l'automne.

À VOIR

AU SUD : CAP SUR LA CONFLUENCE !

Gerland *(hors plan détachable par C6)*

Juste au nord de Gerland, le ***quartier de la Mouche,*** où, entre autres, on fabriquait les célèbres bateaux, les bateaux-mouches voyons !

La halle Tony-Garnier : *pl. Antonin-Perrin.* 210 m de long, 80 m de large et 20 m de haut. Construite entre 1908 et 1914 et inaugurée pour l'Exposition internationale urbaine, cette halle aux vifs (on y accueillait les bestiaux vivants) n'était qu'une toute petite partie d'un vaste complexe d'abattoirs dont il ne reste que cet édifice. Elle fut immédiatement transformée en arsenal au début de la guerre. Elle ne reprit sa vocation originelle qu'en 1928 et fonctionna jusqu'en 1978, date à laquelle elle faillit être détruite par Louis Pradel, comme tous les autres édifices. Seule la halle fut sauvée... et classée. C'est aujourd'hui une salle polyvalente (rassemblements, expos, concerts...). Pour les concerts, acoustique médiocre mais ambiance parfois démente. Contrairement à ses attirances naturelles pour le béton, Garnier utilisa ici la pierre, le fer et le verre. Les pavillons latéraux sont en revanche caractéristiques de son style (toits plats).

POURQUOI BATEAU-MOUCHE ?

Tout simplement parce que les premiers furent construits dans le quartier de la Mouche, à Lyon dès 1867. Ensuite, certains bateaux partirent à Paris, mais subirent la concurrence du Métropolitain. L'idée fut reprise en 1949 par un certain Bruel, non pas le chanteur, mais le fondateur de la compagnie des Bateaux-Mouches (au pont de l'Alma, à Paris), la plus ancienne et la plus prospère.

Le stade de Gerland : *entrée principale sur l'av. Jean-Jaurès (au sud de la ville, sur la rive gauche du Rhône). Ⓜ Stade-de-Gerland. Visites guidées mer à 14h (sf lors de programmation de matchs), slt sur résa auprès de l'office de tourisme.*

Il a acquis sa véritable notoriété lors de la Coupe du monde de football de 1998 ; quelques matchs se jouèrent ici et, pour l'occasion, deux virages (nord et sud) furent entièrement restructurés et recouverts d'une toiture textile. Encore une œuvre de Tony Garnier, à qui l'on doit également la halle voisine. Bâti en 1926 sous la houlette d'Édouard Herriot, en ciment et béton armé, c'est l'un des plus vieux stades de France et le doyen de ceux qui ont accueilli des matchs de la Coupe du monde. C'est aussi, de notre point de vue, le plus beau des grands stades français, avec son architecture un peu grandiloquente et ses quatre portes munies d'arches monumentales. D'inspiration antique, il évoque quelque peu le passé romain de Lyon. En 1967, il a été inscrit à l'Inventaire des monuments historiques. On vous invite donc à découvrir cette architecture même si, avec l'ouverture du tout nouveau – et controversé – parc Olympique Lyonnais à Décines, la pelouse n'accueille plus les matchs de l'O.L. ! Et si la faim vous guette, l'une des brasseries du groupe Bocuse est à quelques pas de là : *l'Argenson.* Grande carte, grande terrasse...

LA COUPE QUI N'Y COUPE PAS...

Le mur peint de la Coupe du monde 1998 se trouve allée Pierre-de-Coubertin. Encore un mur peint et pas des moindres ! C'est l'une des plus célèbres fresques lyonnaises qui fut réalisée à cette occasion. Plein d'humour, le terrain se transforme vers le bas en jardin ouvrier où un papy arrose ses tomates, clin d'œil aux lopins voisins. Allusions à la vie du quartier avec des cornues, référence au pôle scientifique qu'est devenu Gerland, deux pêcheurs (allusion au Rhône). Et, évidemment, quelques évocations footballistiques.

Le pont Raymond-Barre *(plan Confluence, A-B3)* **:** cet élégant pont aux arches aériennes relie depuis début 2014 Gerland à la Confluence. Réservé aux piétons et cyclistes (et au tramway), il est joliment éclairé la nuit.

Lyon au XXIe s : la Confluence

• Plan *p. 123*

> **UN NOM DÉJÀ CÉLÈBRE**
>
> Confluences *est également le nom d'une revue éditée par René Tavernier, le père du cinéaste bien connu, grand résistant. Clara Malraux (alors séparée de son illustre mari), résidant à Lyon, y écrira des articles en pleine guerre, entre 1942 et 1944, alors même qu'elle est juive.*

C'est devenu, en l'espace de quelques années, LE spot numéro 1 d'une nouvelle génération de Lyonnais qui trouve ici l'espace, l'architecture, l'ambiance que d'autres ont cru repérer dix ans plus tôt à Lisbonne, côté docks. Une balade incontournable pour tout amateur d'architecture et d'urbanisme contemporains (visites guidées organisées régulièrement, se renseigner auprès de l'office de tourisme). On y accède en tram (T1) ou, en été, grâce à la navette fluviale, le *Vaporetto* (attention, le week-end quand il fait beau, arrivez tôt si vous voulez être assuré de monter dedans). À moins que vous ne préfériez le bus S1 (au départ de Saint-Paul) qui prend tout son temps pour vous faire découvrir le chantier du siècle. Mais si le temps et le cœur vous en dit, n'hésitez pas à emprunter le quai Rambaud afin de découvrir en marchant (ou en courant) la confluence de la Saône et du Rhône, tout en jetant des regards curieux sur les bars, les boîtes, les restos, les immeubles qui font aujourd'hui l'attraction de cette ancienne zone industrielle reconvertie. Il y a même des chaînes d'hôtels qui se sont empressées de conquérir l'espace (Ibis Styles, Novotel). Et vous ne mourrez pas de faim, d'autres chaînes se sont installées au fil du tram (il y a même un Ouest-Express, fast-food estampillé Bocuse) et ce n'est pas fini. C'est actuellement l'un des plus grands chantiers européens !

Pour découvrir ce quartier en pleine mutation, encore en chantier par endroits, on vous conseille d'abord de faire une halte à la ***Maison de la Confluence*** *(plan Confluence, B1-2 ; 73, rue Smith ; Pâques-Toussaint, mer-sam 14h-18h30 ; mer-ven reste de l'année. GRATUIT),* qui présente le projet d'aménagement urbanistique dans son ensemble (150 ha). Une maquette permet de repérer les bâtiments intéressants et d'appréhender l'évolution du nouveau quartier dans le temps et dans l'espace. Un chantier d'envergure, donc, qui, à terme (en 2020), aura doublé la superficie du centre-ville au sud de Perrache, à la confluence des deux fleuves. Cette ancienne friche industrielle est amenée à devenir la vitrine de Lyon du XXIe s, avec logements, bureaux et équipements publics. *Le Progrès de Lyon* s'y est installé, rejoint par l'imposant *Hôtel de la région Rhône-Alpes* dessiné par Christian de Portzamparc, le cube vert d'*Euronews, la Banque de France, GL Events, le groupe Cardinal, Eiffage...* La première phase du projet, côté Saône, le long du quai Rambaud, avec des logements et des bureaux, fait figure d'exemple en matière d'écoquartier. Cette tranche de travaux désormais achevée, la vie s'installe peu à peu autour du centre commercial nouvelle génération, situé face à l'hôtel de région (parking). Il enjambe la voie ferrée qui relie Saint-Étienne à Lyon. Pour avoir une vue d'ensemble de ce nouveau quartier, montez au 2e étage du centre commercial pour accéder aux terrasses ouvertes à tous. De là, on domine le bassin et l'alignement des nouveaux immeubles d'habitation signés par des pointures de l'architecture. L'un d'entre eux, en cuivre marron, change de tonalités selon la lumière et peut ainsi passer au vert d'une seconde à l'autre. Une vraie mue ! Autour du bassin, creusé pour que le fleuve s'invite encore plus dans la ville, plusieurs bancs permettent de se poser et d'admirer ce nouveau paysage urbain. Une balade aménagée sur les anciens docks le long de la Saône incite piétons et cyclistes à découvrir plusieurs constructions emblématiques de ce nouveau visage de Lyon, où un jardin aquatique a même été créé. Passé *le Progrès,* on tombe sur la structure métallique perforée du *Cube Orange,* imaginé par les architectes Jakob et MacFarlane. À côté, les

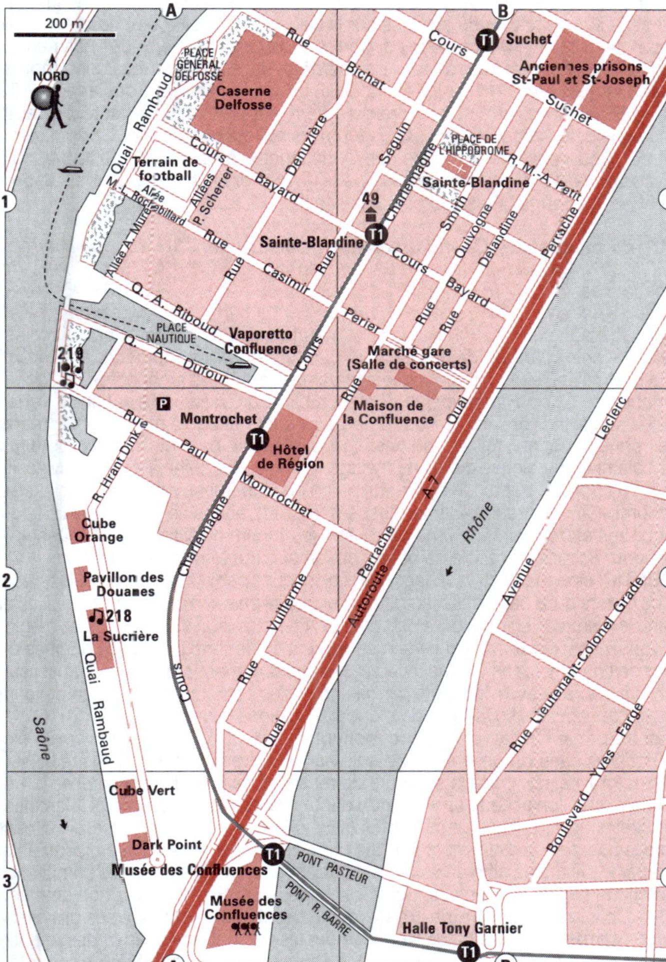

LYON – CONFLUENCE

Où dormir ?
49 Appart'hôtel Odalys

Où sortir ? Où danser ?
218 Le Sucre
219 Docks 40

anciens entrepôts des *Salins du Midi* abritent le restaurant *SelCius,* une immense brasserie avec une grande terrasse sur la Saône. Autre bâtiment notable, réhabilité par Jean-Michel Wilmotte, le *pavillon des Douanes* accueille des galeries d'art ainsi qu'un restaurant franco-japonais, le *DoMo,* dans un décor très contemporain. C'est à la *Sucrière (11-49, quai Rambaud),* un ancien entrepôt des années 1925, que la Biennale d'art contemporain se tient depuis 2003. Le reste du temps, l'ancienne usine accueille des expos temporaires qui contribuent à populariser le quartier. Pour rejoindre le musée des Confluences, à l'extrémité de la presqu'île, on vous conseille de revenir sur vos pas et de prendre le tram pour une station. Attention, ça bouge ! Plus d'infos sur le site • *lyon-confluence.fr* •

Le musée des Confluences (plan Confluence, A3) : *86, quai Perrache, 69002. ☎ 04-28-38-11-90. • museedesconfluences.fr • T1 : Musée-des-Confluences. Ouv mar-ven 11h-19h (22h jeu), sam-dim 10h-19h. Fermé lun. Entrée : 9 € ; réduc. Tarif réduit 6 €, valable pr ts à partir de 17h. Gratuit moins de 18 ans. Médiateurs mer, w-e et vac scol.* Inauguré fin 2014, c'est le grand projet de la ville, le point d'orgue de ce nouveau quartier en pleine mutation. À l'extrémité de la presqu'île, le musée a été dessiné par une équipe d'architectes de l'agence autrichienne *Coop Himmelb(l)au.* Il ressemble à un vaisseau spatial de verre et d'acier surgissant des eaux. Pour émerger, il aura fallu à ce mastodonte futuriste une bonne décennie, faisant, au passage, exploser le budget. Et l'autoroute reste une balafre disgracieuse dans un paysage urbain qu'on peine à idéaliser. Massif, le musée s'apprécie mieux de l'intérieur, baigné de lumière, ou depuis la terrasse qui surplombe la confluence. Car le musée des Confluences se veut aussi un lieu de rencontres et de loisirs, comme peut l'être le Mucem de Marseille. Pas besoin de billet pour accéder au socle de béton, ouvert sur une terrasse et un jardin.
ATTENTION, pendant les vacances, vous ne risquez pas d'être seul à vouloir découvrir ce musée qui a battu des records d'affluence depuis son ouverture. N'hésitez pas à venir le mercredi (eh oui !) ou le soir, pour profiter au mieux de ce lieu assez magique qui vous invite à vous interroger son seulement sur la terre depuis les origines et la place de l'homme dans tout ça, avec beaucoup d'humour parfois, mais aussi sur le nouvel accès au savoir transmis par ces nouvelles cathédrales de béton devenues des repères pour les voyageurs du monde (69 nationalités accueillies en 2015).
On entre par le Cristal, un espace monumental dont l'armature de verre s'élève à 33 mètres sans qu'un boulon ne soit visible à l'œil nu. Sa spécificité, c'est le puits de gravité, qui porte la structure du musée. C'est via des passerelles (ou des ascenseurs) qu'on accède au « Nuage » d'inox, qui abrite, sur 2 niveaux, expositions temporaires (niveau 1) et permanentes (niveau 2). Tout un programme… 4 espaces d'exposition pour balayer l'histoire de l'humanité depuis ses origines jusqu'à l'au-delà, par le prisme de différentes civilisations et notamment les peuples primitifs. Une thématique par salle : Origines, Sociétés, Espèces et Éternités. Un défi ambitieux, et donc forcément partial. Une grande partie des 8 000 objets exposés provient du musée Guimet d'Histoire naturelle (fermé depuis 2007). Dans chacun des espaces, où la lumière est très tamisée, on navigue entre ethnologie, paléontologie, zoologie (on retrouve l'idée du muséum), géologie, sciences et techniques, à travers un parcours jalonné d'écrans, vidéos et bornes tactiles.
– Dans le 1er espace, consacré aux ***Origines,*** 3 femmes ayant coexisté il y a 25 000 ans accueillent les visiteurs. Presque des jeunettes comparées au gigantesque squelette de Camarasaurus, un dinosaure du Wyoming vieux de 155 millions d'années ! Le mammouth de Choulans, dont on voit un beau spécimen, a été retrouvé à quelques kilomètres du musée. Vraiment impressionnants ! En vis à vis, des ammonites (mollusques fossilisés dont la coquille enroulée fait penser à une corne de bélier) disparues il y a des millions d'années et retrouvées dans la région. Pour se familiariser avec cet environnement si lointain, des objets à toucher, comme un crâne de rhinocéros (un vrai !), un autre de dinosaure, une météorite… Une vidéo en 3D explique le big bang, une maquette de Spoutnik 2 évoque l'odyssée de l'espace, et un panthéon chinois tombe comme un cheveu d'ange sur la soupe !

– On poursuit avec les ***Espèces,*** dans un immense espace qui regroupe momies animales (alligator, ibis, chat...), arts primitifs et animaux naturalisés. On perd parfois le fil, cherchant à faire le lien entre une coiffe amazonienne, une collection de microscopes et une table de radiologie. Inutile de préciser qu'on replace l'homme dans un environnement très large ! Peu importe, avec un peu de chance, un médiateur aura perçu vos angoisses existentielles et volera à votre secours. Sinon, on se laisse porter par les images, difficile de bouder son plaisir en voyant dépasser le long cou de la girafe, suivie d'une troupe réjouissante : zèbre, chameau, lion, kangourou... Et la vitrine sur les insectes forme un véritable tableau ! La taxidermie ne s'arrête pas là : les oiseaux ont aussi leur place, et le manque d'explications écrites est compensé par les bornes tactiles. Coup de projecteur sur les espèces disparues, dont le fameux dodo de l'île Maurice, et qui permet d'aborder le sujet de la biodiversité.
– En face, la salle sur les ***Sociétés*** s'articule autour de 3 pôles : organiser, échanger, créer. Si un certain nombre de pièces se réfèrent au patrimoine lyonnais, comme un métier à tisser, ou une voiture Berliet de 1908, on n'hésite pas à piocher dans la peinture aborigène ou dans des objets du Japon (une armure du XIIe s pour ne citer qu'elle) pour illustrer l'organisation des sociétés. Les esprits scientifiques se pencheront sur l'accélérateur de particules (1958). La création la plus récente, réalisée pour le musée, est une robe de mariée en fibre optique. Lumineux ! Face aux minéraux utilisés dans la fabrication des matériaux de haute technologie, des objets domestiques plus prosaïques comme téléphones 80's et Cocotte-Minute Seb.
– Le rapport de l'homme à la mort abordé dans la salle ***Éternités*** fait voyager dans le temps comme dans l'espace, et l'émotion ici est vraiment au rendez-vous. On reste sans voix devant le corps momifié d'une femme en train de tisser, exposé dans la pénombre pour ménager les âmes sensibles. Parmi les pièces remarquables, un impressionnant masque végétal du Mato-Grosso, les « hommes barbus », des statues en pierre vieilles de 3 000 ans retrouvées dans des tombes égyptiennes et dont la barbe symbolise le pouvoir. Sépultures (nord Causase, Ossétie du nord), sarcophages, statuettes et sculptures se partagent l'espace.
Avant de redescendre, ou de découvrir les expositions temporaires, remarquables de qualité, faites un saut au 4e et dernier étage où, depuis la terrasse, la vue rectiligne sur le Rhône et le pont R. Barre vaut vraiment le coup d'œil.

|●| 🍷 ***Le Comptoir Gourmand,*** *au dernier étage.* Pratique, à défaut d'être gastro. Intéressant surtout pour sa terrasse au dernier étage. L'été, également service dans le jardin. La *Brasserie des Confluences* est placée sous l'égide de deux chefs connus mais ne vous attendez pas non plus à de la grande gastronomie. Service efficace, carte assez chère. Elle est située au rez-de-chaussée, derrière la boutique du musée *(menu déj 23 €, carte env 35 €).*

À VOIR

La Mulatière

L'aquarium de Lyon : *7, rue Stéphane-Déchant, 69350* ***La Mulatière.*** *☎ 04-72-66-65-66. • aquariumlyon.fr • Bus nos 15, 10 et 88 depuis la pl. Bellecour, arrêt « Bastéro-Aquarium ». ♿ Ouv mer-dim hors vac scol et tlj pdt vac scol (zone A) 11h-19h (fermeture des caisses à 18h). Fermé 25 déc et 1er janv. Entrée : adulte 12 € au lieu de 15 € sur présentation de ce guide ; enfant 6 € de 3 à 4 ans, 8 € au lieu de 11 € de 5 à 10 ans (offre valable pour 3 accompagnateurs) ; réduc. Compter env 2h de visite. Également plongée dans la fosse aux requins les mar, jeu et sam pdt les vac scol (zone A).*
Quelques coups de nageoire séparent Lyon des océans. 5 000 poissons, 47 aquariums pour près de 300 espèces venues des eaux douces et salées de toute la planète, de quoi faire tourner la tête des spectateurs. Une découverte aussi ludique que pédagogique.

La visite commence par les poissons des eaux douces tempérées, avec notamment une vedette locale, plus connue en quenelles : le brochet, armé de plus de 700 dents ! Suivent les goujons, souvent cachés sous la nasse de pêche, ou encore les saumons de fontaine et les perches de rivière. Bassin suivant, on se retrouve nez à nez avec un silure glane, le plus gros poisson pêché dans le Rhône. À défaut d'être beau, c'est un véritable mastodonte de plus de 1,50 m pour environ 25 kg !
Mais l'attraction principale, c'est la dizaine de requins qui évoluent derrière les vitres du plus grand aquarium – 500 000 l d'eau de mer –, autour d'un décor représentant un tombant rocheux de l'île de la Réunion. On observe plusieurs espèces : requins à pointe noire en surface, raie épineuse à nez rond, des poissons récifaux et les requins léopards. On découvre ensuite le domaine des poissons des eaux douces tropicales et ses légendaires piranhas, une salle également dédiée aux cychlidés africains et américains. Jetez un œil au tétra aveugle, qui s'est entièrement adapté à son milieu lorsqu'il fut prisonnier des lacs souterrains il y a quelques millions d'années.
La 3e salle, certainement la plus appréciée, car elle offre une palette d'espèces somptueuses : les pagres roses, rougets volants, poissons-clowns, chirurgiens, poissons-coffres, poissons-vaches (aux cornes surprenantes), un récif corallien, ainsi que la tanière d'une murène léopard.
La nouveauté, c'est le bassin venu tout droit de la baie de Sydney. À côté, découvrez « la mer en mini » et admirez les petits animaux du monde aquatique marin : hippocampes, crevettes danseuses, crevettes nettoyeuses, crevettes arlequins, crabes anémones, langouste bleue... mais aussi le poisson-pierre, dont les mortelles épines dorsales en font le poisson le plus dangereux du monde. Le bassin tactile où les enfants peuvent caresser turbots, étoiles de mer, holothuries... Bref, une fabuleuse plongée les pieds au sec pour découvrir la splendeur du monde marin !

À L'OUEST DE LYON

Le domaine de Lacroix-Laval : *69280* ***Marcy-l'Étoile.*** *☎ 04-78-87-87-00. • lacroix-laval.com • À une quinzaine de km au nord-ouest de Lyon, par la D 307, puis direction Charbonnières et route de Saint-Bel (suivre les fléchages). Bus TCL nº 98, depuis Gorge-de-Loup ou Tassin-la-Demi-Lune ; train direction Charbonnières, au départ des gares Saint-Paul ou Gorge-de-Loup, arrêt Casino Lacroix-Laval. Parc ouv 6h-22h (7h-20h l'hiver). GRATUIT.* Le parc, labellisé jardin remarquable, est propriété de la Métropole de Lyon. Avec ses 115 ha de vallons, prairies, étangs, rivières et bois, le site offre aux familles et aux sportifs l'occasion de grandes balades dans la verdure et plein d'activités estivales : aires de jeux, trampolines, parcours aventure, balades à poney aux beaux jours (poneyterie : *06-34-15-92-36*), parcours de santé et boucles balisées pour les marcheurs, petit train *(06-09-93-66-03).* Lacroix-Laval cultive un héritage végétal et historique riche. Le potager et la roseraie sont des conservatoires de fruits, de légumes et de fleurs anciennes et remarquables d'origine lyonnaise. Buvette et restauration rapide aux *Terrasses de Lacroix-Laval,* resto plus chic *L'Orangerie de Sébastien.*

Le musée Antoine-Brun : *centre-bourg, 69280* ***Sainte-Consorce.*** *☎ 04-78-87-15-51. À une douzaine de km au nord-ouest de Lyon. Ouv mer, sam et dim 14h30-18h30. Entrée : 3 € ; réduc ; gratuit jusqu'à 5 ans. Fermé 3 premières sem d'août et 1 sem à Noël. Visites guidées sur résa : 5 € ; réduc. Ateliers pour les enfants pdt les vac scol.* Antoine Brun (1822-1900) est un personnage pour le moins singulier. Propriétaire et agriculteur né à Sainte-Consorce, il abandonne assez vite le travail de la terre, faisant occasionnellement le sabotier pour les gens de la région. Taciturne et peu sociable, il passe son temps à sculpter. Sa grande œuvre ? Rien moins que la reconstitution de Lyon, quartier par quartier et dans ses moindres détails. Une maquette gigantesque dont, malheureusement, il ne reste presque rien. Mais, emporté par son élan, il s'attaque à un projet insensé : lui qui n'avait aucune formation artistique, ne voyageait jamais et avait pour seule documentation les journaux de l'époque et quelques gravures, entreprend de reproduire les 500 plus beaux monuments du monde. Le palais impérial de Saint-Pétersbourg, le site royal de l'Escurial, la basilique Saint-Pierre de Rome, l'abbaye de Saint-Denis, la tour Eiffel ou le Capitole américain, tous réalisés en bois de tilleul patiemment sculpté. Ces chefs-d'œuvre sont un témoignage étonnant de patience et d'une vie passée à rêver.

Le musée-théâtre Guignol : *18, montée de la Bernade, 69126* ***Brindas.*** *☎ 04-78-57-57-40. • ccvl.fr • À une quinzaine de km à l'ouest de Lyon. Mer-dim 14h-18h. Entrée : 4 € ; réduc ; gratuit jusqu'à 5 ans. Fermé 3 premières sem d'août et 1 sem à Noël. Expos temporaires. Ateliers et spectacles pour les enfants pdt les vac scol : 7 €. Programmation de spectacles de marionnette contemporaine et café-théâtre.*
Un musée-théâtre Guignol à Brindas ? Depuis le début du XXe s, les descendants du Lyonnais Laurent Mourguet (1769-1844), créateur de Guignol, ont fait de Brindas leur lieu de villégiature. Jean-Guy Mourguet, dernier descendant marionnettiste de la famille et brindasien, donne l'ensemble de sa collection familiale sous condition d'ouvrir un musée pour conserver les décors, accessoires de scène et de bruitage, costumes et un théâtre pour que les quelque 200 marionnettes continuent à jouer sur le territoire. C'est chose faite en 2008, lors du bicentenaire du trublion intergénérationnel.
Passez dans les coulisses du castelet afin de découvrir l'envers du décor et chaussez Guignol : à vous de jouer ! Le clou de la visite reste le mur de marionnettes. Alignés sur des râteliers, Madelon, Gnafron, mais aussi Chiracula, Mittératu, Sicolas Narkozy, Mme de Fontenay... attendent que le marionnettiste les chausse pour jouer. Peut-être aurez-vous la chance de les voir s'animer lors d'un spectacle ?

AU NORD DE LYON

Le mémorial Jean-Moulin : *pl. Gouailhardou à* ***Caluire,*** *au nord de la presqu'île de Lyon. Ⓜ Cuire. Bus 33 ou 38, arrêt Caluire centre. Résa conseillée au ☎ 04-78-98-85-26. Pour les individuels jeu 9h-13h et sam 13h-17h. Groupes acceptés (sf jeu mat et sam ap-m). Entrée : 2 € ; gratuit moins de 18 ans et caluirards.* La maison du docteur Dugoujon, où fut arrêté Jean Moulin, chargé par le général de Gaulle d'unifier la résistance en zone sud, le 21 juin 1943, ainsi que sept autres responsables, fait l'objet d'une reconstitution d'époque (salle d'attente, bureau du médecin, salon), accompagnée de portraits de résistants. Au sous-sol, dans une salle multimédia, montages audiovisuels et présentation de textes afin de rendre compte du contexte historique. Pour prolonger le circuit commémoratif, on peut visiter un lieu tout aussi émouvant : la prison de Montluc, devenue, après la guerre, une prison pour femmes. C'est là que le petit-fils du docteur Dugoujon donnait aux détenues des cours d'art plastique (voir plus haut).

L'île Barbe : on la découvre en remontant tranquillement les bords de Saône à pied (en suivant, rive gauche, le « chemin nature » joliment aménagé) ou en s'offrant une croisière sur la Saône. C'est l'occasion d'une petite halte agréable. Jadis, l'île vivait au rythme d'une abbaye dont seuls quelques communs subsistent. Une centaine de moines habitaient ici. Aujourd'hui, on peut encore voir l'église Notre-Dame, qui date du XIIe s. Quelques familles argentées occupent à présent les lieux, ainsi qu'un restaurant gastronomique et d'étonnantes lanternes géantes en verre de Murano, installation contemporaine de Jean-Michel Othoniel.

Le musée Henri-Malartre – Autos-Motos-Cycles : *château de Rochetaillée-sur-Saône, 645, rue du Musée, 69270. ☎ 04-78-22-18-80. • musee-malartre.com • Sur la rive gauche de la Saône, à 11 km au nord de Lyon (route D 433, bus TCL nos 40 et 70). Tlj sf lun (ouv les lun fériés) 9h-18h (derniers tickets à 17h ; jusqu'à 19h en juil-août, derniers tickets 18h). Fermé Noël, Jour de l'an et dernière sem de janv. Entrée : 6 € ; réduc ; gratuit jusqu'à 18 ans. Visites guidées pour les groupes sur résa.*

Il était une fois un casseur d'automobiles nommé Henri Malartre. Un beau jour de 1931, on lui apporta une *Rochet-Schneider* de 1898 et le casseur se dit qu'il n'avait pas le cœur à la démonter. Ainsi naquit l'idée de ce formidable musée de l'Automobile. Après la guerre, passé dans la Résistance puis en déportation, Henri Malartre continue son œuvre. Il récupère, retape, restaure des véhicules anciens et achète un château du XVe s surplombant la Saône, ancienne propriété des comtes de Lyon. En 1960, M. Malartre inaugure son musée, qu'il vendra à la ville de Lyon en 1972. Aujourd'hui, le musée possède 160 voitures construites entre 1890 et 1986, mais aussi des motos, des cycles, des véhicules de transport en commun, des accessoires, etc. Parmi tous les modèles, une vingtaine de pièces uniques au monde. Les collections sont réparties en deux lieux. Le château lui-même abrite les véhicules les plus anciens. Et quelle surprise d'admirer une *Cottereau* de 1899 avec son toit-parasol, la carrosserie en rotin de la *Hugot* de 1897, ou les roues élastiques Beaujeu de la *Corre* de 1904, exposées dans des pièces parquetées, équipées de cheminées et de plafonds à caissons. Encore dans le château, les cycles, dont un vélo tout en bois, la *Souplette,* et un autre ayant appartenu à Jacques Anquetil, ainsi que de magnifiques motos de marques oubliées mais rutilantes de chrome. Dans le parc, deux halls accueillent des véhicules plus récents mais non moins rares : *Renault Vivastella* des frères Lumière, *Mercedes* blindée d'Hitler (4 780 kg à vide !), *Hispano-Suiza* du général de Gaulle, *Packard* 1955 d'Édith Piaf, entre autres merveilles plus anonymes de l'âge d'or de l'automobile. Également des voitures de course, dont deux offertes par le mythique Amédée Gordini, des prototypes (celui de la 2 CV) et d'antiques tramways et funiculaires lyonnais. Souvent des expositions tournantes, toujours sur le thème de l'automobile, un espace pédagogique – et un espace « Miniatures ».
Les personnes qui travaillent au musée veillent à l'entretien et au bon fonctionnement des véhicules qui, pour beaucoup, quittent le château pour participer à des rallyes ou à des rencontres. Que serait une automobile qui ne roulerait pas ? Ce superbe musée, tant par son cadre que par ses collections, ravira les amateurs du genre et étonnera les autres.

À VOIR

La maison-musée Ampère (musée de l'Électricité) : *3001, route d'Ampère (D73), 69250* ***Poleymieux-au-Mont-d'Or.*** *☎ 04-78-91-90-77. • amperemusee.fr • ♿ À 15 km au nord de Lyon. De Lyon, prendre la direction de Neuville-sur-Saône ou bus nos 40, 22 ou 84. Sam 14h-18h ; dim 10h-12h, 14h-18h. Entrée : 4 €, audioguide inclus.* Nous sommes dans la maison de jeunesse d'Ampère. Ce Lyonnais découvrit l'électromagnétisme : il vérifia sa théorie par des expériences, les plus importantes étant exposées et pouvant être mises en route par les visiteurs.

À FAIRE

– ***Grand parc Miribel-Jonage :*** *☎ 04-78-80-56-20. • grand-parc.fr • Ⓜ Laurent-Bonnevay, puis bus no 83 (mai-oct). À 15 mn en voiture du centre de Lyon par l'autoroute A 42, sortie 4 ou rocade est, sortie 5. Ouv tte l'année. En dehors de la base de loisirs, accès libre et gratuit.* Ce vaste espace de loisirs est l'un des plus grands parcs périurbains d'Europe. Sentiers balisés ou non, chemins de terre pour les cyclistes et un patrimoine naturel très riche par la variété de la faune et de la flore. On y va en famille ou entre amis et on lézarde ou on s'active sur l'une des plages (3 gratuites, 1 payante) au bord de l'eau. Aires de jeux et de pique-nique un peu partout et, en saison, restaurants et buvettes.
Et puis, découvrez l'*atol,* base de loisirs du Grand Parc *(entrée : 5,50 €/pers ; réduc. ♿)* avec de nombreuses activités terrestres et nautiques : tennis, badminton, golf, voile, canoë... Descentes en tyrolienne au-dessus du lac des Eaux Bleues en saison. Les activités sont payantes, mais si vous savez en arrivant celle que vous souhaitez pratiquer, le prix de l'entrée est alors intégrée dans le tarif de l'activité.

COMMENT Y ALLER ?

Lyon est évidemment fort bien desservi par tous les moyens de transport. Voici les liaisons principales.

PAR LA ROUTE

➢ ***De Paris*** (461 km), par l'autoroute A 6 (par Mâcon et Villefranche), la N 6 (D 906 par endroits) ou la N 7.
➢ ***De Nice*** (472 km) ou ***de Marseille*** (314 km), par l'autoroute A 7 ou la N 7.
➢ ***De Chambéry*** (100 km), par l'A 43, et ***de Grenoble*** (104 km), par l'A 48 et l'A 43.
➢ ***De Genève*** (152 km), par l'A 40 et l'A 42.

Le covoiturage

Le principe est économique, écologique et convivial. Les conducteurs sont invités à proposer leurs places libres afin de partager le trajet et les frais avec des passagers. L'inscription est gratuite. • *blablacar.fr* •

EN TRAIN

Au départ de Paris et de l'Île-de-France

➢ ***De Paris*** (gare de Lyon), 1 TGV/h en moyenne, ttes les demi-heures en heures de pointe. Temps du trajet : env 2h. En région parisienne, des TGV directs relient Lyon depuis les gares Aéroport-Charles-de-Gaulle, Marne-la-Vallée (Ouigo) et Massy-TGV.

Au départ de la province

➢ Liaisons directes pour Lyon de ***Marseille*** (env 1h40), ***Montpellier*** (env 1h50), ***Nantes*** (min 4h25), ***Lille*** (env 3h) et ***Rennes*** (min 4h20).

Pour préparer votre voyage

– ***e-billet :*** réservez, achetez et imprimez votre e-billet sur Internet.
– ***m-billet :*** plus besoin de support papier, vous pouvez télécharger le code-barres de votre voyage correspondant à votre réservation directement dans votre smartphone, à l'aide de l'application *SNCF Direct*.
– ***Billet à domicile :*** commandez votre billet par Internet ou par téléphone au ☎ *36-35 (0,34 €/mn, hors surcoût éventuel de votre opérateur)* ; la SNCF vous l'envoie gratuitement à domicile sous 48h, en France.

Pour voyager au meilleur prix

La SNCF propose des tarifs adaptés à chacun de vos voyages.
➢ ***Prem's :*** des petits prix disponibles toute l'année, jusqu'à 90 jours avant le départ. Billets non échangeables et non remboursables (offres soumises à conditions). Impossible de poser des options de réservation sur ces billets : il faut les payer immédiatement.
➢ ***Les IDTGV :*** des prix mini, à saisir sur Internet uniquement.
➢ ***Les tarifs Loisirs***
Billets échangeables et remboursables. Pour bénéficier des meilleures réductions, pensez à réserver vos billets à l'avance (les réservations sont ouvertes jusqu'à 90 jours avant le départ) ou à voyager en période de faible affluence.
➢ ***Les cartes de réduction***
Pour ceux qui voyagent régulièrement, profitez de réductions garanties tout le temps avec les cartes Enfant +, Jeune, Week-end ou Senior + (valables 1 an).

Renseignements et réservations

– ***Internet :*** *• voyages-sncf.com •*
– ***Téléphone :*** *☎ 36-35 (0,40 € TTC/mn).*
– Également dans les gares, les boutiques SNCF et les agences de voyages agréées.

▲ **TRAINLINE**
Une nouvelle façon simple et rapide d'acheter vos billets de train sur le web, mobile et tablette. Réservez vos billets pour voyager en France et dans plus de 20 pays européens. Consultez les tarifs et les horaires dans une interface claire et sans publicités. Trainline compare les prix de plusieurs transporteurs européens pour vous garantir le meilleur tarif. Réservations et paiements sur *• trainline.fr •* et sur mobile avec l'application Trainline pour iPhone et Android.
Et pour répondre à vos questions : *• guichet@trainline.fr •*

EN AVION

✈ ***L'aéroport Lyon-Saint-Exupéry*** *se trouve à 25 km à l'est de la ville (rens : ☎ 0826-800-826, 0,15 €/mn ; • lyonaeroports.com •).*
➢ Accès par le tram Rhônexpress qui relie l'aéroport à la gare de la Part-Dieu en moins de 30 mn. Départ ttes les 30 mn entre 5h-6h et 21h-0h40, ttes les 15 mn le reste du temps. 15,80 € aller simple, 27,40 € aller-retour (25,70 € en achetant sur leur site internet). *• rhonexpress.fr • Gratuit moins de 12 ans. Pour bénéficier d'un prix avantageux, possibilité de coupler son billet Rhônexpress avec la Lyon City Card (voir plus loin « Adresses et infos utiles »).*

Les compagnies régulières

▲ **AIR FRANCE**
Rens et résas au ☎ 36-54 (0,35 €/mn – tlj 6h30-22h), sur • airfrance.fr •, dans les agences Air France et dans ttes les agences de voyages. Fermées dim.
➢ Air France dessert Lyon plusieurs fois par jour au départ de Roissy ou Orly. Au départ de la province, Lyon est directement connecté avec Aurillac, Ajaccio, Biarritz, Bordeaux, Brest, Brive, Caen, Clermont-Ferrand, La Rochelle, Lille, Metz-Nancy, Marseille, Montpellier, Nantes, Nice, Pau, Poitiers, Rennes, Rodez, Strasbourg, Toulon et Toulouse. Air France propose des tarifs attractifs toute l'année. Pour consulter les meilleurs tarifs du moment, allez directement sur la page « Meilleures offres et promotions » sur *• airfrance.fr •* *Flying Blue,* le programme de fidélisation gratuit d'Air France-KLM, permet de cumuler des *miles* et de profiter d'un large choix de primes. Cette carte de fidélité est valable sur l'ensemble des compagnies membres de *Skyteam.*

▲ **HOP ! Air France**
Rens et résas sur • hop.com • ou • airfrance.fr • via les canaux de vente Air France, au centre d'appel ☎ 0892-70-22-22 ou ☎ 36-54 (tlj ; 0,35 €/mn) et dans ttes les agences de voyages.
➢ Depuis Lyon, vols directs vers Aurillac, Biarritz, Bordeaux, Brest, Brive, Caen, Clermont-Ferrand, La Rochelle, Lille, Marseille, Montpellier, Metz-Nancy, Nantes, Nice, Paris, Pau, Poitiers, Rennes, Strasbourg, Toulon, Toulouse, Bruxelles, Bologne, Florence, Göteborg, Luxembourg, Milan, Prague, Rome et Venise. HOP ! propose des tarifs attractifs toute l'année. Possibilité de consulter les meilleurs tarifs du moment sur *• hop.com •*

Les compagnies *low-cost*

Plus vous réserverez vos billets à l'avance, plus vous aurez des chances d'avoir des tarifs avantageux. En outre, les pénalités en cas de changement de vols sont assez importantes. Il faut aussi rappeler que plusieurs compagnies facturent maintenant les bagages en soute et limitent leurs poids. En cabine également le nombre de bagages est strictement limité (attention même le plus petit sac à main est compté comme un bagage à part entière). À bord, tous les services sont payants (boissons, journaux). Attention

également au moment de la résa par Internet à décocher certaines options qui sont automatiquement cochées (assurances, etc.). Au final, même si les prix de base restent très attractifs, il convient de prendre en compte les frais annexes pour calculer le plus justement son budget.

▲ **EASYJET**
• easyjet.com • ou ☎ 0820-420-315 (0,12 €/mn).

➢ Vols quotidiens entre Lyon et Ajaccio, Bastia, Biarritz (en été), Bordeaux, Brest, Nantes et Toulouse, Barcelone, Amsterdam, Londres, Marrakech, Lisbonne...

▲ **BRUSSELS AIRLINES**
Rens : ☎ 0892-64-00-30 (0,05 €/mn) depuis la France et ☎ 0902-51-600 (0,75 €/mn) en Belgique. • brusselsairlines.com • Depuis Bruxelles, vols vers Lyon.

EN BUS

– ***Lyon :*** *gare routière, centre d'échange de Lyon-Perrache, 69002. Rens : ☎ 0892-89-90-91 (0,35 €/mn). • eurolines.fr • • isilines.fr • Lun-sam 8h-21h, dim 10h-18h.* Eurolines et Isilines desservent Lyon au départ d'une soixantaine de villes françaises.

▲ **OUIBUS**
Billets en vente sur Internet • voyages-sncf.com • ouibus.com •, ou au ☎ 0892-68-00-68 (0,40 €/mn). (à bord). Le service de voyages en bus de la SNCF dessert Lyon depuis Aime, Besançon, Bourg-saint-Maurice, Dijon, Grenoble, Marseille, Montpellier, Moutiers, Mulhouse, Nîmes, Nice, Paris-Bercy ou La Défense, Strasbourg, Troyes, Londres, Barcelone, Gérone, Milan et Turin. Le prix des billets est majoré de 5 € par passager pour tout achat fait par téléphone.

▲ **FLIXBUS**
Billets en vente sur Internet • flixbus.fr •, ou agence de voyages Marsol, 34, av. Jean-Jaurès, 69007 Lyon. ☎ 01-76-36-04-12. Depuis les gares de Lyon Perrache ou Lyon Part-Dieu, une quarantaine de villes françaises sont desservies.

▲ **STARSHIPPER**
Billets en vente sur Internet • starshipper.com • ☎ 04-37-60-01-64 (lun-ven 9h-12h, 14h-17h). Depuis la gare de Lyon Part-Dieu, la ligne de bus dessert Bordeaux via Clermont-Ferrand, Brive-la-Gaillarde et Périgueux ; Montpellier via Valence et Nîmes ; Turin via Chambéry ; Serre-Chevalier.

NOUVEAUTÉ

PERROS-GUIREC ET LA CÔTE DE GRANIT ROSE (juin 2016)

De Perros-Guirec à Trébeurden, voici sans aucun doute la plus belle partie des Côtes-d'Armor, la Côte de Granit Rose. Une façade maritime réputée pour sa beauté. Un climat protégé, de grandes plages de sable abritées par des pins et des criques dissimulées derrière des amas de rochers roses aux formes étranges ; autant d'atouts propices au développement de belles stations balnéaires, comme Perros-Guirec et sa voisine Ploumanac'h élue village préféré des Français en 2015. Ce petit coin de paradis et d'embruns méritait bien qu'on lui consacre un *Routard spécifique*.

LYON UTILE

AVANT LE DÉPART

Carte d'adhésion internationale aux auberges de jeunesse (carte FUAJ)

Cette carte vous ouvre les portes des 4 000 auberges de jeunesse du réseau *HI-Hostelling International* en France et dans le monde. Vous pouvez ainsi parcourir 90 pays à des prix avantageux et bénéficier de tarifs préférentiels avec les partenaires des Auberges de Jeunesse *HI*. Enfin, vous intégrez une communauté mondiale de voyageurs partageant les mêmes valeurs : plaisir de la rencontre, respect des différences et échange dans un esprit convivial. Il n'y a pas de limite d'âge pour séjourner en auberge de jeunesse. Il faut simplement être adhérent.

Renseignements et inscriptions
- ***En France :*** • *hifrance.org* •
- ***En Belgique :*** • *lesaubergesdejeunesse.be* •
- ***En Suisse :*** • *youthhostel.ch* •
- ***Au Canada :*** • *hihostels.ca* •

Si vous prévoyez un séjour itinérant, vous pouvez réserver plusieurs auberges en une seule fois en France et dans le monde : • *hihostels.com* •

Carte internationale d'étudiant (carte ISIC)

Elle prouve le statut d'étudiant dans le monde entier et permet de bénéficier de tous les avantages, services et réductions dans les domaines du transport, de l'hébergement, de la culture, des loisirs, du shopping...
La carte ISIC permet aussi d'accéder à des avantages exclusifs (billets d'avion spécial étudiants, hôtels et auberges de jeunesse, assurances, cartes SIM internationales, location de voiture...).

Renseignements et inscriptions
- ***En France :*** • *isic.fr* •
- ***En Belgique :*** • *isic.be* •
- ***En Suisse :*** • *isic.ch* •
- ***Au Canada :*** • *isiccanada.com* •

BUDGET

Recommandation à ceux qui souhaitent profiter des réductions et avantages proposés dans le *Routard* par les hôteliers et les restaurateurs.
À l'hôtel, pensez à les demander ***au moment de la réservation*** ou, si vous n'avez pas réservé, **à l'arrivée.** Ils ne sont valables que pour les réservations en direct et ne sont pas cumulables avec d'autres offres promotionnelles (notamment sur Internet). Au restaurant, parlez-en **au moment** de la commande et surtout **avant** que l'addition ne soit établie. Poser votre *Routard* sur la table ne suffit pas : le personnel de salle n'est pas toujours au courant et une fois le ticket de caisse imprimé, il est souvent difficile de modifier le total. En cas de doute, montrez la notice relative à l'établissement dans le *Routard* de l'année, bien sûr, et ne manquez pas de nous faire part de toute difficulté rencontrée.

Nous vous indiquons ci-dessous l'échelle des tarifs auxquels nous nous référons dans ce guide et pour l'ensemble de nos guides France.

Hébergement

D'une manière générale, nous indiquons des fourchettes de prix allant de la chambre double la moins chère en basse saison à celle la plus chère en haute saison. Ce qui implique parfois des écarts de prix, pas toujours en adéquation avec la rubrique dans laquelle l'établissement est cité. Le classement retenu est donc celui du prix de la majorité des chambres et de leur rapport qualité-prix.
À noter que lorsque les lieux d'hébergement sont équipés d'un accès ***Internet*** et/ou ***wifi,*** nous le mentionnons. Sans autre précision.
– Les tarifs des ***campings*** sont calculés sur la base d'un emplacement pour deux avec voiture et tente en haute saison. Ils sont classés en tête de rubrique « Où dormir ? ».
– Les ***auberges de jeunesse*** pratiquent, en règle générale, des tarifs « Bon marché » pour une nuitée en dortoir (avec ou sans les draps). Le tarif indiqué est celui du lit en dortoir et/ou parfois de la chambre double, quand il y en a.
– En ***chambres d'hôtes,*** les prix sont donnés sur la base d'une chambre double. Ils incluent le petit déjeuner. Les cartes de paiement sont rarement acceptées. Dans les cas contraires, nous indiquons « petit déj en sus » et « CB acceptées ».
– Concernant les ***hôtels,*** la base reste celle d'une nuit en chambre double (sans petit déjeuner), sauf exception, notamment pour les chambres familiales.
– ***Bon marché :*** 50-80 €.
– ***Prix moyens :*** 80-120 €.
– ***Chic :*** 120-160 €.
– ***Plus chic :*** 160-200 €.
– ***Beaucoup plus chic :*** au-delà de 200 €.

Restos

Au restaurant, notre critère de classement est le prix du premier menu servi le soir (hors boissons). Les notions de « Prix moyens » ou « Plus chic » n'engagent donc que les prix. Autrement dit, certains restos chic proposant parfois d'intéressantes formules, notamment au déjeuner, pourront malgré tout être classés dans la rubrique « Plus chic ».
– ***Sur le pouce :*** sandwicheries et plats à emporter.
– ***Très bon marché :*** moins de 20 €.
– ***Bon marché :*** de 20 à 30 €.
– ***Prix moyens :*** de 30 à 40 €.
– ***Chic :*** de 40 à 50 €.
– ***Plus chic :*** au-delà de 50 €.

FÊTES ET MANIFESTATIONS

– ***BIG (Biennale internationale du goût) :*** *5 j. en janv les années impaires après la 1re éd. de 2015. • big-lyon.com •* Pour mettre l'eau à la bouche, plusieurs événements organisés dans différents endroits : tunnel du goût dans le tunnel des modes doux, menus de chefs dans des endroits insolites, *foodtrucks* aux puces du canal...
– ***Musiques en scène :*** *biennale en mars les années paires. • bmes-lyon.fr •* Manifestation pluridisciplinaire sur la création musicale.
– ***La Foire de Lyon :*** *ts les ans pdt 10 j. fin mars, à Eurexpo, av. Louis-Blériot, 69680* ***Chassieu.*** *☎ 04-72-22-33-44. • foiredelyon.com • Autoroute direction Chambéry-Grenoble, sortie « Eurexpo » ; Ⓜ Vaulx-en-Velin/La Soie, puis bus nº 100 ou Ⓣ T5 arrêts « Parc du Chêne » ou « Eurexpo ».* Une foire absolument immense qui réunit un large public de particuliers et de professionnels. Tourisme, bricolage, décoration, sports, multimédia, jardinage, gastronomie, etc. On trouve toujours une bonne raison d'y aller. C'est la vitrine annuelle de milliers d'entreprises, qui y installent leurs stands et leurs meilleurs vendeurs. Une journée à la

foire prend en général des airs de marathon, mais on peut manger, boire sur place, parfois même gratuitement aux stands qui organisent des dégustations.

– ***Quais du polar :*** *pdt 3 j. fin mars ou début avr. Rens auprès de l'office de tourisme ou sur le site • quaisdupolar.com •* Festival du roman et du film noir. Pour les fans du genre policier sous toutes ses formes, des rencontres, conférences, activités sont organisées en différents lieux de la ville.

– ***Marché de la mode vintage :*** *deux éditions, en mars et nov à l'espace Double Mixte de **Villeurbanne.** • marchemodevintage.com •* Un événement unique en son genre en Europe avec plusieurs centaines de stands qui proposent vêtements, accessoires et design des années 1950 à 1990. L'édition de novembre est plus axée « montagne ».

– ***Moisson d'avril :*** *biennale de la marionnette début avr, les années paires. • moissondavril.com •* Une vingtaine de compagnies françaises et internationales se produisent dans différents sites (salles de spectacles, théâtres, bars...). Une production originale qui plaira aux petits et aux grands enfants.

– ***Les Nuits sonores :*** *w-e de l'Ascension. Rens sur • nuits-sonores.com •* Grand festival de musique électronique se déroulant sur plusieurs sites et attirant la jeunesse européenne pendant plusieurs jours à Lyon.

– ***La fête Renaissance des Pennons et la brocante du vieux Lyon :*** *2 fêtes traditionnelles qui se déroulent respectivement fin avr et mi-juin, donnant un cachet particulier au quartier Saint-Jean.* Touristes, mais aussi Lyonnais envahissent le secteur piéton, loin du bruit de la circulation. Point d'orgue : reconstitution du mariage d'Henri IV et de Marie de Médicis.

– ***L'Original festival :*** *4 j. fin mai au Transbordeur, **Villeurbanne.** • loriginal-festival.com •* L'un des principaux événements hip-hop en France. Toutes les disciplines de cette culture sont ici rassemblées (rap, beat-box, danse, graff et DJing).

– ***Les Nuits de Fourvière :*** *juin-juil. Rens et programme à l'office de tourisme et sur • nuitsdefourviere.com •* L'amphithéâtre romain de Fourvière s'anime tous les soirs avec une programmation éclectique et de grande qualité. Sous le ciel étoilé, on peut écouter la bossa-nova de Gilberto Gil, voir Bartabas et ses chevaux, assister à un concert de Radiohead ou à un récital de Montserrat Caballé.

– ***Les invites de Villeurbanne :*** *à **Villeurbanne,** dans des lieux accessibles avec le bus C26 (navette gratuite jusqu'aux Terreaux tte la nuit). ☎ 04-72-65-80-90. • invites.villeurbanne.fr • Les invites durent en général 4 j., mi-juin, autour du solstice. GRATUIT.* Décapant. Concerts, spectacles, arts de la rue, théâtre, installations plastiques créés par les habitants eux-mêmes.

– ***Tout le monde dehors :*** *• tlmd.lyon.fr • Juin-août.* Nombreux rendez-vous artistiques gratuits en plein air.

– ***Les Biennales de la danse et de l'art contemporain :*** *rens au ☎ 04-27-46-65-60. • biennale-de-lyon.org • Sept-janv, années impaires.* Lyon prend une place de plus en plus importante au fil des années dans le domaine des arts. Les deux biennales réunissent les plus grands de la danse et de l'art contemporain. Événements à ne rater sous aucun prétexte, pour les connaisseurs, mais aussi pour ceux qui souhaitent mieux comprendre ou découvrir ces disciplines. Sur place, on laisse les préjugés et les idées préconçues au vestiaire et on se laisse surprendre, émouvoir devant un spectacle ou devant une œuvre. À ne pas rater, lors de la Biennale de la danse : la plus grande parade chorégraphique d'Europe ! Un défilé qui rassemble au cœur de la ville des troupes et les habitants de la région.

– ***La Foire aux Tupiniers :*** *le 2e w-e de sept, dans le quartier Saint-Jean. ☎ 04-72-77-92-42. • tupiniers.com •* Le plus important des marchés européens de poteries, où se réunissent les plus grands artisans. Vous l'aurez compris, on ne vient pas ici acheter sa poubelle de table, mais pour découvrir des artistes doublés de véritables techniciens. Que vous aimiez les poteries vitrifiées, émaillées ou vernissées, vous découvrirez sans doute cette discipline encore mal connue en vous promenant dans les venelles du quartier Saint-Jean.

– ***Festival Lumière :*** *• festival-lumiere.org • Une sem en oct.* Créé en 2009, ce festival de cinéma classique fait découvrir les œuvres majeures et les trésors cachés de l'histoire du cinéma.

– ***La vogue de la Croix-Rousse :*** *oct-nov.* C'est la vogue des marrons et du vin bourru (le vin blanc doux nouveau), qui a lieu tous les ans à l'automne et dure 1 mois. La fête foraine se déroule sur le boulevard de la Croix-Rousse, qui se parfume pour l'occasion à la barbe à papa et aux marrons chauds. Ne pas manquer de faire un tour sur la grande roue installée au bout du boulevard. D'en haut, la vue est absolument magnifique. Malheureusement, le quartier s'embourgeoise, les riverains ont signé une pétition pour obtenir un couvre-feu. Quel dommage !

– ***Les grands concerts :*** *oct à juin. Rens au ☎ 04-78-38-09-09. • lesgrandsconcerts.com •* Ce festival conjugue musique et patrimoine avec des concerts de virtuoses dans ce lieu exceptionnel qu'est la chapelle baroque de la Trinité.

– ***Festival Label Soie :*** *2 sem mi-nov. Rens et programme à l'office de tourisme.* Entre expositions, visites commentées, ateliers, conférences, spectacle et événement, c'est un programme haut en couleur que nous propose le Festival Label Soie. Il comprend également un marché des soies où les soyeux lyonnais donnent rendez-vous aux amateurs de belles étoffes pour une vente de tissus d'exception – jusque-là uniquement réservés aux grandes maisons de haute couture.

– ***La Fête des lumières, illuminations autour du 8 décembre :*** *• fetedeslumieres.lyon.fr •* *Voir « Les éclairages nocturnes » dans la rubrique « Arts de la rue » de « Hommes, culture, environnement ». Voir également « La basilique de Fourvière ».* Le plus grand événement de Lyon, d'envergure internationale, attire chaque année quelque 4 millions de visiteurs dans les rues de la ville, transformée pour l'occasion en une gigantesque fresque de couleurs. Des scénarios spectaculaires, projetés sur les façades des principaux édifices, aux petites formes implantées dans les traboules de la Croix-Rousse ou du vieux Lyon, les noctambules en prennent plein les mirettes grâce au talent d'artistes éclairagistes lyonnais et internationaux.

LA VIERGE PROTECTRICE

Dès 1643, on retrouve des dévotions à sainte Marie, qui protégea Lyon de la peste. Après plusieurs périodes d'interruption, le caractère religieux a été oublié pour en faire une fête éblouissante qui réunit les plus grands artistes en illuminations.

– Et une foultitude de ***festivals autour du cinéma*** : ciné *oclock,* cinéma britannique, cinéma asiatique, cinéma d'art et d'essai, cinéma d'animation... quasiment un festival par mois dans la ville des frères Lumière !

LIVRES DE ROUTE

– ***Calixte ou l'introduction à la vie lyonnaise,*** de Jean Dufourt, Édition Elah, coll. « Bibliothèque lyonnaise », 2002. L'introduction idéale pour celui qui arrive en ville. Le récit se déroule au début du XXe s, mais il permet, aujourd'hui encore, d'éviter pas mal de maladresses auprès des Lyonnais.

– ***La Gerbe d'or,*** d'Henri Béraud, Éditions Visibilis, 2002. Description émouvante de l'enfance de l'auteur dans le Lyon du tournant du XXe s. La vie à Bellecour et les événements sociopolitiques (assassinat de Sadi Carnot, premier film des frères Lumière, etc.). Une enfance lyonnaise superbement dépeinte.

– ***Lyon secret et insolite,*** de Gérard Corneloup, Éditions Les Beaux Jours, 2007. Des aspects bel et bien surprenants, la face cachée de Lyon que nous dévoile ici l'auteur, historien et journaliste.

– ***Lyon et ses murs peints,*** de Corinne Poirieux, Lyonnaises Eds, 2005. C'est autour des murs de Lyon, véritable fil d'Ariane, que s'organise la découverte de la ville.

– ***Le Nom de Lyon,*** de Gilbert Vaudey, Éditions Bourgois, 2013. Après avoir écrit *Le Goût de Lyon* en 2004, une anthologie sur la cité des gones, l'auteur revient sur sa ville natale.

Spécial polar

– ***San Antonio chez les gones,*** de Frédéric Dard, Éditions Pocket, 2013. Le plus célèbre des commissaires français de la seconde moitié du XXe s. dans les monts du Lyonnais.

– ***120, rue de la Gare,*** de Tardi, Éditions Casterman, 1997. Un classique de la bande dessinée. Cette superbe adaptation du célèbre roman de Léo Malet nous donne à voir et quasiment à sentir le Lyon de l'entre-deux-guerres.

– Citons aussi 3 romans récents publiés chez Jigal par André Blanc : ***Farel, Tortuga's bank, Violence d'État,*** qui traitent d'affairisme, de politique, de société, romans qui se passent tout ou grande partie à Lyon. André Blanc est un ancien élu et sait de quoi il parle. Polar brut, bonne langue, ciselé.

– Parmi les auteurs actuels, citons Gérard Coquet, auteur des ***Fantômes de Malfront*** (in octavo Éditions), sur un village des monts du Lyonnais décrit dès ses premières pages en référence à un improbable routard. Un roman qui met en avant l'Histoire et les petites histoires intergénérationnelles... Stendhalien !

– François Médeline est l'auteur de ***La politique du tumulte,*** qui aborde les questions sociétales des années 1980 (peine de mort, grand banditisme, flics ripoux...), et de ***Rêves de guerre,*** une histoire familiale qui interroge sur l'Histoire, la culture télévisée et les liens de sang. Les deux romans se passent à Lyon et ses alentours (La manufacture des livres).

Et encore...

– ***L'Histoire de Lyon en BD,*** de Gilbert Bouchard, Éditions Glénat, 2005. Trois tomes pour illustrer l'histoire de Lugdunum, ou comment, de la fondation de la ville par César jusqu'à nos jours, en passant par son rattachement au royaume par Philippe le Bel puis par la Révolution, Lyon s'est fait une place dans l'Histoire...

– ***La bonne cuisine des bouchons lyonnais,*** d'Évelyne et Jean-Marc Boudou, Éditions Glénat, 2015. À vos fourneaux !

– Et pour retomber en enfance, une bonne dizaine des 38 volumes de la série des ***Six Compagnons*** (Éditions Hachette) se déroule à Lyon, comme l'inaugural *Les Six Compagnons de la Croix-Rousse.*

PERSONNES HANDICAPÉES

Le label Tourisme et Handicap

Ce label national, créé par le secrétariat d'État à la Consommation et au Tourisme en partenariat avec les professionnels du tourisme et les associations représentant les personnes handicapées, permet d'identifier les lieux de vacances (hôtels, campings, sites naturels, etc.), de loisirs (parcs d'attractions, etc.) ou de culture (musées, monuments, etc.) accessibles aux personnes handicapées. Il apporte aux touristes en situation de handicap une information fiable sur l'accessibilité des lieux. Cette accessibilité, visualisée par un pictogramme correspondant aux quatre types de handicaps (moteur, visuel, auditif et mental), garantit un accueil et une utilisation des services proposés avec un maximum d'autonomie dans un environnement sécurisant.

Pour connaître la liste des sites labellisés : • *rendezvousenfrance.com* • (rubrique « Tourisme et Handicap »).

Par ailleurs, dans notre guide, nous indiquons par le logo ♿ les établissements qui possèdent un accès ou des chambres pouvant accueillir des personnes handicapées. Certaines adresses sont parfaitement équipées selon les critères les plus modernes. D'autres, plus simples, plus anciennes aussi, sans répondre aux normes les plus récentes, favorisent l'accueil des personnes handicapées en facilitant l'accès à leur établissement, tant sur le plan matériel que sur le plan humain. Évidemment, les handicaps étant très divers, des lieux accessibles à certaines personnes ne le seront pas pour d'autres. Appelez donc auparavant pour savoir si l'équipement de l'hôtel ou du resto est compatible avec votre niveau de mobilité.

Malgré les combats menés par les nombreuses associations, l'intégration des personnes handicapées à la vie de tous les jours est encore balbutiante en France. Il tient à chacun de nous de faire changer les choses. Une prise de conscience est nécessaire, nous sommes tous concernés.

La Ville de Lyon édite un ***guide d'accessibilité*** pour les personnes en situation de handicap. Ce guide permet de se renseigner sur le niveau d'accessibilité des équipements publics (transports en commun, lieux culturels, équipements sportifs, services publics). Il offre également tout un panel de conseils et de contacts utiles dans les démarches du quotidien. Il a été conçu pour répondre aux besoins des différents handicaps : personnes en fauteuil roulant, malvoyantes ou non voyantes, en déficience auditive ou en situation de handicap mental. Il est disponible sur le site internet de la Ville de Lyon • *lyon.fr* •, y compris sous forme d'un pdf interactif et en version sonore.

HOMMES, CULTURE, ENVIRONNEMENT

À VOS MARQUES, PRÊTS, PARTEZ !

Lyon est composée de telle manière que ses principaux quartiers possèdent une identité propre et bien marquée. Il est donc très facile de s'y retrouver. Distinguons cinq grandes entités qui, chacune à sa manière, revêtent une importance historique singulière et un bonheur esthétique particulier. D'emblée et pour faire simple, il faut retenir que Lyon possède, d'abord, deux collines et deux « fleuves » : le Rhône, la Saône (qui n'en est pas un).

– ***Fourvière :*** connue des automobilistes estivaux pour son trop fameux tunnel. Mais avant d'être un tunnel, Fourvière est une colline paisible dominant l'ouest de la ville et le vieux Lyon. C'est l'ancienne ville romaine, aujourd'hui dominée par une célèbre basilique. C'est « la colline qui prie » puisque ce petit quartier est couvert d'écoles, de centres religieux et d'espaces verdoyants.

– ***Le vieux Lyon :*** il s'étend au pied de la colline, le long de la Saône. C'est la ville de la Renaissance, la deuxième plus grande d'Europe après Venise.

– ***La presqu'île :*** en traversant la Saône, on tombe sur la presqu'île, étroite bande de terre de 600 à 800 m de largeur, « où l'on gagne de l'argent ». On est là entre Saône et Rhône. C'est le siège des places Bellecour et des Terreaux, de l'opéra et de l'hôtel de ville... Saône et Rhône se rejoignent à l'extrémité sud de la presqu'île qui voit s'ériger, au sud de Perrache, le nouveau quartier de la Confluence, destiné à doubler la superficie de l'hypercentre lyonnais.

– ***La Croix-Rousse :*** c'est « la colline qui travaille », située au nord de la presqu'île. La Croix-Rousse, bastion des canuts, a conservé une vie de village populaire, malgré l'embourgeoisement du quartier. On distingue les pentes de la Croix-Rousse et, plus haut, le plateau.

– ***La rive gauche :*** au-delà du Rhône, la dernière extension de la ville, vers l'est, du quartier d'affaires autour de la gare de la Part-Dieu à la Cité internationale en passant par le poumon vert du parc de la Tête-d'Or.

– Et puis, au sud-est, les quartiers de la Guillotière, Montchat, de Monplaisir et des États-Unis, où l'architecte Tony Garnier (1869-1948) réalisa un important ensemble d'habitations au début du XXe s.

ARTS DE LA RUE

Plantons le décor dans lequel vous allez vous immerger, plusieurs jours durant. Architecture ? Non, le terme ici est trop réducteur, trop rude. « Bizarreries lyonnaises » est un mot plus large, plus adapté à cette grande scène de théâtre. Car c'est à Lyon et nulle part ailleurs que vous allez découvrir ces éléments d'un décor urbain que la nuit magnifie...

Les traboules

Ce sont des passages privés qui permettent de passer d'une rue à une autre à travers les couloirs et les cours d'un ou de plusieurs immeubles. « Traboule » vient de *transambulare* : « passer au travers », « traverser ». Lyon possède en tout 315 traboules concentrées dans le vieux Lyon, sur les pentes de la Croix-Rousse et un peu dans la presqu'île, la plupart indiquées par une signalétique. Les premières ont été percées par économie de place à la grande époque Renaissance. On préférait alors créer des passages à travers les immeubles plutôt que de tracer des rues trop encombrantes. Les traboules de la Croix-Rousse possèdent une autre histoire. Elles furent percées au XIXe s, lors du développement de ce quartier et de la construction des immeubles de canuts. Elles servaient à transporter les rouleaux de soie tout en permettant de sérieux raccourcis. Elles sont avant tout pratiques, sans réelles intentions esthétiques. On peut aussi les découvrir via une application iPhone (0,89 €), conçue par l'office de tourisme.

LES TRABOULES, ÇA REND MABOULE !

Les traboules sont à la mode, quand elles sont aménagées par des artistes, réouvertes après avoir été fermées à la visite. On oublie qu'elles furent intensément utilisées durant la Seconde Guerre mondiale par la Résistance. Elles servaient de boîtes aux lettres et facilitaient les contacts. J'entre d'un côté, tu entres de l'autre... Ni vu ni connu, j't'embrouille. Ça rendait fous les Allemands, qui ne disposaient pas des plans de ces passages secrets.

Les conventions d'ouverture

Certains propriétaires d'immeubles ont passé avec la ville une convention qui prévoit l'ouverture aux visiteurs dans la journée d'un certain nombre de traboules. L'office de tourisme indique les heures sur son plan. Une concession établie pour le plaisir de tous les passants et habitués, en échange de quoi une partie des frais de nettoyage et d'électricité est prise en charge par la Ville et non plus par les locataires. Un autre type d'accord a été signé pour les traboules de la Croix-Rousse, sous forme de subventions à la réhabilitation en échange de l'ouverture diurne. Là encore, les visiteurs ont tout à gagner. Inutile, cependant, de vous conseiller de vous faire le plus discret possible... Nous indiquons dans notre parcours les plus belles traboules ouvertes à tous. Évidemment, ça peut changer. En tout cas, ne pas hésiter à pousser d'autres portes, certaines sont ouvertes. Pour mettre toutes les chances de votre côté, faites la balade le matin. À l'heure du facteur, tout est généralement ouvert.
Pour ceux qui ont envie de trabouler en paix, l'office de tourisme propose des visites guidées régulières des traboules du vieux Lyon et de la Croix-Rousse. Réservation à l'office ou sur • *lyon-france.com* •

Les murs peints

Il fut un temps où les murs aveugles étaient tristes et gris. Au début des années 1980, de jeunes artistes se regroupèrent pour proposer de leur donner couleur et vie. Ils fondèrent leurs associations – la Cité de la Création et Mur'Art –, cherchèrent des sponsors, obtinrent le feu vert de la mairie et se mirent au boulot. Par le biais de grandes fresques atteignant parfois plus d'un millier de mètres carrés, ils choisirent d'évoquer les célébrités lyonnaises (mur des Lyonnais, angle des rues Saint-Vincent et de la Martinière), l'imprimerie (mur de la Bibliothèque, angle quai de la Pêcherie et rue de la Platière), les tisseurs de soie (mur des Canuts, face au métro « Hénon »), l'hôtel de la Cour-des-Loges (à côté de la place du Change), le cinéma (place Gabriel-Péri), les grands cuisiniers (au restaurant de Bocuse, à Collonges-au-Mont-d'Or) et la Coupe du monde de football 1998.
Boulevard des États-Unis, le musée de plein air Tony-Garnier permet d'admirer librement 25 fresques consacrées au travail de l'architecte de la halle et aux Cités idéales. On pourrait encore citer le mur des « Transports-en-commun » (98, rue Lacassagne), celui des « Grands-Hommes-de-la-Médecine » (115, av. Lacassagne) ou le « Mur-Mur » (11, rue de Lortet), hommage au film d'Agnès Varda, que

les varappeurs escaladent, et bien d'autres encore. Il en existe près de 150 et il n'en fallait pas plus pour que Lyon, qui n'en est pas à une distinction honorifique près, s'octroie le titre de capitale des murs peints. L'office de tourisme propose une visite guidée des murs du centre de Lyon et, également, à certaines dates, une visite guidée (en bus) d'environ 3h dans toute l'agglomération autour de la thématique des murs peints (réservation obligatoire). L'association du musée urbain Tony-Garnier (☎ 04-78-75-16-75) organise également une visite des fresques du quartier des États-Unis, le samedi à 14h30 toute l'année. Mais vous pourrez aussi vous procurer la liste des murs, afin de partir tout seul à la découverte de cet univers qui vous donnera une autre perspective sur la ville.
Sachez aussi que l'office de tourisme a développé une application iPhone (0,79 €).

Les éclairages nocturnes

Lyon, surtout la nuit, aime ce qui scintille. S'appuyant sur sa traditionnelle Fête des lumières, qui, chaque année autour du 8 décembre, commémore par un foisonnement de lampions, de watts et de luxe l'inauguration de la statue de la Vierge du clocher de Fourvière (le 8 décembre 1852), Lyon brille de mille feux dès que Phébus disparaît derrière la sainte colline. Le plan Lumière illumine toutes les nuits 250 monuments, sites et quais, tout en veillant à réduire la consommation énergétique de la ville, qui baisse chaque année grâce à un matériel plus performant et moins énergivore. Ces illuminations magnifiques mettent en valeur le patrimoine architectural de la ville, attirent le regard sur des détails oubliés, donnent un relief exceptionnel aux cours d'eau qui se rejoignent à Lyon, ville d'adoption des frères Lumière... Pour en savoir plus : • *fetedeslumieres.lyon.fr* •

CUISINE

Lyon s'est autoproclamée capitale de la gastronomie. Si l'on en juge par la quantité de toques qui étoilent la région, par la qualité des produits disponibles (c'est ça, le secret) et par l'amour passionné des Lyonnais pour la cuisine, ce titre n'est sans doute pas usurpé. « Laisser aux choses le goût de ce qu'elles sont », voilà l'unique leçon. Stendhal, originaire de Grenoble, ville que l'on ne peut pas suspecter de sympathie instinctive pour Lyon, en convenait : « Je ne connais qu'une chose que l'on fasse bien à Lyon, c'est manger. »
Mais pour être capitale, il faut une histoire. On va essayer de vous la raconter.

Les bouchons

Là commence la gastronomie lyonnaise, au temps des chevaux et des diligences. Lieu de passage entre le Nord et le Sud, les Alpes et le Massif central, Lyon fut de tout temps une étape indispensable au repos des hommes et des bêtes. Pendant que les hommes faisaient ripaille et dormaient à l'auberge, les chevaux se faisaient « bouchonner » la panse à l'aide d'une botte de paille. Un bouchon de paille était accroché à l'enseigne de ces auberges. La halte du cheval aurait donc donné son nom aux escales humaines. Faux ! La vérité est plus complexe : une grappe de pommes de pin (l'insigne de Bacchus) ou un bouquet de paille étaient effectivement accrochés à la porte des cabarets pour indiquer que l'on pouvait y boire du vin. Ce bouquet de paille porte aussi le nom de « bouche ». Le temps faisant son travail, le mot se déforma de « bouche » à « bouchon ». Si l'histoire fut altérée, la cuisine resta, de tout temps, la même. Aujourd'hui encore, elle est simple, roborative, goûteuse, et les grands classiques sont toujours au menu : salaisons, bouilli (pot-au-feu en patois lyonnais), salade de pommes de terre, cervelle de canut, etc. Quant à l'accueil, déjà, il pouvait être rude !

Les mâchons

Avec l'avènement de l'ère industrielle et l'émergence du prolétariat, les auberges s'installèrent en centre-ville, afin de nourrir les ouvriers, et notamment les soyeux. Elles durent aussi s'adapter aux horaires de cette nouvelle clientèle. On inventa alors le mâchon, un solide casse-croûte matinal, reprenant les plats de base du traditionnel repas des bouchons. Cette pause familiale et bistrotière (mais les clients et le tout-puissant patron faisaient partie de la même famille, et tout se passait à la bonne franquette, sans carte ni prix indiqués) pouvait s'étirer en longueur et précédait parfois de peu le déjeuner. Et on recommençait la ronde des saladiers, contenants traditionnels des multiples entrées.

Les mères

Voilà donc nos Lyonnais à table, mais bien loin de la recherche et de la finesse de la gastronomie. À la suite de bourgeoises faillites, de grandes familles durent, dans la première moitié du XXe s, se séparer de leur cuisinière. Certaines d'entre elles, qui maîtrisaient autrement mieux la préparation des mets que les aubergistes bougons, s'installèrent à leur compte et mirent leur compétence au service de la restauration publique. Ainsi, tout le monde put découvrir les subtilités de la poularde en vessie, de la tête de veau roulée, des *béatilles* (crêtes, gésiers, foies, cœurs de coqs servis en ragoût), des cardons à la moelle ou du gâteau de foies de volaille.
Mère Brazier, mère Pompon, mère Caron, autant de noms qui résonnent dans l'estomac des gastronomes. Ces mères tenaient table ouverte en permanence pour les compagnons du tour de France. Cette génération de femmes donna l'impulsion à la naissance de la vraie et merveilleuse cuisine lyonnaise. Pour toutes, qu'elles soient bourgeoises ou filles du peuple, le repas se devait d'être simple mais parfait. D'ailleurs, et symboliquement, un chef comme Mathieu Viannay, emblème d'une génération de toqués ayant les pieds sur terre et la tête dans les étoiles, a repris la mythique *Mère Brazier* et trouve la juste mesure entre terroir et modernité...

Les produits lyonnais

Venons-en au fait, puisque c'est bien dans la richesse des terroirs alentour que réside le secret de la réussite de la cuisine lyonnaise. Au nord, les vins du Beaujolais ou de Bourgogne et les bœufs du Mâconnais ; à l'est, les vins du Bugey, les fromages de Saint-Marcellin, les porcs du Dauphiné, les poissons des lacs de Savoie et les volailles de Bresse ; à l'ouest, les charcutailles, les fruits et les vins des montagnes lyonnaises ; au sud, les grands côtes-du-rhône. Et partout, des producteurs scrupuleux qui font pleuvoir sur la ville leurs merveilles de gueule. Il y a des choses avec lesquelles on ne rigole pas.

Les spécialités

Elles sont nombreuses, et il faudra goûter à tout, même à ce qui, au premier abord, apparaît comme peu ragoûtant. Encore une fois, ce qui fait la réussite de cette cuisine, c'est la fraîcheur et la qualité des produits.

– ***Le saucisson à cuire :*** subtil mélange de jambon maigre et de lard gras, c'est l'une des vedettes de la farandole des charcutailles. Il va, en cuisant dans l'eau bouillante, donner un peu de sa saveur aux pommes de terre qui doivent baigner dans le même élément

LA ROSETTE ET LE JÉSUS

Reine de la cochonnaille, la véritable rosette est fabriquée à partir d'un boyau de porc spécifique : l'intestin qui aboutit à l'anus et qui est effectivement tout rose. Le jésus est un saucisson à se réconcilier avec le Bon Dieu. Beaucoup plus gros (10 cm de diamètre), on le reconnaît par le filet qui l'entoure et sa forme de poire.

liquide. Dans sa version *briochée,* on évitera de le passer à l'eau bouillante. Le *sabodet* est une variante du saucisson à cuire, composée de morceaux de tête et de couenne. Plus lourd, mais délicieux.

– ***La rosette :*** « La Légion d'honneur de Lyon ? La rosette ! », disait Boris Vian. Elle fait partie des nombreuses variantes du saucisson (voir encadré). Plus mignon, le *jésus* est un gros saucisson emmailloté comme le divin enfant dans la crèche.

– ***Le cervelas :*** cette sorte de saucisson, lisse et à la peau transparente, est un plat de fête. Nature, pistaché ou truffé, il se déguste chaud ou froid, accompagné de pommes vapeur.

– ***Les salades lyonnaises :*** rien de bien léger. Les salades aussi ont leur quota de calories : salade de lentilles (le caviar lyonnais), pissenlits aux lardons, croûtons et œufs pochés, etc.

– ***Le tablier de sapeur :*** par analogie formelle et chromatique au tablier de cuir que portaient les sapeurs pour protéger leur uniforme, on a ainsi baptisé cette tranche triangulaire de « bonnet » (de la tripe pas grasse du tout), marinée quelques heures au vin, avant d'être panée et frite. Le tablier de sapeur est traditionnellement servi sans autre accompagnement qu'une sauce béarnaise.

– ***Le gras-double :*** une bien peu ragoûtante appellation pour désigner l'un des grands classiques du mâchon. Cette tripaille est servie chaude ou froide, en gratin, en salade ou à la lyonnaise, avec des oignons.

– ***Les grattons :*** gras de porc frit puis séché, il est servi en petites bouchées et en amuse-gueule dans certains bouchons.

– ***L'andouillette lyonnaise :*** contrairement à ses cousines picardes ou champenoises qui tutoient le cochon, l'andouillette locale n'est composée que de fraise de veau grossièrement hachée. Elle arrive coupée en tronçons, baignant dans une crème moutardée et accompagnée de pommes sautées, ce qui fait oublier qu'elle est censée être la moins grasse et la plus digeste des andouillettes.

– ***Les quenelles*** (prononcer « k'nelle ») *:* une préparation très fine à base de semoule de blé dur, de lait et d'œuf, à laquelle on ajoute du brochet, du veau ou de la volaille. Elles se cuisent le plus souvent au four avec une sauce nantua (à la béchamel et à l'écrevisse) et doublent alors quasiment de volume.

– ***La cervelle de canut :*** incontournable et inimitable, ce fromage blanc battu avec de la crème fraîche, du vinaigre et de l'huile d'olive, auquel on incorpore de l'ail, de la ciboulette, du persil et de l'échalote hachés, puis une tombée de vin blanc des coteaux du Lyonnais. Saler, poivrer, et c'est emballé.

– ***Les fromages :*** si le saint-marcellin est parvenu à se glisser sur toutes les tables lyonnaises, n'oublions pas le saint-félicien, le mont-d'or (un chèvre à l'origine, rien à voir donc avec son homonyme jurassien) ou la rigotte.

– ***Le fromage fort :*** pas un fromage, mais des fromages. Ensemble de rogatons que l'on met dans un pot, que l'on arrose de vin blanc et que l'on oublie. Quand on s'en souvient, on a du fromage fort. Goûtez, c'est du tonnerre !

– ***La pogne :*** spécialité du Dauphiné que les Lyonnais ont déclinée sous plusieurs formes, du pain brioché garni de fruits confits à la tarte aux fruits rustique qui peut être, en hiver, tarte à la courge ou au potiron.

– ***La papillote :*** friandise (chocolat, pâte de fruits, etc.) enveloppée dans un papier frangé, brillant et multicolore, et contenant généralement une blague, un proverbe, un pétard... Une légende voudrait qu'elle ait été créée à la fin du XVIIe s par M. Papillot, pâtissier dans le quartier des Terreaux. Ayant surpris son commis envoyant des douceurs à sa belle en les enveloppant de mots doux, il le renvoya, mais conserva l'idée et se mit lui-même à confectionner la fameuse papillote ! Incontournable friandise à Noël, elle est vendue chez nombre de confiseurs et pâtissiers de la ville.

– ***La tarte aux pralines :*** une pâte sablée nappée d'une éclatante garniture rose à base de praline. À réserver aux amateurs de sucre.

– ***La bugne :*** appelée aussi oreillette ou beignet de carnaval. Pâtisserie frite dans l'huile, craquante ou molle, saupoudrée de sucre. On les découpe avec une roulette en forme d'éperon.

ÉCONOMIE

Au confluent du Nord et du Sud, la capitale de la région Rhône-Alpes entend bien devenir la porte stratégique du Grand Sud-Est européen. Avec 1,3 million d'habitants, la Métropole de Lyon regroupe 59 communes et compte quelque 75 000 entreprises. Nombre d'entre elles sont marquées par l'héritage du XIXe s, quand les activités liées au commerce (le *Crédit Lyonnais* fut la première banque mondiale) ou à la soie (la teinture déboucha sur l'industrie chimique) étaient particulièrement prégnantes.

Preuve de son dynamisme, Rhône-Alpes est la deuxième région française (après l'Île-de-France) en volume d'import-export pour son commerce extérieur et se montre responsable de plus de 10 % du PIB national. Sise au cœur du plus grand massif forestier de l'Hexagone (troisième producteur national de bois), elle est aussi la première région textile en nombre d'emplois : elle concentre 70 % de la production nationale de textiles techniques. Au premier rang de ses exportations, on trouve des composants électroniques et du matériel électrique à destination de l'Allemagne, de l'Italie ou des États-Unis. Tournée vers l'avenir, la métropole lyonnaise a fait le choix de renforcer particulièrement 3 secteurs innovants : la santé, les *cleantech* (technologies propres) et le numérique. À elle seule, la Métropole de Lyon compte cinq pôles de compétitivité aux noms impossibles (Lyon Biopôle, Axelera, Lyon Urban Truck and Bus, Techtera, Imaginove), dont deux mondiaux. Secteur d'excellence historique de la métropole, les Sciences de la Vie s'appuient sur des réseaux collaboratifs structurés et dynamiques, tels que le Cancéropôle Clara. Très dynamique, le département du Rhône est un grand exportateur de produits de chimie organique et de substances pharmaceutiques. Lyon reste toujours le siège du Centre de recherche international sur le cancer et, en outre, la ville accueille désormais le premier laboratoire de virologie européen P4, aux côtés du Centre européen de virologie ou de l'Agence du médicament. Lyon est tête de pont des bio-industries et des biotechnologies en Rhône-Alpes mais également des technologies de l'information. 18 000 emplois et un pôle high-tech sur Vaise avec l'un des géants des jeux vidéo : *Atari.* Un savoir-faire que l'on sait mettre en exergue. Lyon forme chaque année plus de 130 000 étudiants en lien avec quelque 10 000 chercheurs régionaux.

ENVIRONNEMENT

Une nouvelle charte paysagère est en train de reconquérir cette vallée de la chimie, longue d'une vingtaine de kilomètres. Cette charte s'inscrit dans un complet redéploiement de la ville et redessine un nouveau corridor vert le long du Rhône et de la Saône. La porte sud de Lyon, avec le parc de Gerland, se voit dotée d'un poumon vert de 22 ha composé d'espaces sportifs et d'agrément, et, à l'instar du parc du Confluent, d'une pelouse de 11 ha qui s'étend de la pointe de la presqu'île jusqu'au confluent.

Le projet Lyon Confluence a déjà permis de reconvertir une friche industrielle et un ensemble d'entrepôts en un écoquartier avec logements et bureaux exemplaires en matières d'énergies renouvelables, mais également de créer un véritable pôle de loisirs avec l'aménagement de places, bassins, parc aventure, cinéma, piscine... sans oublier les restaurants et les galeries d'art, et une promenade plantée, côté Saône.

Un espace de verdure qui fait écho aux 110 ha du parc de la Tête-d'Or, le plus grand parc à l'anglaise gratuit d'Europe. Depuis 2008, la ville de Lyon n'utilise plus aucun produit phytosanitaire dans l'ensemble des parcs et jardins (430 ha). Par ailleurs, la rive gauche des berges du Rhône a été aménagée sur 5 km de long, du parc de la Tête-d'Or à l'entrée du parc de Gerland : pistes cyclables, péniches... une belle invitation à la balade. Au bord du fleuve circulent piétons et fauteuils

roulants, et, sur un axe parallèle, les modes doux – soit vélos et rollers. Et pour passer du fleuve à la rivière, empruntez donc le nouveau tunnel des modes doux de la Croix-Rousse, réservé aux piétons, cyclistes et autobus, et qui longe le tunnel routier entre le pont Clemenceau et le pont de Lattre-de-Tassigny. Une nouvelle étape a été franchie avec l'aménagement d'une promenade verte de 11 km sur la rive gauche de la Saône, un cheminement continu de la Confluence à l'île Barbe réservé aux piétons, au plus près de l'eau. Les plantations le long du fleuve permettent de végétaliser ses berges et visent à réintroduire la nature en ville, avec des espèces indigènes à la Saône.
Une belle mise en valeur qui ne permet pas pour autant d'oublier qu'une véritable autoroute traverse le centre-ville...

FOOTBALL

Lyon et l'« Olympique Lyonnais »... un lien très fort entre les Lyonnais et leur équipe de foot. Il faut dire que le palmarès de cette équipe est plutôt remarquable : 7 Trophées des champions, 5 Coupes de France, 1 Coupe de la Ligue, elle est en 2008 le premier club français à remporter sept titres de Champion de France consécutivement. On peut dire sans hésiter que l'Olympique Lyonnais est en France l'équipe des années 2000 et qu'elle a encore de beaux jours devant elle. En mai 2016, l'équipe féminine de l'OL remporte sa 3e Ligue des Champions et reste sur un palmarès impressionnant. Bravo mesdames ! Des visites du stade de Gerland sont organisées et attirent de plus en plus de monde, et ce, pas uniquement pour l'intérêt architectural du lieu ! Réservez impérativement, donc, auprès de l'office de tourisme si vous souhaitez faire une visite !
Par ailleurs, le Grand Stade de Lyon, aussi appelé stade des Lumières a été inauguré début 2016 à Décines, dans la banlieue lyonnaise. Il a accueilli plusieurs matchs de l'Euro 2016 et a été préselectionné pour les JO d'été de 2024. 45 hectares, 58 000 places, hôtels, restaurants, centres d'entraînement et de loisirs, bureaux, etc. : ce véritable complexe a pour vocation de devenir un lieu de vie à lui seul. Évidemment, un tel projet a un coût, et pas des moindres : 410 millions d'euros ! Ah, le foot...

GUIGNOL !

Hommage au plus célèbre enfant de la ville. Le personnage muet, que vous découvrirez au musée de la Marionnette, possède en fait un langage unique au monde. Un langage qui lui a fait faire le tour du monde...
Le créateur de Guignol, Laurent Mourguet, est issu d'une famille de tisseurs pauvres. Il sera donc canut. Mais à la Révolution, l'avenir semble bouché. Du haut de ses 20 ans, le jeune et insouciant Laurent a pour seule école les rues du vieux Lyon. Il ne saura jamais écrire (il ne signera même pas lui-même son acte de mariage). Peu éduqué, certes, mais malin et vif, il fait feu de tout bois et gagne sa vie bon an, mal an en suivant les foires et les fêtes de la région. Ainsi le retrouve-t-on « maître gazier », puis « ouvrier en soye », forain ou marchand de chaussons. Quand il ne travaille pas, il fait des enfants à sa femme. Dix en 10 ans ! Deux d'entre eux prendront d'ailleurs la relève en tant que marionnettistes.

LA DYNASTIE GUIGNOL

Laurent Mourguet, canut au chômage, créa, en 1808, le personnage de Guignol, à la fois naïf et roublard. Au départ, alors qu'il était arracheur de dents dans les foires, ses marionnettes lui permettaient de distraire ses patients. Puis vint Polichinelle, issu de la comédie italienne. Aujourd'hui, les descendants du fondateur sont toujours dans le métier.

Est-ce pour s'élever socialement ou pour se stabiliser qu'il devient arracheur de dents ? Allez savoir ! Le métier de dentiste à l'époque relève plus du numéro de cirque que de la faculté. Il ne suffit pas d'une bonne paire de tenailles (quoique ce soit nécessaire), il faut aussi pouvoir attirer le chaland et divertir son public. Car oui, cela se passe en place publique. En 1797, donc, Laurent arrache gratuitement les dents... pour mieux refourguer ses antidouleurs après l'opération. Il crée donc un petit théâtre de marionnettes, type de spectacle déjà très en vogue à Lyon. Il fera ses débuts avec Polichinelle, et non Guignol. En 1804, il abandonne définitivement la tenaille pour la gaine. Il devient marionnettiste professionnel et se trouve un compagnon en la personne du père Thomas, un comédien-amuseur fameux, avec qui il fera un bout de chemin. Mais Thomas taquine trop la dive bouteille et les deux compères se séparent. La légende raconte que le premier personnage du théâtre de Mourguet sera Gnafron, sous les traits du... père Thomas. La toute première marionnette lyonnaise est née. Puis suivra Guignol en 1808, le héros, le canut, roublard et naïf tout à la fois, proche des préoccupations populaires. Madelon, sa compagne, fait rapidement partie du trio gagnant. En 1820, tout le monde est là et, au fil du temps, les personnages s'affinent, tant physiquement que moralement.
Guignol parle bien, mais invente un tas de nouveaux mots, jongle avec le parler local et l'argot, caresse le subjonctif pour mieux lui tordre le cou et zézaie un brin. Hiver comme été, il porte une redingote marron à boutons dorés, un tricorne et un nœud papillon aux ailes froissées. Les cheveux sont d'ébène, rassemblés en une natte qui se balade de droite à gauche au rythme des mouvements. Guignol se met toujours dans des situations impossibles dans lesquelles il finit par prendre le dessus sur la maréchaussée, qui en prend toujours pour son grade, en se faisant évidemment tanner la couenne. Ouvriers et petits employés se régalent. Le pouvoir est moqué, le nanti ridiculisé. Mourguet a l'intelligence de glisser dans ses scénarios des éléments de l'actualité pour les présenter sous un jour cocasse (*Les Guignols* de la télé ne font rien d'autre). Et on rit de bon cœur. Petit à petit, même le bourgeois goûtera l'humour de Guignol. Et c'est un succès, toutes classes confondues, notamment auprès des adultes, premier public de Guignol.
Laurent Mourguet meurt en 1844, mais ses enfants poursuivent le chemin et aujourd'hui, petits et grands se tordent encore aux aventures et aux coups de bâton reçus par le gendarme. Et pan, et pan, et pan ! Tant mieux.

HISTOIRE

**« La politique, c'est comme l'andouillette,
ça doit sentir la merde, mais pas trop. »
Édouard Herriot, maire de Lyon et président du Conseil**

Chronique des années 43 av. J.-C. à 1943

Le temps des Romains : Condate et Lugdunum

Contrairement à l'histoire qu'ils écrivirent, les Romains ne furent pas les fondateurs de Lyon. Bien avant eux et outre l'occupation préhistorique du site, plusieurs tribus de Celtes gaulois, notamment les Ségusiaves, avaient édifié des villages autour du quartier de Vaise (sur la Saône, au nord de Fourvière). Les travaux du périphérique lyonnais mirent en évidence cette occupation vieille de près de 3 000 ans.

Rendons tout de même à César...

Après être passé par Lyon lors de sa chasse au Vercingétorix, Jules C. manda Munatius Plancus afin de créer sur le site une colonie destinée au repos des vétérans de la légion romaine. Nous voilà donc en ***43 av. J.-C., fondation officielle***

de Lugdunum (littéralement « colline du dieu Lug », dieu chargé du Soleil, de la Lumière, des Arts et des Métiers). Au pied de l'autre colline, celle de la Croix-Rousse, s'étendait la ville gallo-romaine de *Condate,* qui fut capitale des Trois-Gaules (lyonnaise, belge et aquitaine). Leurs représentants se réunissaient régulièrement dans l'amphithéâtre, qui fut certainement le premier parlement de France. Cette enceinte de 20 000 places connut son heure de gloire avec les premiers martyrs chrétiens, parmi lesquels l'évêque Pothin et, surtout, la pauvre Blandine (en 177), dont la mise en pâture aux lions et aux taureaux fit encore plus de bruit.
Lyon, dont la presqu'île était alors une île dédiée au stockage des marchandises, prospérait tranquillement à l'ombre de la *Pax romana.* Mais un mauvais choix politique – l'opposition à Septime Sévère et la répression tout aussi sévère qui suivit – mit un terme provisoire à sa superbe à l'aube du IIIe s. Les Burgondes et autres barbares finirent de dépouiller la région de ses richesses et on laissa passer quelques siècles.

Dieu sauve Lyon

Ballottée entre les éphémères royaumes du haut Moyen Âge, Lyon passa de main en main. Grands bénéficiaires de cette incertitude, les évêques d'une France fraîchement catholique, à la suite du baptême de Clovis (498), s'appuyèrent sur leurs martyrs pour installer durablement leur pouvoir sur Lyon.
Malgré les épidémies, les famines, les invasions, les dissensions politiques, les héritages hasardeux, les ambitions des seigneurs féodaux, ce fut, ***sous l'égide de l'Église, une époque de grand essor,*** qui vit pousser de nombreux édifices religieux (abbayes, églises) et profanes (ponts, rues).
Cette constructive ferveur fut récompensée en 1074 par le pape Grégoire VII, qui décerna à l'archevêque de Lyon le titre envié (et jamais remis en jeu) de ***primat des Gaules.***
La toute nouvelle primatiale Saint-Jean accueillit au XIIIe s deux conciles déterminants, ainsi que la dépouille de Saint Louis, mort de la peste pendant la huitième croisade. Au siècle suivant, deux papes se firent couronner à Lyon, ce qui conforta encore la mainmise de l'Église sur la ville.
Mais qui dit pouvoir dit lutte de pouvoir. Des bourgeois vinrent à passer, décidant que le céleste absolutisme du clergé avait assez régné sur le pouvoir terrestre.
Cette ***révolte bourgeoise de 1269*** laissa à la ville sa devise : « Avant, avant, Lyon le meilhor ! » (on entend certaines variantes plus crues à Gerland !). Elle permit surtout aux rois de France de profiter de la confusion, accentuée par les séquelles de la guerre de Cent Ans et par quelques ordinaires épidémies de peste, pour ***rattacher Lyon à la Couronne,*** non sans lâcher, à droite et à gauche, des miettes de privilèges, dont celui d'écraser le peuple.

Foires, marchands et artisans

Au début du XVe s, Charles VII fit à Lyon un cadeau de prix : deux, puis bientôt ***quatre foires franches annuelles.*** L'aubaine de la libre circulation des marchandises attira des commerçants de toute l'Europe. Allemands, Flamands et surtout Lombards et Florentins, fuyant leur pays en guerre, transformèrent Lyon en un incontournable ***carrefour international.*** Beaucoup décidèrent de s'y installer et des familles transalpines construisirent au pied de la colline de Fourvière un quartier Renaissance magnifique, style en vogue dans leur pays d'origine (on vous livre tous les détails de cette histoire dans la rubrique « À voir » du vieux Lyon).

Soie, livre, argent et religions

Parmi les nombreuses marchandises qui transitaient par les foires lyonnaises, ***ce fut la soie,*** dont François Ier favorisa le tissage à Lyon, ***qui apporta la richesse à la ville*** (voir plus loin la rubrique « Soyeux de Lyon »). La quantité des échanges

commerciaux et l'habileté des commerçants florentins suscitèrent le développement d'une prospère activité bancaire, dont Lyon s'enorgueillit toujours.
Mais le Lyon de cette florissante Renaissance, qui avait gagné une relative indépendance vis-à-vis du pouvoir royal, n'était pas qu'un îlot économique et commercial. Lyon devint, avec Venise et Paris, ***l'une des capitales du livre*** et de la vie intellectuelle. On y imprima le premier livre en français, *La Légende dorée,* mais aussi *Gargantua* et *Pantagruel,* ouvrages d'un médecin et correcteur d'imprimerie nommé Rabelais, ainsi que des œuvres d'Érasme et de Clément Marot. Lyon grouillait alors de beaux esprits et d'esprits libres, comme la poétesse Louise Labé, la Belle Cordière.
François Ier et sa mère Louise de Savoie y séjournèrent souvent, apportant à Lyon le faste de la Cour. Lors des guerres de Religion, ***de nombreux imprimeurs lyonnais prirent fait et cause pour les réformes prêchées par Calvin.*** On pilla, brûla, assassina, jusqu'à ce qu'Henri IV y remette un peu d'ordre en promulguant l'édit de Nantes. Il mit aussi un terme à l'autonomie de la « commune de Lyon », mais vint épouser en secondes noces Marie de Médicis à la primatiale Saint-Jean. Lyon aussi valait bien une messe.

XVIIe et XVIIIe s : pestes et révoltes, science et révolution

Au XVIIe s, Lyon connut bien des malheurs. Les lourds impôts collectés afin de satisfaire les besoins du pouvoir royal ébranlèrent l'économie locale et provoquèrent quelques émeutes. S'ajoutèrent des crues meurtrières et de nouvelles épidémies de peste, et la ville s'étiola.
Heureusement, on y créa tout de même un vaste hospice et des écoles qui, en formant la jeunesse, donnèrent sans doute une impulsion neuve à la ville.
Et si le XVIe s avait été le siècle des littéraires, ***le XVIIIe s*** fut celui des ***scientifiques*** : Bichat posa les bases de la physiologie pendant que les frères Jussieu entreprenaient de classifier les plantes et que Bourgelat créait la première école vétérinaire d'Europe. Sur l'eau, Jouffroy d'Abbans inventa le « pyroscaphe » et remonta la Saône à l'aide de sa « pompe à feu », tandis que les frères Montgolfier montaient au ciel en faisant une démonstration de leur ballon aux Brotteaux.
Quelques années plus tard, Ampère menait tout un tas d'expériences physico-électriques, alors que Vaucanson, et surtout Jacquard, allaient inventer et mettre au point un nouveau système de métier à tisser.
Tout ne fut pas rose dans cette ville qui avait changé de couleur avec l'arrivée de la Terreur. Les suites de la Révolution de 1789 rayèrent un temps le nom de Lyon, qui, menée par une minorité royaliste, avait osé défier la Convention. Le 12 octobre 1793, un décret stipule que « Lyon fit la guerre à la liberté. Lyon n'est plus ». ***Un impitoyable tribunal révolutionnaire*** téléguidé par Robespierre envoie des centaines de Lyonnais à la guillotine, mais épargne la ville que, dans un premier temps, on avait prévu de raser.
La mort de Robespierre donne le signal d'une Terreur blanche, où les jacobins sont massacrés, et il fallut attendre l'arrivée de Napoléon pour arrêter la folie meurtrière.

Le monde des canuts, le temps des bâtisseurs

Napoléon, donc, en exigeant que les soieries et velours de l'Empire fussent fabriqués à Lyon, ***relança l'économie lyonnaise. Le métier de Jacquard fit la fortune des soyeux, mais le malheur des canuts,*** laissés-pour-compte du progrès, restait entier. Leurs révoltes successives, en 1831, 1834 et 1848, jetèrent les bases de grands progrès sociaux : société mutualiste, épicerie coopérative, caisse de secours mutuel, caisse de retraite, sans oublier le premier journal ouvrier, *L'Écho de la fabrique,* qui, en 1833, titrait : « Prolétaires de tout État, unissez-vous ». Tout cela plut à Karl Marx. Il étudia le mouvement des canuts et recycla la formule avec le succès que l'on sait. Comment parler de ces ouvriers de la soie sans évoquer les immeubles de six étages et de 4 m sous plafond que l'on construisit pour qu'ils y logent leur métier et qui font aujourd'hui le régal immobilier de la jeune bourgeoisie lyonnaise.

Déjà après la chute de Napoléon, des maires ambitieux (Lacroix-Laval et Prunelle) édifièrent de nouveaux ponts, le Grand Théâtre, le palais de justice, et ouvrirent des rues, notamment entre Bellecour et Perrache (future rue Victor-Hugo). Ils apportèrent aussi l'eau à tous les étages, généralisèrent l'éclairage urbain et créèrent de nouveaux cimetières (Loyasse et Guillotière).

À Lyon comme à Paris, ce fut toutefois sous le règne de Napoléon III (de 1852 à 1870) que la ville prit son apparence moderne. Après avoir annexé les communes périphériques (Vaise, Croix-Rousse, Guillotière), Lyon connut un immense chambardement architectural mené tambour battant par le préfet-sénateur-maire ***Claude-Marius Vaïsse.*** Ce baron Haussmann lyonnais rasa les quartiers jugés insalubres entre Bellecour et les Terreaux, qu'il remplaça par deux voies nouvelles (aujourd'hui Édouard-Herriot et République), bordées d'immeubles de rapport.

Cette époque vit aussi la construction du premier funiculaire du pays (qui roulait sur la rue Terme), du parc de la Tête-d'Or, de quelques digues pour calmer les crues du Rhône et de la Saône, du palais du commerce (la Bourse), ou encore des gares des Brotteaux et de Perrache, d'où étaient partis vers Saint-Étienne, dès 1836, les premiers trains à vapeur français.

Cette frénésie de constructions profanes eut un sacré prolongement, avec l'édification de nombreux lieux de culte, dont la très symbolique basilique de Fourvière.

Révolution industrielle : ça tourne

Pendant des siècles, les tisseurs lyonnais transformèrent, tels des alchimistes, la soie en or. Leur crépuscule permit aux vrais chimistes de prendre le relais. Dès la fin du XVIIIe s, des fabriques de vitriol, de soude, d'acide, de colorants, de gélatine, de tout un tas de produits aussi chimiques que polluants et indispensables au progrès, fleurirent sur la rive gauche du Rhône.

En 1853, François Gillet créa une entreprise de teinturerie (qui deviendra Rhône-Poulenc), tandis que grâce au gélatino-bromure d'argent, les frères Lumière inventèrent le cinéma en 1895.

Ça ne chômait pas non plus côté métallurgie et mécanique. La voiture, notamment, connut ici ses premiers tours de roue (voir le musée Henri-Malartre) : Rochet Schneider renonça à la carrosserie pour se consacrer – avec quel brio ! – au carburateur Zénith, et Marius Berliet inventa le camion.

Comme toujours en cas de pareille croissance, le secteur tertiaire a prospéré, avec son tout premier représentant : la banque. De nombreux ouvrages sont encore de nos jours consacrés à la gestion du Crédit Lyonnais, dont le gigantisme ruineux et les impardonnables scandales semblent liés à l'histoire.

Tout alla très vite pendant ce XIXe s. Outre les institutions déjà citées, parlons encore du journal *Le Progrès,* des railleries de Mourguet (le créateur de Guignol), de l'université de médecine, de l'école de commerce, de la faculté des sciences, et aussi de l'émergence de sociétés secrètes ou ésotériques, qui, le ventre plein, aimaient à réfléchir et à infléchir et bousculaient, sans vraiment l'ébranler, la toujours puissante Église catholique.

Ce siècle inventif pendant lequel la population quadrupla (de 100 000 à 400 000 habitants) se termina avec l'assassinat, en 1894, du président Sadi Carnot par un anarchiste

LYON, VILLE FÉMINISTE

Non contente d'être le foyer du premier quotidien féminin fondé en 1833 par la saint-simonienne Eugénie Niboyet, la capitale de la Gaule est aussi la première ville à accepter la candidature d'une femme à se présenter au baccalauréat, jusque-là réservé aux hommes (1861). Les recteurs des universités de Paris et d'Aix-en-Provence ayant débouté Julie-Victoire Daubié, avec pour motif le risque de provoquer la risée du corps enseignant...

italien nommé Caserio ; celui-ci finit sur l'échafaud, sans que l'histoire ait retenu ce que l'exalté reprochait exactement au président.

Herriot, un demi-siècle de vie lyonnaise sur fond de guerres mondiales

Cinquante ans de règne municipal, deux guerres, une carrière politique nationale : rien ne pouvait arrêter Édouard Herriot (1872-1957), militant radical (centre gauche), célèbre autant pour sa diction que pour sa moustache et sa pipe. Cet orateur bougon et habile avait le sens du raccourci : « La politique, c'est comme l'andouillette : ça doit sentir un peu la merde, mais pas trop. »
Loin du front, Lyon devint une formidable base arrière pendant la Grande Guerre. Non seulement la ville d'Herriot fut pourvoyeuse de munitions et de camions (les Berliet qui ravitaillaient la Voie sacrée vers Verdun), mais son maire prit en 1916 la décision volontariste de réorganiser ses grandes foires commerciales.
L'après-guerre, qui était aussi l'avant-guerre, mais personne n'y croyait, fut une période faste pour Lyon. Soucieux de son destin national (il participa à plusieurs gouvernements), Herriot savait flatter son fief avec intelligence. La ville et la région bénéficièrent d'importants crédits qui servirent à édifier le service public : ***écoles, hôpitaux, postes, infrastructures routière et ferroviaire,*** etc.
Rendons grâce à Herriot, qui eut le bon goût de faire appel, pour quelques grandes réalisations, à un architecte de talent, Tony Garnier, à l'honneur au musée urbain qui porte son nom.

Les corbeaux sur la plaine : Lyon se démarque !

« La France a perdu une bataille. » Et elle a beau ne pas avoir perdu la guerre, le réveil, en 1940, fut amer.
Au sud de la ligne de démarcation, Lyon, qui pourtant fit un temps mine de s'acoquiner avec la pitoyable escouade de Vichy, accueillit vite et avec plaisir les fonctionnaires, les journalistes et les combattants hostiles à la paix des lâches et à la collaboration. ***Dès la fin de 1941, Lyon devint la capitale de la presse rebelle :*** tracts, journaux, pamphlets furent imprimés clandestinement.
Changement de musique en 1942, ***avec la suppression de la zone libre et la prise de pouvoir des Allemands sur la ville.*** Grandeur et misère, héroïsme et lâcheté, grosses affaires et marché noir, la période fut sombre, mais de nombreux mouvements de résistance, laïcs, communistes ou religieux, continuèrent leur travail souterrain. En réponse à la propagande vichyssoise du *Nouvelliste de Lyon, Le Progrès* choisit de se saborder plutôt que de collaborer. Si certains préférèrent mourir, de grands destins se dessinèrent et prirent le relais : *Témoignage chrétien, Libération, Combat, Franc-Tireur* devinrent les parties émergées de l'iceberg. L'imprimerie de la rue Viala, clandestine comme il se doit, tourna sans relâche, avant d'être découverte et détruite par les Allemands. D'autres suivirent. Les traboules lyonnaises se prêtèrent à merveille aux réunions secrètes et à l'impitoyable jeu du chat et de la souris que se livrèrent les nervis de la Gestapo et les défenseurs de la France libre.
L'emblématique ***Jean Moulin*** permettra à Lyon (même si la cité ne se libéra pas par elle-même) de figurer au palmarès des ***grandes villes de la Résistance.*** Il meurt pendant son transfert en Allemagne des suites des tortures subies à Lyon. Quant à Klaus Barbie, « le boucher de Lyon », il sera condamné à perpétuité pour ses crimes, au palais de justice de Lyon, plus de quarante ans plus tard.
Après l'épuration, Herriot, qui était prisonnier en Allemagne, reprit son siège municipal et tenta de panser les plaies lyonnaises. Mais l'homme était usé et il fallait tout faire, et vite : reconstruire tous les ponts – plastiqués par les Allemands –, rebâtir des quartiers entiers – bombardés par les Américains –, redonner vie à une ville blessée, qui ne rêvait que de renouer avec sa prospérité, dans un monde en mutation.

Les temps modernes

Années 1960-1980 : l'alibi béton tient toujours

Après la mort d'Édouard Herriot, en 1957, l'un de ses conseillers municipaux, Louis Pradel, fut élu au siège du maire. La ville poussait, les réfugiés arrivaient d'Algérie, le progrès des Trente Glorieuses était en route avec ses millions d'automobiles.

Initialisée sous le mandat d'Herriot, l'offrande de Lyon à la bagnole se concrétisa par le tunnel de la Croix-Rousse, l'aménagement en autoroute des quais rive droite du Rhône, puis le monstrueux tunnel de Fourvière, ainsi que le massacre architectural du cours de Verdun, à côté de Perrache. Il ne se désengorgera un peu qu'après l'inauguration, en 1997, d'un ubuesque périphérique (le TEO).

D'autres « merveilles » allaient illuminer les 20 années que durèrent les mandats de ***Pradel,*** qui se définissait lui-même comme ***« un amoureux du béton »*** et eut toujours à cœur d'honorer cet amour. Il fit bâtir de grands ensembles à moindre coût (un alibi béton à l'époque !). Il fit appel à des concepteurs avec une exception quand même, le Musée archéologique de Bernard Zehrfuss. Difficile d'échapper au legs posthume du « Crayon » – surnom de la tour du Crédit Lyonnais, livrée en 1977 –, gratte-ciel cylindrique dont le cône sommital culmine à la même hauteur que la basilique de Fourvière. Pradel est aussi à l'origine du quartier « multifonctionnel » de la Part-Dieu. On ne sait ce qu'il serait advenu du vieux Lyon si Malraux, alerté par l'actif monde associatif lyonnais, n'avait sauvegardé ce quartier Renaissance en 1964.

Reconnaissons tout de même à ce piètre urbaniste d'avoir favorisé le développement économique de la région, notamment la recherche dans les secteurs scientifique, médical et pharmaceutique (hôpitaux, centre de recherche contre le cancer, etc.).

Lyon à l'aube du XXe siècle

Francisque Collomb succéda à Pradel en 1977, sans laisser de trace mémorable dans la ville ni le cœur des Lyonnais, hormis le lancement du quartier scientifique de Gerland et la réhabilitation de la halle Tony-Garnier.

Michel Noir, jeune et ambitieux représentant du renouveau de la droite française, prit la mairie en 1989. Ses louables intentions urbanistiques (éclairage de Lyon, réfection de l'opéra, réaménagement des places de la ville, création des parkings où l'art se mêle à l'architecture, mise en chantier du TEO, etc.) ont été ternies par une fin de mandat moins glorieuse.

L'ancien ministre Raymond Barre géra tranquillement et honnêtement cette ville conservatrice et réussit, avec l'aide d'une équipe dynamique, à faire ***classer au Patrimoine mondial de l'humanité, par l'Unesco, 500 ha de sa ville, en 1998, ce qui est exceptionnel.*** L'arrivée de Gérard Collomb – qui n'est pas de la famille de son prédécesseur homonyme – en mars 2001 marqua, avec celle de Delanoë à Paris, le basculement à gauche de deux des plus grandes villes de France.

Troisième millénaire, nouvelle vie...

Gérard Collomb a décidé de poursuivre les chantiers engagés par la mairie précédente. Après les aménagements de la rive gauche des berges du Rhône, les rives de la Saône sont rendues aux piétons.

Parmi les projets dont la ville bruisse depuis le début du nouveau millénaire, certains sont en voie d'achèvement :

– ***Lyon Confluence :*** un projet d'aménagement de la pointe sud de la presqu'île, tant en termes d'emplois, de logements que de loisirs. Un chantier de longue haleine, mais aussi de grande envergure ! Le tramway dessert l'ensemble du quartier grâce à la ligne 1 (jusqu'à Montrochet), qui permet d'atteindre le musée des Confluences, dédié aux sciences et à la société. Le pôle de loisirs se compose d'un centre commercial nouvelle génération, d'un complexe de salles de cinéma, d'un multiplexe culturel et de toute une gamme d'activités ludico-sportives, ainsi que de restaurants. Pour toute info sur le projet et son état d'avancement, rendez-vous à la ***Maison de la Confluence*** : *73, rue Smith. ☎ 04-78-38-74-00. Mer-sam 14h-18h30. • lyon-confluence.fr •*

– ***Le Carré de Soie :*** desservi par le tram T3 et par le métro A, ainsi que par une piste cyclable, Le Carré de Soie (à la jonction de Villeurbanne et Vaulx-en-Velin) est l'autre grand projet d'agglomération de ce IIIe millénaire. Au vaste pôle de commerces et de loisirs (45 boutiques, 15 restaurants et un multiplexe Pathé avec 15 salles) s'ajoutent les activités de plein air de l'hippodrome, en face. Le projet, d'envergure, inclut de nombreux logements et des bureaux.

– ***Réaménagement des rives de la Saône :*** tout au long de son parcours, la Saône lyonnaise traverse des lieux historiques, souvent illustrés de bâtiments remarquables de par leur architecture ou leur histoire : la cathédrale Saint-Jean, le palais de justice, le fort Saint-Jean. Au même titre que les berges du Rhône, 11 km des rives de la Saône ont été réaménagées selon un véritable parcours artistique, permettant désormais l'accès aux bas ports, de manière à se promener au plus près de l'eau.

Quelques dates

– ***43 av. J.-C. :*** fondation officielle de Lugdunum par Lucius Munatius Plancus.
– ***27 av. J.-C. :*** Lugdunum devient la capitale des Gaules.
– ***15 av. J.-C. :*** inauguration du théâtre de Fourvière.
– ***19 av. J.-C. :*** inauguration de l'amphithéâtre des Trois-Gaules.
– ***69-192 :*** apogée de la ville sous les Flaviens et les Antonins.
– ***177 :*** martyrs chrétiens dans l'amphithéâtre des Trois-Gaules. Lugdunum est l'un des centres intellectuels de la chrétienté.
– ***297 :*** la ville perd son rang de capitale des Gaules.
– ***461 :*** des tribus germaniques burgondes s'installent dans la région et Lugdunum devient la capitale de leur royaume, la Bourgogne.
– ***476 :*** fin de l'Empire romain.
– ***532 :*** le royaume de Bourgogne tombe sous la domination franque.
– ***725-737 :*** raids des conquérants musulmans.
– ***843 :*** sous le règne des Carolingiens, Lugdunum devient une ville de Lotharingie après le traité de Verdun.
– ***IXe et Xe s :*** époque de raids et de pillages par les Normands, les Hongrois et les Sarrasins.
– ***952 :*** la ville s'intègre au royaume d'Arles.
– ***1018 :*** le royaume d'Arles est légué par son dernier roi, Rodolphe de Bourgogne, au Saint-Empire romain germanique.
– ***XIIIe s :*** disparition de « Lugdunum » au profit de « Lyon ». La ville rayonne sur le plan religieux : au cours de ce siècle s'y tiennent deux conciles ; deux papes y sont couronnés.
– ***1312 :*** rattachement de Lyon au royaume de France lors du concile de Vienne.
– ***XVe et XVIe s :*** obtention des franchises pour les quatre foires annuelles ; Lyon profite du développement économique et culturel italien. Rabelais donne à Lyon, plaque tournante des échanges et du commerce, le surnom de Myrelingues (la « ville aux mille langues »). Elle devient la première place bancaire européenne. C'est la ville la plus peuplée du royaume avec ses 50 000 habitants.
– ***1562 :*** Lyon passe à la Réforme.
– ***1562-1599 :*** les guerres de Religion déchirent le royaume.
– ***Août 1572 :*** massacre des huguenots. Lyon sur le déclin : fuite des grandes familles florentines et des imprimeurs.
– ***XVIIe s :*** à partir de 1630 règne la tolérance. Lyon devient un centre intellectuel de la république des lettres. Construction de l'hôtel de ville. Prédominance de l'industrie de la soie dans l'activité économique.

musée des
confluences
raconter l'Homme
a story of mankind
lyon
GRANDLYON
RHÔNE

– ***XVIIIe s :*** la ville s'agrandit.
– ***1783 :*** invention de la montgolfière par Joseph Montgolfier à Annenay et du bateau à vapeur.
– ***1793 :*** Lyon prend le parti des Girondins et se soulève contre la Convention.
– ***12 octobre 1793 :*** répression sanglante de la Convention : « Lyon fit la guerre à la liberté, Lyon n'est plus. » Lyon prend ainsi le nom de Ville-Affranchie.
– ***XIXe s :*** révolution industrielle et révoltes sociales ; au début du siècle, Lyon est encore la première place financière française.
– ***1801 :*** invention du métier Jacquard.
– ***1806 :*** création du premier conseil des prud'hommes de France dans le quartier des canuts à Lyon, par Napoléon Ier.
– ***1831-1849 :*** insurrections des canuts.
– ***1863 :*** création du Crédit Lyonnais.
– ***Décembre 1870 :*** la « Commune de Lyon », insurrection à l'instigation de Bakounine, se termine dans un bain de sang.
– ***1894 :*** assassinat du président Sadi Carnot par l'anarchiste Geronimo Caserio.
– ***1895 :*** invention du cinéma par Louis et Auguste Lumière et premier film tourné à Lyon.
– ***1896 :*** inauguration de l'actuelle basilique de Fourvière.
– ***1905-1957 :*** mandat d'Herriot, maire de Lyon. Modernisation de la ville avec le nouveau quartier des Brotteaux. De nombreuses réalisations sont dues à l'architecte Tony Garnier : l'hôpital de Grange-Blanche, le stade de Gerland, etc.
– ***22 juin 1940 :*** à la suite de l'armistice de Rethondes, la France est découpée en deux. Lyon, située en zone libre jusqu'en 1942, devient un foyer de résistance. Jean Moulin est capturé à Caluire, dans la banlieue lyonnaise, le 21 juin 1943.
– ***3 septembre 1944 :*** libération de Lyon par la 1re division française libre et les Forces françaises de l'intérieur (FFI).
– ***1960 :*** création du quartier d'affaires de la Part-Dieu.
– ***1968 :*** les 54 communes limitrophes de Lyon se regroupent dans une communauté urbaine qui fait de l'agglomération lyonnaise la deuxième de France.
– ***1978 :*** Lyon inaugure son métro.
– ***1981 :*** mise en service de la première ligne à grande vitesse entre Paris et Lyon (TGV Sud-Est).
– ***1996 :*** sous l'impulsion de Raymond Barre, alors maire de la ville, Lyon accueille le G7.
– ***2001 :*** la ville bascule à gauche.
– ***2005 :*** mise en place de *Vélo'V* dans l'agglomération du Grand Lyon, un parc de vélos en libre-service.
– ***2007 :*** inauguration des berges du Rhône réhabilitées.
– ***2008 :*** Gérard Collomb est réélu en mars haut la main à la mairie.
– ***2010 :*** réouverture des musées Gadagne.
– ***2012 :*** inauguration d'un centre commercial et d'un Novotel nouvelle génération au cœur du quartier Confluence : le Lyon de demain est annoncé.
– ***2013 :*** la première phase du projet ***Rives de Saône*** permet désormais aux piétons de profiter des berges à partir de l'été, entre la Confluence et l'île Barbe (11 km) et sur une partie du val de Saône (4 km).
– ***Fin 2014 :*** ouverture du musée des Confluences.
– ***2016 :*** inauguration du nouveau Grand Stade de Lyon (ou stade des Lumières), flambant neuf, pour accueillir des matchs de foot de l'Euro 2016.

IMPRIMERIE

Lyon, capitale de l'imprimerie

Vers 1470, Lyon n'est pas encore une grande ville et la vie intellectuelle y est réduite. L'absence d'université et de cour empêche la constitution d'une élite laïque. Les manuscrits ne sont lus que par quelques ecclésiastiques, quelques médecins et les gens de loi. Vingt ans plus tard, ***Lyon devient le troisième centre typographique européen*** derrière Venise et Paris, et le restera pendant près d'un siècle. À l'origine de cette prospérité, Barthélemy Buyer, qui attire dans sa maison du quartier Saint-Nizier son typographe Guillaume le Roy, originaire de Liège. Un premier livre est ainsi imprimé à ses frais à Lyon en 1473. Buyer est un novateur. Il noue très tôt des relations avec les libraires vénitiens. Après avoir accueilli un grand imprimeur de la ville, il en fait venir de nombreux autres. Dès 1485, ils sont 12 maîtres imprimeurs à s'être installés à Lyon. Les typographes européens, nomades dans l'âme, sont vite attirés par cette ville qui bouge. Par ailleurs, les papetiers du Beaujolais ne sont guère loin. Nombreux sont les typographes germaniques qui rejoignent le mouvement déclenché par Buyer.

GUIDE DES RECORDS (LYONNAIS)

Au début du XVIe s, Lyon imprime le tiers des livres français. La rue Mercière et alentour abritaient une centaine d'ateliers. Les ouvriers étaient fort cultivés (ils savaient lire et connaissaient le latin et le grec) mais étaient fort mal payés. Ils seront à l'origine de la première grève de l'histoire de France, en 1539.

À la fin de ce même siècle, on compte déjà 45 ateliers qui publient ici, dont 23 maîtres imprimeurs allemands, bâlois ou strasbourgeois. On publie beaucoup de livres de droit et d'ouvrages en français, laissant à Milan, Venise et Paris le soin de publier les classiques anciens. La culture de l'imprimé s'ajoute à la culture orale. Les quais de Saône s'emplissent de chariots chargés de cette nourriture intellectuelle qui va partir par la Saône puis la Seine jusqu'à Paris ; certains ouvrages iront jusqu'à Bâle et seront distribués dans toutes les villes allemandes, tandis que d'autres emprunteront le Rhône jusqu'à l'Espagne via Marseille. Si le sujet vous passionne, ne manquez pas la visite du musée de l'Imprimerie, à commencer par celle du site • *imprimerie.lyon.fr* •

Lyon et l'humanisme

Ouvriers et typographes possèdent un haut niveau d'instruction. La ville est riche grâce aux banquiers italiens, marchande grâce à ses foires. Elle devient le carrefour obligé entre Suisse, Italie et Allemagne. Au début des guerres de Religion, les réformés se réfugient à Genève, non loin de Lyon. Un certain sens de l'érudition se développe, sous l'influence italienne.

L'invention de l'imprimerie tombe à pic. Ne correspondait-elle pas à une nécessité intellectuelle ? Une rencontre décisive met un coup d'accélérateur à ce processus : celle de l'humaniste flamand Josse Bade avec un typographe allemand, Johann Trechsel. Le premier veut mettre au rancart les caractères gothiques pour ne plus utiliser que les lettres romaines. Ensemble, ils publient le théâtre de Térence. La mouvance humaniste est née.

Sous l'influence de la Renaissance, l'humanisme s'installe en ville comme une traînée de poudre. Une envie de savoir, un désir de poésie, un besoin de culture populaire, soutenus par des textes accessibles rapidement à tous (enfin presque), font corps. Une collaboration des élites prend forme : auteurs, scientifiques, imprimeurs et libraires travaillent dans un esprit commun. Rabelais et Érasme suscitent le développement d'un nouveau milieu culturel. Louise Labé, poétesse et courtisane, tient un fameux salon où l'élite se presse. Les plus grands maîtres imprimeurs se laissent gagner par les idées humanistes. Humanistes et érudits, voilà le tableau de l'élite lyonnaise de l'époque. La forme est aussi bonne que le fond puisque la ville peut alors se targuer d'avoir les meilleurs imprimeurs : la famille de Tournes et Guillaume Rouillé sont de ceux-là. Ce dernier deviendra également une éminente figure de l'humanisme lyonnais. En 1550, Lyon compte environ 600 personnes vivant de l'imprimerie.

LANGUE RÉGIONALE

C'est la langue de Guignol, notre marionnette préférée, mais ce n'est pas une langue de bois pour autant. C'est surtout la langue des halles et des « bignoles », chères à San-Antonio. À défaut d'une langue régionale à part entière, voici quelques expressions typiquement lyonnaises :

– ***Allée :*** porche, entrée d'immeuble ou cage d'escalier.
– ***Avoir les jambes en pâte à quenelle*** (prononcer « k'nelle ») ***:*** avoir les jambes molles, être fatigué, affaibli.
– ***Bambane :*** balade, à travers les traboules, évidemment !
– ***Baraban*** *ou* ***dents de lion :*** pissenlit. Manger une salade de barabans. « Il mange les barabans par la racine (ou par le trognon) » : il est mort.
– ***Bugne :*** outre la pâtisserie, *bugne* est également utilisé pour parler du visage, de la face. « Bugne à bugne » : les yeux dans les yeux, face à face. « Bugner » : cogner, heurter. « J'ai bugné » : j'ai eu un accident. Veut aussi dire « idiot » : « Pauvre bugne ! »
– ***Caffi :*** plein. « Le tramway était caffi de monde. » Se dit aussi en pâtisserie pour une pâte trop compacte, qui n'a pas levé.
– ***Cani :*** café, bistrot, bar.
– ***Canut, canuse :*** d'après le dictionnaire *Le Littré de la grand' côte,* signifie « ouvrier, ouvrière en soie ». Les canuses sont renommées pour leur patience et leur bon caractère. « Elles font tout ça que veulent leurs maris. »
– ***Clapoton :*** pied de mouton ou d'agneau. « Mon gone adore la salade de clapotons. » Par extension, les pieds : « J'ai les clapotons sans connaissance », donc « J'ai froid aux pieds ».
– ***Claqueret :*** nom donné au fromage blanc, et surtout à la cervelle de canut, car il faut la claquer, la battre, pour la préparer.
– ***Coqueluchon :*** la tête, le sommet.
– ***Corgnolon :*** cou ou gosier. « J'ai le corgnolon tout desséché, je m'en vais licher un pot de beaujolais. »
– ***Couenne*** (prononcer « couanne ») ***:*** à Lyon, c'est un adjectif synonyme d'idiot, andouille, niais ou bêta. « Qu'il est couenne, ce gone. » « Dire des couenneries » signifie dire des idioties.
– ***Équevilles :*** balayures, ordures. Équevilleur : éboueur.
– ***Fenne*** *ou* ***fenotte :*** femme. La Madelon est la fenotte de Guignol.
– ***Fiaule :*** prononcer comme « miaule ». Veut dire ivre, saoul.
– ***Ficelle :*** à Lyon, c'est le funiculaire, qui monte par exemple à Fourvière ou à Saint-Just. « Prendre la ficelle. »
– ***Fumeron :*** jambe. « J'ai marché de Perrache à la Croix-Rousse à pied, j'ai les fumerons qui me rentrent dans le ventre. »
– ***Gauné*** *ou* ***dégauné :*** habillé, vêtu. « Il est gauné comme pour aller aux noces. » Ou au contraire « mal gauné » : mal fagoté, débraillé.
– ***Godiveau :*** saucisse qui se présente enroulée sur un support, à la manière du boudin. Également utilisé pour parler d'un garçon peu dégourdi, lent ou emprunté.
– ***Gone :*** enfant, môme, gamin. Se prononce comme « mignonne » et non comme « côte ».
– ***Licher :*** boire. Guignol à Gnafron : « Viens, mon gone, allons licher un pot de beaujolais. »
– ***Miaille :*** bouche. « Se faire péter la miaille » : s'embrasser pour se dire bonjour.
– ***Pot :*** à Lyon, c'est une petite bouteille à cul épais contenant 46 cl de vin, beaujolais, côtes-du-rhône, etc. Terme absolument vital pour bien se faire comprendre et ne pas passer pour un touriste aux yeux des bistrotiers et restaurateurs lyonnais.
– ***Regrôleur :*** cordonnier. Gnafron était regrôleur.
– ***Ventre jaune :*** utilisé pour les habitants de la Bresse, non pas parce qu'ils se nourrissaient de maïs, comme c'est souvent dit, mais parce qu'ils avaient pour habitude de garder leurs pièces d'or sur leur ventre, dans une ceinture de tissu.

– ***Le « y » :*** le Lyonnais de souche aura une curieuse tendance à saupoudrer de « y » ses phrases : « J'y dis », « J'y f'rai demain »... en lieu et place de « je lui dis », « je le ferai »... Malheureusement, cette truculence de langage se perd un peu.
– ***L'accent lyonnais et son « eu » appuyé :*** ici une « œuvre », un « écureuil », le « seuil » ont une consonance bien particulière, assez appuyée, caractéristique de l'accent lyonnais.

MÉDIAS

Euronews

Chaîne d'information la plus regardée en Europe, Euronews traite l'actualité mondiale en continu. Grâce à ses 400 journalistes de plus de 30 nationalités, la chaîne est accessible 24h/24 en 13 langues.
Véritable hub média multiculturel indépendant, Euronews porte un regard unique sur les événements et en propose une analyse factuelle. Créée en 1993, à Lyon, la chaîne s'adresse à 400 millions de foyers dans 155 pays et est disponible partout à travers le globe via ses déclinaisons digitales (Internet, applications mobile, TV connectée, web radio...).

MUSÉES

Tous les musées de Lyon sont accessibles gratuitement avec la *Lyon City Card* (voir plus loin sous « Lyon » la rubrique « Adresses et infos utiles »). Soulignons que peu de villes ont une carte aussi complète permettant l'accès aux lieux touristiques et culturels. Lyon est d'ailleurs la seule ville de France à disposer d'une carte intégrant les transports en commun.

PERSONNAGES ET GRANDES FIGURES LYONNAISES

– ***Marcel Achard*** *(1899-1974)* **:** né à Sainte-Foy-lès-Lyon, fils d'un cafetier lyonnais, il a été instituteur stagiaire à Vaulx-en-Velin avant de devenir l'homme de théâtre connu de tous dans la France de l'après-guerre. Il est entré à l'Académie française en 1959. Depuis, son théâtre est entré injustement dans l'oubli.
– ***André-Marie Ampère*** *(1775-1836)* **:** passionné et distrait comme la légende aime à décrire les scientifiques, ce physicien et mathématicien mit au point le galvanomètre, le télégraphe électrique et une règle pour déterminer le sens d'un champ magnétique, connue sous l'amusant nom de « Bonhomme d'Ampère ». Ayant formulé l'idée de l'intensité des courants, il laissa aussi à nos appareils électriques une unité de mesure : l'ampère (pour mémoire, U = RI, les physiciens comprendront).
– ***Raymond Barre*** *(1924-2007)* **:** ex-professeur d'études politiques, ex-« meilleur économiste de France », ex-ministre de pas mal de choses (Commerce extérieur, Économie), ex-Premier ministre (1976-1981), il fut élu en 1978 député du Rhône et, en 1995, maire de Lyon et président du Grand Lyon. La Ville lui doit d'avoir mené à bien de remarquables projets économiques et culturels.
– ***Félix Benoît*** *(1917-1995)* **:** historien de profession, il a surtout été connu pour sa personnalité un brin loufoque. Il est ainsi le fondateur de l'Institut des sciences clavologiques à Lyon, plus connu sous le nom de « l'ordre du Clou », où l'on étudie de façon non moins sérieuse la pataphysique, science des solutions imaginaires. Autre cocasserie qui l'illustre, il s'est autoproclamé gouverneur de l'île Barbe en 1977. Rien que ça !

– ***Marius Berliet*** *(1866-1949)* **:** un petit Lyonnais dont le nom est devenu célèbre. Sa première invention est un tandem à moteur et rapidement il s'est intéressé aux voitures de tourisme. Mais c'est en construisant des camions qu'il devint célèbre et fit fortune. Son nom disparaît en 1980, après avoir été racheté par Michelin, puis par Renault.

– ***Paul Bocuse*** *(né en 1926)* **:** le pape de la cuisine est originaire de Lyon. Les Bocuse sont restaurateurs de mère (ou de père) en fils depuis le XVIIIe s, une famille de meuniers dont la femme, qui cuisinait pour les mariniers de la Saône, portait ce nom. Paul est tombé dans les fourneaux quand il était petit et n'en est jamais ressorti. Meilleur ouvrier de France en 1961, il obtient en rafale trois étoiles les années suivantes. Et il les a toujours conservées, au grand dam de certains confrères. Une « grande gueule » au grand cœur... devenu un entrepreneur avisé et le maître à penser de deux, voire trois générations de chefs plus ou moins toqués.

– ***Claude*** *(10 av. J.-C. -54 apr. J.-C.)* **:** né à Lugdunum (Lyon), en Gaule, il fut le premier empereur romain né hors d'Italie. Dernier homme de sa famille, il succèda à son neveu Caligula. Son quatrième mariage avec sa propre nièce, Agrippine la Jeune, se révèla funeste. À l'instigation de sa femme, il mourut empoisonné après avoir adopté Néron (son petit-neveu) et l'avoir marié à sa propre fille Octavie (suivez l'embrouille, c'est la tante de Néron). Flânez donc au Musée gallo-romain de Fourvière, vous trouverez ses discours sur la fameuse *Table claudienne* (lire plus loin « À voir dans le centre de Lyon. La colline de Fourvière »).

UN EMPEREUR ROMAIN « FRANÇAIS »

L'empereur Claude naquit à Lyon et devint empereur en 41 apr. J.-C. Il était bègue et souffrait du syndrome de Tourette (peut amener à dire des mots obscènes sans contrôle). Malin, il fit un discours déclamant ses infirmités... et fut élu.

– ***Frédéric Dard*** *(1921-2000)* **:** né à Bourgoin-Jallieu. Inoubliable créateur du commissaire San-Antonio (dans les années 1940 !) et de son truculent Bérurier, il mérite bien quelques lignes, lui qui inventa tant de mots et pissa tant de copies. Bon vivant comme son héros, Frédéric Dard était une figure éminemment sympathique de la littérature anti-prise de chou. Ce monument – enfin reconnu – de la littérature du XXe s aura eu la chance de connaître le succès de son vivant (220 millions de livres vendus). On l'aimait, c'est dit.

– ***Tony Garnier*** *(1869-1948)* **:** né à Lyon, dans le quartier de la Croix-Rousse, Tony Garnier passe quatre années à l'École nationale des beaux-arts de Lyon. Grand Prix de Rome en 1899, il délaisse l'étude de l'architecture antique pour s'intéresser aux problèmes de la ville contemporaine. En 1917, il publie *Une cité industrielle.* Édouard Herriot fait de lui l'architecte des grands travaux de la cité. Parmi les principales réalisations de Tony Garnier, il y a bien sûr l'hôpital Édouard-Herriot de Grange-Blanche (1910-1933), la halle aux bestiaux et les abattoirs de la Mouche (1906-1928), le stade olympique de Gerland (1914-1926), le quartier des États-Unis. Il meurt près de Marseille, à La Bédoule, en 1948. Ce pionnier de l'urbanisme du XXe s a vu ses idées reprises et développées, entre autres, par Le Corbusier.

– ***Justin Godart*** *(1871-1956)* **:** avocat natif de Lyon, il fut député puis sénateur radical-socialiste du Rhône pendant plus de 30 ans. Parallèlement, il a aussi été ministre du Travail et de l'Hygiène, et ministre de la Santé, et maire provisoire de Lyon à la Libération en 1944-1945. Toute sa vie, il a soutenu de nombreuses causes, en faveur des populations défavorisées, contre l'antisémitisme et le racisme ; il entra dans la Résistance durant la Seconde Guerre mondiale, fonda la Ligue contre le cancer... Il était aussi écrivain, historien, scénariste pour Guignol, fondateur de l'académie des Pierres-Plantées... En 2004, il a reçu, à titre posthume, pour ses engagements humanistes, le titre de « Juste parmi les nations ».

– ***Hector Guimard*** *(1867-1942)* **:** architecte et décorateur, il imposa le style Art nouveau ou modern style. C'est aussi lui qui a créé les entrées du métropolitain parisien (l'une d'entre elles est exposée au musée d'Art moderne de New York). Au musée des Beaux-Arts de Lyon, ville où il est né mais ne s'est pas illustré, ne pas manquer une des chambres à coucher qu'il a dessinées.

– ***Édouard Herriot*** *(1872-1957)* **:** champenois de naissance, il est venu à Lyon enseigner les lettres classiques au lycée Ampère. Sans cesse réélu maire de la ville de 1904 à 1957, le président du Parti radical a donc enchaîné les mandats pendant plus de 50 ans. Il a ainsi eu le temps de marquer la ville et l'esprit des Lyonnais de façon remarquable. L'ancienne rue de l'Hôtel-de-Ville porte son nom, ainsi qu'un hôpital et un lycée. Son franc-parler plaisait aux Lyonnais, avec qui il partageait l'amour de la bonne chère.

– ***Joseph-Marie Jacquard*** *(1752-1834)* **:** fils d'un maître ouvrier en étoffes d'or, il travaille, enfant, sur le métier de son père, réfléchissant déjà à la manière d'améliorer cette machine. Il fonde une petite fabrique de tissus. Au sortir de la Révolution, il n'a de cesse d'améliorer son outil de travail pour le rendre plus performant, plus facile d'utilisation. Il obtient un brevet d'invention en 1801 et a la charge de former des compagnons. Ce n'est qu'en 1804 que son métier à tisser, utilisant un ingénieux système de cartons perforés placés au-dessus du métier, est mis au point. Il obtient une médaille d'or, mais les ouvriers sont mécontents puisque cela supprime de la main-d'œuvre. Malgré ses détracteurs, très rapidement le métier Jacquard supplante toutes les autres techniques. Il révolutionne tout simplement les méthodes de tissage. Cet ouvrier simple, inventeur de génie, est finalement reconnu et décoré de la Légion d'honneur en 1819.

– ***Alexis Jenni*** *(né en 1963)* **:** l'agrégé de biologie récompensé par un prix Goncourt en 2011 *(L'Art français de la guerre)*... Que de talents ! Le Lyonnais ne s'arrête d'ailleurs pas là puisqu'il dessine aussi. ● *jalexis2.blogspot.fr* ●

– ***Emmanuel Krivine*** *(né en 1947)* **:** né à Grenoble (de père russe et de mère polonaise) et violoniste, il est le chef de l'orchestre national de Lyon (ONL) de 1987 à 2000. Les enregistrements qu'il a réalisés avec l'ONL comptent dans le monde des mélomanes. Pour n'en citer que quelques-uns : Debussy, Ferroud (compositeur lyonnais du début du XXe s) ou Florentz, en résidence à Lyon et contemporain dans tous les sens du terme.

– ***Louise Labé*** *(vers 1520-1566)* **:** née à Lyon d'un père artisan, la jeune fille reçoit une éducation assez libérale. Comme son père et son mari sont cordiers et qu'elle est jolie, on la surnomme la Belle Cordière. Une femme pas comme les autres puisqu'elle tient un salon littéraire à Lyon entre 1545 et 1555, date à laquelle elle obtient le royal privilège d'imprimer un livre. Louise est une femme libérée, ou plutôt libre tout simplement, dans ses sonnets, ses sentiments intimes sont dits avec force, sans fausse pudeur. Lire son *Débat de la folie et de l'amour,* particulièrement... audacieux. Elle s'inscrit comme l'un des chefs de file du mouvement humaniste lyonnais du XVIe s et l'une des plus grandes poétesses françaises. Elle composera 3 élégies et 24 sonnets, ce qui est finalement bien peu, et terminera ses jours à Parcieu, aux côtés d'un Italien nanti.

– ***Louis Lépine*** *(1846-1933)* **:** l'inventeur, en 1902, d'un célèbre concours des inventions qui porte son nom est né à Lyon en 1846. Préfet de police à Paris de 1893 à 1913, il dut organiser le trafic automobile balbutiant et inventa pour ce faire le bâton blanc. Lépine créa également la brigade fluviale et les brigades cyclistes.

LA FACE CACHÉE DES FRÈRES LUMIÈRE

Opposés à l'hégémonie américaine dans le cinéma, ils tombèrent dans la collaboration. Ce passé trouble refit surface en 1995, alors que la Banque de France allait utiliser leur effigie pour illustrer les billets de 200 F. Au dernier moment, on leur préféra la barbichette de Gustave Eiffel.

– ***Auguste*** *(1862-1954)* et ***Louis Lumière*** *(1864-1948)* **:** étonnants chercheurs et inventeurs que ces deux frères franc-comtois. On doit au cadet, Louis, le premier cinématographe, qui a rendu célèbre leur patronyme. Mais ils ne se sont pas uniquement cantonnés aux domaines du cinéma et de la photo. Auguste, l'aîné, après avoir mis au point avec son frère la plaque autochrome (premier procédé de photographie en couleur), s'est passionné pour la biologie et la physiologie. Il inventa le tulle gras utilisé pour soigner les brûlures, travailla au traitement du tétanos, des rhumatismes, etc. Les deux frères versèrent aussi dans le textile. Qui se souvient à Lyon de la *feyzinette* (tissu synthétique fabriqué à Feyzin, en banlieue lyonnaise) ?
– ***Jacques Martin*** *(1933-2007)* **:** le marathonien des dimanches télévisés d'autrefois resta lyonnais dans son parler et dans sa vie. Du *Petit Rapporteur* à *L'École des fans,* sans oublier sa participation à de nombreuses émissions des *Grosses Têtes,* où il brillait par sa grande culture, il a tenu une place importante dans le paysage audiovisuel de la fin du XXᵉ s. De nombreux Français choisissaient ses programmes plutôt qu'une balade à la campagne : une autre époque.
– ***Marcel Mérieux*** *(1870-1937)* **:** natif de Terrenoire, non loin de Saint-Étienne, il a été l'un des premiers élèves de l'école de chimie de Lyon. Il a collaboré aux recherches de Louis Pasteur, en spécialiste des colorants qu'il était. Il fut le premier d'une véritable dynastie et a mis au point un grand nombre de vaccins. Le brillant chercheur était aussi musicien ; il a composé trois opéras. Aujourd'hui, l'entreprise Mérieux est toujours dirigée par ses descendants. C'est un véritable empire, médiatisé lors de l'inauguration en 1999 du laboratoire de virologie P4, situé à Lyon-Gerland.
– ***Jean Moulin*** *(Béziers, 1899-1943)* **:** le plus jeune préfet de France (Aveyron, 1937) fut élevé dans une famille laïque et républicaine. Dès le début de la guerre, en fonction à Chartres, il tient tête aux Allemands qui avaient occupé la ville. Révoqué par Pétain en 1940, pour ses opinions politiques de gauche, il rejoint la Résistance. Il part pour Londres rejoindre de Gaulle en novembre 1941 et revient en France, à Lyon, chargé par lui d'une triple mission. À la tâche politico-militaire s'ajoute la mission de réaliser l'unité morale. Il y parviendra et créera différents services comme le Service des opérations aériennes et maritimes, le Bureau d'information et de propagande et, surtout, à l'automne 1942, il réunit les chefs des mouvements Combat, Franc-Tireur et Libération sous l'égide du Comité de coordinations. Puis il mettra en place le Conseil national de la Résistance, symbole de légitimité gaulliste face aux Alliés. Sa mission est remplie en à peine 18 mois, mais sa destinée prendra fin le 21 juin 1943, à Caluire, dans la salle d'attente du docteur Dugoujon, où, trahi, il est arrêté par la Gestapo. Il y préparait une réunion des chefs militaires. Interrogé et torturé à Lyon par Klaus Barbie, on ne sait ni où ni quand exactement il trépasse. Jean Moulin, l'homme au chapeau, devient dès lors le symbole de la France qui a dit « non ». Ses cendres supposées reposent aujourd'hui au Panthéon, à Paris.
– ***Laurent Mourguet*** *(1769-1844)* **:** voir plus haut « Guignol ! », pour connaître l'aventure étonnante du fondateur de Guignol.
– ***L'abbé Pierre*** *(1912-2006)* **:** Henri Grouès aurait parfaitement pu rester anonyme. Ce fils de la Croix-Rousse a vécu une enfance plutôt heureuse. Les affaires de son père, négociant en tissu, marchaient bien. D'une visite à la cité Rimbaud où l'on servait des repas aux miséreux, il conserva toujours un souvenir douloureux. Novice à 19 ans, ordonné prêtre à 26 (on est alors en 1938), il choisit d'entrer dans la guerre par la Résistance. Il sera passeur d'hommes, avec pour seuls compagnons son béret et sa canne. Henri devient alors l'abbé Pierre. La guerre terminée, le combat continue : avec Lucie Coutaz, il fonde *Emmaüs.* Il s'agit de redonner de la dignité à ceux qui l'ont perdue. Pas de misérabilisme, mais des projets et de l'énergie. Faire les poubelles, récupérer, retaper et revendre : voilà le programme. Et ça marche. Son armée de gueux devient force de vie. Arrive l'hiver 1954. La France se gèle, des gens meurent sur le trottoir. L'abbé lance un appel en direct sur les ondes. Il s'agit de loger là, tout de suite, les plus nécessiteux. C'est un succès que les années ne démentiront jamais. Sa santé fragile ne l'empêchera en rien d'essaimer sa communauté à travers le monde. Il mènera bien d'autres combats : en 1986 contre « la nouvelle pauvreté » ; dans les années 1990 avec

le DAL (droit au logement) pour combattre la politique insensée du logement à Paris. En avril 2001, il a accepté la Légion d'honneur qu'il avait refusée en 1992, jugeant insuffisantes les mesures prises par le gouvernement en faveur des sans-abri.

– ***Bernard Pivot*** *(né en 1935)* **:** lyonnais, apôtre du beaujolais, du football et de la littérature télévisée, il a animé chaque semaine la même émission culturelle (ou presque) tous les vendredis soir pendant plus de 20 ans : *Apostrophe,* puis *Bouillon de culture.* On lui doit quelques grands moments de télé (Bukowski dégobillant, les confessions de François Mitterrand, etc.), ainsi qu'une célèbre dictée annuelle. Son succès est peut-être dû, en bon Lyonnais, à son parler gourmand et truculent.

– ***Puvis de Chavannes*** *(1824-1898)* **:** lyonnais et grand nom de la peinture lyonnaise, il a été élève de Scheffer et de Delacroix. Son œuvre, inspirée de la tradition académique, lui attira pourtant la sympathie des impressionnistes. Gauguin, à Tahiti, rêvait de « faire du Puvis coloré ».

– ***François Rabelais*** *(1494-1553)* **:** c'est à Lyon qu'il fait publier pour la première fois *Pantagruel* (1532), puis *Gargantua* (1534) et *Pantagrueline Prognostication,* un almanach bouffon ; mais il n'est pas natif de la cité. Il est, en revanche, médecin titulaire à l'hôpital du Pont-du-Rhône (actuel hôtel-Dieu) de 1532 à 1535, poste pour lequel il fut pistonné puisqu'il n'avait pas encore son diplôme de docteur en médecine. Il abandonne, puis reprend cette place. Il participe activement à la vie trépidante de la Renaissance lyonnaise et quitte finalement la ville en 1535, au moment de l'affaire des Placards (des placards protestants sont affichés dans différentes villes de France, dénonçant certains principes catholiques). Mais il y revint régulièrement jusqu'en 1548.

– ***Auguste Ravier*** *(1814-1895)* **:** un peintre à découvrir absolument lors de votre visite du musée des Beaux-Arts, si vous ne le connaissez pas encore. Ravier a vu le jour à Lyon mais a vécu dans le Dauphiné. Il a été inspiré par les paysages de Morestel, loin de tout et de toute influence.

– ***Antoine de Saint-Exupéry*** *(1900-1944)* **:** le père du mythique *Petit Prince* (traduit en une centaine de langues et vendu à plus de 50 millions d'exemplaires) est né à Lyon. Pilote de l'Aéropostale, héros et martyr de guerre, il disparut en mer en 1944, aux commandes de son avion *Lightning P28,* lors d'une mission pour la France libre. Lyon a donné son nom à son aéroport et à une rue où une statue le représentant a été érigée (près de la place Bellecour). De lui, les gosses du monde entier ont surtout retenu l'histoire exemplaire d'un touchant enfant extraterrestre blond, qui réussit à apprivoiser le renard.

– ***Éric-Emmanuel Schmitt*** *(né en 1960)* **:** l'écrivain est né à Sainte-Foy-lès-Lyon, dans la banlieue lyonnaise. Avec le succès immédiat de ses premières pièces *(Variations énigmatiques, Monsieur Ibrahim et les Fleurs du Coran),* il abandonne son poste de maître de conférences en philo pour se consacrer entièrement à l'écriture. Parmi les nombreuses récompenses littéraires, il a reçu le Grand Prix du théâtre pour l'ensemble de son œuvre en 2001, le prix Chronos pour *Oscar et la Dame rose*. Depuis 2012, il est à la direction du théâtre Rive-Gauche.

– ***Bertrand Tavernier*** *(né en 1941)* **:** un homme qui compte pour le cinéma français. Né à Lyon, il n'a pas oublié ses racines et y a tourné *L'Horloger de Saint-Paul.* Il est également président de l'institut Lumière, créé en 1982, devenu aujourd'hui musée Lumière.

– ***Les médecins et chercheurs célèbres*** **:** commençons par le plus célèbre, ***Claude Bernard*** *(1813-1878),* fils d'un vigneron du Beaujolais et véritable père de la médecine moderne. Mais il faut aussi parler de ***Léopold Ollier*** *(1830-1900),* maître incontournable en chirurgie orthopédique et ***Amédée Bonnet*** *(1809-1858),* novateur en chirurgie ostéo-articulaire n'étaient pas lyonnais mais ont travaillé dans la ville ; Léopold Ollier tenta de sauver la vie du président Sadi Carnot, le 24 juin 1894, lorsqu'il fut blessé mortellement par l'anarchiste Caserio. Citons aussi ***Alexis Carrel*** *(1873-1944),* Prix Nobel de médecine en 1912, brillant chirurgien, concepteur d'un cœur artificiel (avec l'aide de l'aviateur Lindbergh), mais tristement célèbre pour ses théories sur l'eugénisme et sa sympathie pour le régime de Vichy. Quelques médecins ont également été maires de Lyon : ***Victor Augagneur*** *(1855-1931)*, qui fut un grand spécialiste de la syphilis, et avant lui ***Antoine Gailleton*** *(1829-1904)*, ***Jean-François Terme*** *(1791-1847)* ou ***Jacques Hénon*** *(1802-1872)*.

– ***Les joueurs de foot incontournables :*** même s'il est aujourd'hui défenseur de l'équipe FC Barcelone, ***Éric Abidal*** a joué dans sa ville natale et a porté les couleurs de l'OL de 2004 à 2007, avant qu'un autre Lyonnais, ***Raymond Domenech,*** alors sélectionneur, ne lui attribue une place en équipe nationale. L'OL a aussi formé d'autres pointures, comme ***Karim Benzéma,*** sacré « meilleur buteur français » en 2012.

– ***Et bien d'autres figures connues : Liane Foly*** et sa voix chaude et sensuelle ; ***Jean-Michel Jarre,*** qui donna un mégaconcert lors de la venue du pape Jean-Paul II à Lyon en 1986 ; ***Kent,*** qui se fit connaître avec son groupe de rock vivace, Starshooter, à la fin des années 1970 ; ***Mimi Mathy,*** sans doute la plus petite Lyonnaise jamais montée sur les planches ; ***Clovis Cornillac,*** qui se distingue aussi bien sur les planches que sur grand et petit écran ; ***Germaine Lustucru,*** qui donne des pâtes à manger aux petits hommes verts ; ***Jean Bouise,*** comédien discret et attachant ; et aujourd'hui ***Sylvie Testud,*** comédienne Croix-Roussienne, qui a reçu le César de la meilleure actrice en 2004 et écrit de drôles de bons petits bouquins (lisez *Le Ciel t'aidera,* au Livre de Poche !). Puis, dans le domaine de la musique classique, ***Anne Gastinel,*** violoncelliste, et ***Isabelle Moretti,*** harpiste, sont deux charmantes et brillantes jeunes femmes avec qui il faut compter.

SOCIÉTÉS SECRÈTES, CERCLES ET CONFRÉRIES EN TOUT GENRE

Une page d'histoire définitivement tournée ? Allez savoir. Pour ce qui concerne les sociétés secrètes, certains veulent le croire. Les confréries, en tout cas, se portent bien, merci pour elles.

On a tout dit sur l'existence de diverses sociétés aux activités avouables ou non, dans cette bonne ville de Lyon. Impossible de savoir véritablement ce qu'il en est puisque, par définition, elles sont secrètes. Cela dit, on peut avancer quelques évidences, quelques indéniables réalités sur le nombre incroyable de groupements, clubs, sociétés, ordres divers que compte la ville.

Trois raisons à cela. Ville carrefour, lieu d'échanges des biens, lieu de rencontres – ou d'opposition – des cultes depuis les Romains, la cité a toujours été également un incroyable creuset de talentueux artisans. Charpentiers, tailleurs de pierre, orfèvres, tisseurs, imprimeurs... chaque métier était organisé en corporation. La notion de compagnons est alors très forte. Ils ont une doctrine, des règles et des signes de reconnaissance. Grand centre de compagnonnage, Lyon développera naturellement plus tard une importante tradition maçonnique, directement issue de ce compagnonnage médiéval. On prit donc très tôt l'habitude de se réunir entre soi, en groupes thématiques, qu'ils soient professionnels ou idéologiques. Par ailleurs, la configuration géographique de la ville, avec ses deux cours d'eau et ses deux collines, possède une forte symbolique. Le manque de place a favorisé la construction d'édifices tout en hauteur, encadrés par des rues étroites, favorisant l'intimité, la discrétion, la cachotterie... et bientôt le secret.

Pour en savoir plus :

– ***Lyon magique et sacré : histoires et mystères d'une ville,*** de Jean-Jacques Gabut, Jacques André Éditeur, 2007. Les sites magiques et sacrés de la mystérieuse ville de Lug furent sanctifiés au fil des âges par des hommes à la recherche de l'indicible, du merveilleux, souvent à la rencontre de Dieu... et parfois du diable. Ce livre décode le langage des confréries secrètes et rappelle à notre souvenir ces Lyonnais tombés dans l'oubli, personnalités hautes en couleur, qui ont fait de Lyon un centre mystique.

Valdo, Nostradamus, Maître Philippe et les autres

Pierre Valdès, dit « Valdo » (1140-1217), ne créa-t-il pas ici le mouvement religieux des « pauvres de Lyon » ? Puis ce furent les Templiers, qui passèrent pour des sorciers au siècle suivant. Nostradamus fait imprimer ses *Centuries astrologiques* à Lyon. Certains milieux occultes semblent bien s'y sentir et attirent les familles bourgeoises du XVIIe s. On doit à Willermoz, au siècle suivant, de faire pénétrer les doctrines maçonniques dans la ville. Il tente de réunir les différentes obédiences. Au XIXe s, les idées républicaines et laïques trouvent ici un écho favorable. Encore une fois, elles se développent au sein de la franc-maçonnerie. Celle-ci est, dit-on, toujours extrêmement présente dans les classes dirigeantes. Notion de groupe ; volonté de se retrouver autour d'un thème, d'une idée ; désir de discrétion. À Lyon, peut-être plus qu'ailleurs, tous les ingrédients sont réunis.
Et puis il ne faudrait pas oublier que le grand maître du spiritisme, Allan Kardec, Hippolyte-Léon Rivail dans le civil, a vu le jour à Lyon en 1804.
Mentionnons encore Nizier-Anthelme Philippe, Maître Philippe, guérisseur et magnétiseur émérite appartenant à l'ordre martiniste, mort en 1905. Il avait acquis auprès des cours étrangères une renommée que tout bon marabout africain serait en droit de jalouser. Sa tombe est aujourd'hui encore l'une des plus fleuries du cimetière de Loyasse.
Ville secrète, oui. Ce fut longtemps l'image qu'elle donna d'elle. Ville qui aime à se retrouver en microcosmes microscopiques, re-oui. Ville au passé ésotérique puissant ? Certainement plus que bien d'autres. Mais point de sorcières ni de Belzébuth, encore moins de messes noires. En tout cas, nous, on n'a plus reçu de carton d'invitation depuis pas mal d'années.

Ces associations, cercles, confréries qui font régner l'ordre et (parfois) le désordre

En revanche, et c'est là que l'histoire poursuit son chemin, un nombre incroyable d'académies, de sociétés, de cercles, d'associations, de confréries et d'ordres siègent à Lyon. Il y en a pour tout le monde. En voici quelques-uns :
– ***L'ordre du Clou :*** association d'amateurs d'humour lyonnais, de faiseurs de calembours de première, créée en 1950. Chaque nouveau membre doit apporter un clou. Dans le même genre, l'association des Humoristes lyonnais fut créée en 1929.
– ***Le cercle de l'Union :*** fondé en 1781 sous le nom de *cercle de Bellecour.* Quasi guillotiné en 1793, ressuscité depuis, il trie ses membres – notables et dirigeants d'entreprises – sur le volet et n'accepte toujours pas les femmes. Non mais !
– ***Le Prisme :*** club d'industriels huppés (ici, pléonasme). Plus jeune que le précédent, ce qui n'est pas forcément bon signe.
– ***Les Francs-Mâchons :*** association de bons mangeurs. Ils se réunissent une fois par semaine... pour manger.
– ***L'ordre de la Raie :*** encore des gastronomes qui rendent hommage à toutes les formes d'accommodement de ce poisson.
– ***Les Boyaux rouges :*** association vineuse de défense du vin du Beaujolais, créée en réaction (amicale) aux *Ventres jaunes de la Bresse.* Certainement l'occasion de descendre quelques pots.
– ***L'ordre du Mérite de Gnafron :*** défend les bouchons traditionnels. Tous les ans, il décerne un prix.
– ***L'ordre de la Quenelle :*** prend fait et cause pour cette chose sans défense qui subit de véritables abus sans pouvoir rien dire. La quenelle agréée par l'ordre doit contenir au moins 25 % de chair de brochet. On ne rigole pas avec la quenelle.
– ***L'académie du Tablier de sapeur :*** groupement d'individus prenant la défense de cette autre spécialité lyonnaise. Là encore, on est pour.
– ***L'académie du Lapin :*** celle-ci, on l'adore. Imaginez, les membres sont nommés à vie et il n'y en a que sept : les deux pattes avant, les deux pattes arrière, les

deux oreilles et... la queue. Ils se réunissent une fois par mois pour un mémorable moment culinaire qui, s'est-on laissé dire, se termine fort tard.
– ***Les Frères du quatrième :*** amateurs d'opéra qui assistent ensemble aux opéras... du quatrième balcon.
– ***Les Amis de Guignol :*** comme son nom l'indique, ils défendent les textes classiques de Mourguet.
– ***Les Amis des chats et des pigeons des villes :*** les chats OK, mais les pigeons...
– Sans oublier l'***Union des vieux de France,*** les ***Ennemis des fumeurs,*** les ***Bons Templiers,*** les ***Amis de Napoléon...*** et quelques centaines d'autres.

SOYEUX DE LYON

Si la culture du ver à soie remonte à la nuit des temps, elle n'est produite en Europe qu'à partir du VIe s. Un début de marché s'installe, passant par *Serique,* région de l'Inde qui, par déformation, donnera le mot soie. Les Chinois perdent le secret de la fabrication vers le IVe s, date à laquelle Indiens et Perses tissent leur propre soie. Les procédés de fabrication se répandent très vite jusqu'à Constantinople où l'empereur Justinien développe la culture du mûrier. La soie arrive alors en Italie. Les papes, qui adorent, s'en parent. De pied en cap, ils en sont couverts. Ils n'ont pas tort, ce ne sont pas eux qui paient.

LE VOL DU SECRET DE LA SOIE

La soie fut une source de richesse considérable pour la Chine. Au VIe s, l'empereur Justinien décida d'envoyer deux moines espions à Xi'an, berceau de la soierie chinoise. Ils rapportèrent dans leur bâton (creux) de pèlerin le formidable secret : des vers à soie et quelques graines de mûrier. Il faudra attendre 1 000 ans et Henri IV pour que la culture de la soie se développe en France, notamment à Lyon.

L'arrivée en France et l'âge d'or

Il faut attendre le début du XIVe s pour que le pape Clément V, qui en a assez des Italiens, transfère le siège de la papauté en Avignon. Toujours sur son trente et un, il fait des envieux. Ainsi naissent les premières manufactures en France. Mais c'est sous Louis XI que la sériciculture et les manufactures prendront leur véritable essor. À Tours d'abord, puis à Lyon plus tard. François Ier, en 1536, répond favorablement à la demande de Lyon, qui sollicite des privilèges, notamment celui permettant aux Italiens de venir habiter la ville pour travailler la soie. De nombreux ateliers s'organisent.
Sous Henri IV, Sully fait planter près d'un demi-million de pieds de mûriers dans le Sud de la France, mais aussi dans le Lyonnais. On encourage les fabriques. La production continue de croître rapidement sous Louis XIV, mais c'est aussi la qualité des soies de Lyon que l'on remarque. Elles acquièrent une solide réputation internationale. Au début du XVIIe s, Dangon met au point le métier « à la tire ». Les « grands façonnés » font fureur dans toutes les cours. C'est la première heure de gloire.

Le début de la fin... et le renouveau

Révocation de l'édit de Nantes en 1685. L'industrie de la soie périclite brutalement. La main-d'œuvre fiche le camp à l'étranger. Tours et Avignon subissent les mêmes dommages. Le XVIIIe s apportera dans ses bagages un semblant de mieux, mais c'est au début du siècle suivant, à partir de 1804, que le travail de la soie reprend du poil de la bête. Un dénommé Joseph-Marie Jacquard, canut de son état, met au point une mécanique qui utilise la carte perforée comme mémoire du dessin à tisser. Une sorte de petit ordinateur mécanique. La « grande tire » devient inutile.

La production explose. Son système sera repris dans la plupart des pays étrangers. Plusieurs dizaines de milliers de métiers tournent alors dans la région. Lyon reprend vigoureusement la main, et le talent des dessinateurs allié au savoir-faire des ouvriers est partout reconnu.
Napoléon joue à fond le jeu économique en passant de nombreuses commandes d'État, notamment pour les châteaux nationaux. Il redonne vie à la soie lyonnaise en exigeant que tous les murs des palais officiels soient tendus de tissus de Lyon. Il demande à son épouse de porter de la soie lyonnaise pour inciter la Cour, d'esprit éminemment grégaire, à copier l'impératrice. Et la Cour copie. Les cours étrangères prennent rapidement le pli également. Des motifs nouveaux sont sans cesse proposés et les artistes sont plus créatifs que jamais. L'ampleur des nouveaux métiers Jacquard implique la construction d'immeubles aux plafonds très hauts et aux vastes fenêtres accueillant le maximum de lumière. Les pentes de la Croix-Rousse se couvrent rapidement de ces édifices hautains et fonctionnels, où travaillent et habitent les canuts, les ouvriers de la soie. C'est l'âge d'or.

Les canuts se révoltent

En 1830, l'industrie de la soie compte plus de 30 000 membres, dont au moins 20 000 compagnons. Le canut travaille avec sa femme et ses enfants et se fait aider par quelques compagnons. Il possède entre deux et six métiers à tisser. La vie est dure, mais on la gagne sans rechigner. Cependant, aux années fastes succède une période noire. La concurrence étrangère fait chuter les prix et les soyeux – les négociants – paient de plus en plus mal les canuts. Il n'y a pas de « tarif » et le soyeux est maître du jeu. Il fait descendre les prix comme bon lui semble. Des canuts endettés sont jetés en prison.

« CANUT » ? YES, WE CAN !

En fait, on se vanterait si l'on pouvait jurer connaître la provenance de ce nom. La vérité, c'est que l'on n'est certain de rien. Certains affirment que le mot viendrait de la canette, la bobine sur laquelle est enroulé le fil dans la navette d'un métier à tisser.

Plusieurs milliers d'entre eux se réunissent alors pacifiquement le 21 octobre 1831. À cette date s'ouvrent les « journées glorieuses ». Un « tarif » – c'est-à-dire un prix fixe – est déterminé, mais rapidement les négociants refusent de l'appliquer. Fin novembre de la même année, une grève est décidée ; néanmoins les autorités se méfient et la garde nationale bloque la Croix-Rousse. Le quartier est assiégé. La manifestation des canuts est encore pacifique, même si on s'arme de barreaux de chaises et de pierres. Durant 10 jours, la Croix-Rousse sera le théâtre de ce que l'histoire retiendra comme la révolte des canuts.

« Vivre en travaillant ou mourir en combattant »

Le drapeau noir à tête de mort jaillit de la foule. La garde ouvre le feu sans sommation. La guerre civile est déclarée. La première révolte organisée de travailleurs du nouveau monde industriel est enclenchée. Marx la prendra en exemple dans son *Capital*. Le plateau de la Croix-Rousse se transforme en camp retranché et on se réunit dans la maison Brunet, sorte de forteresse, au 5 de la place Rouville. On récupère le plomb des métiers à tisser pour couler des balles dans les dés à coudre. On dépave les rues. On vend cher sa peau sur les barricades, mais la garde a été renforcée et elle attaque. Les canuts ripostent et des soldats solidaires passent aux insurgés. Dans une étrange pagaille, beaucoup de sang coule. En tout, plusieurs centaines de morts parmi les canuts et les soldats. Début décembre, un « tarif » est enfin signé et les canuts rendent les armes. Mais ce tarif ne sera pas affiché, encore moins appliqué, aucun droit du travail ne soutenant ni ne protégeant ces décisions. Les canuts obtiendront malgré tout le titre de

« maîtres tisseurs de soie, d'or et d'argent » qu'il faut opposer aux tisserands, qui, eux, travaillent la laine, le coton, le chanvre et le lin.
Plusieurs révoltes auront encore lieu : en 1834, à la suite d'un procès contre des tisseurs (1 600 arrestations, plus de 150 morts) ; en 1848 encore ; puis enfin en 1885, toujours pour la défense des conditions de travail des canuts et la négociation d'un nouveau « tarif ».

Le XXe siècle

La Première Guerre mondiale remet les pendules économiques à zéro. Au cours du XXe s, les étoffes synthétiques font leur apparition, suivies par les tissus étrangers. La grande période des soyeux appartient désormais à l'histoire. Il ne reste aujourd'hui que quelques ateliers à Lyon, comme les maisons Brochier, Prelle, Tassinari et Chatel. Celles-ci travaillent essentiellement pour des commandes d'État (Versailles, Fontainebleau, le Mobilier national), ainsi que des commandes étrangères. Pour prendre la mesure de cette formidable saga, il faut visiter la Maison des Canuts, sur le plateau de la Croix-Rousse, et le musée des Tissus (lire plus haut « À voir dans chaque quartier. La presqu'île »).

LA VÉRITABLE HISTOIRE DU BEAUJOLAIS

« Lyon, capitale de la cuisine française, est parcourue, en dehors de la Saône et du Rhône, par un troisième fleuve, celui du vin rouge, le beaujolais, qui n'est jamais limoneux, ni à sec. » Une phrase signée Léon Daudet.
Le Beaujolais commence en fait tout au sud de la Bourgogne. Il s'étend sur 21 000 ha, entre le Mâconnais et Lyon. Le Beaujolais a les deux pieds dans le département du Rhône, avec tout de même un gros orteil en Saône-et-Loire.
La zone de production est limitée, à l'ouest, par les monts du Beaujolais, qui séparent la vallée de la Loire et celle de la Saône. Au nord, elle commence en Pays beaujolais à Saint-Amour-Bellevue (le saint-amour est le plus septentrional des 10 crus), pour s'achever au sud de Villefranche-sur-Saône, au niveau de la nationale 7.

L'histoire d'un cépage

Depuis les Romains, le gamay régnait en maître dans toute la région. Philippe le Hardi, duc de Bourgogne, exige en 1395 que la Bourgogne arrache ce vilain cépage. Ce qui sera fait sur les terres lui appartenant, mais le Beaujolais y échappera. En 1620, les échevins de Mâcon renouvellent la demande. Le Beaujolais, ne s'estimant toujours pas concerné, va conserver son gamay. Mais en 1709, la majeure partie du vignoble européen est détruite par le gel. La demande de vin est forte, mais l'offre quasi nulle. Le cépage maudit redevient alors le cépage roi. On plante partout et à toute vitesse du gamay, rien que du gamay, qui, s'il n'a jamais eu les faveurs du vignoble français en général – sauf en Beaujolais précisément –, n'en reste pas moins un cépage très productif, rustique et résistant. On plante pour produire beaucoup et rapidement, afin d'étancher sa soif, pas pour faire du bon. Un avant-goût du « vin de trois » (pour un qui boit, deux qui le tiennent !) célébré par l'auteur bourguignon Henri Vincenot...
De 1750 à 1850, le vin sera donc bien mauvais et l'Europe aura la gueule de bois. La déferlante du phylloxéra provoquera, entre 1860 et 1905, l'arrachage d'une bonne partie du gamay, qui sera partout remplacé par d'autres cépages plus appropriés aux terroirs des secteurs concernés. Sa mauvaise réputation continuera à le suivre. Mais le Beaujolais conserve son cépage, car c'est le seul à pouvoir répondre présent sur ce sol en majorité granitique où rien ne pousse.

Les 12 appellations beaujolaises

Les vins du Beaujolais sont tous produits sous le régime des AOC (appellations d'origine contrôlée), gérées par l'INAO (Institut national des appellations d'origine). Ils doivent satisfaire, dans une aire délimitée de 22 500 ha, à des conditions d'encépagement, de rendement et d'élaboration bien précises. Le beaujolais est à 99 % un vin rouge, qui produit environ un million d'hectolitres répartis en trois grandes familles d'AOC : en bas de l'échelle, une AOC régionale, le beaujolais. Au premier étage, une AOC villages : le beaujolais-villages ; et au sommet, une AOC de cru qui rassemble les 10 crus : brouilly, chénas, chiroubles, côte-de-brouilly, fleurie, juliénas, morgon, moulin-à-vent, régnié et saint-amour.
Douze vins en tout qui occupent chacun un territoire délimité par décret. Les contours des secteurs sont déterminés en fonction de la composition des sols. Pour faire simple, on peut dire que la moitié de tout le vin produit est en appellation beaujolais (c'est le vin le plus commun – 650 000 hl), un quart en beaujolais-villages (350 000 hl) et le dernier quart réparti dans les 10 crus.
Pour ne pas passer pour un ignare, pis, un Parisien, sachez que l'on ne prononce jamais le « s » final d'un cru du Beaujolais. On dit « juliéna » et non « juliénas », « chéna » et non « chénas ». Les viticulteurs repèrent vite ceux qui savent... et les autres...
En moyenne, chaque propriétaire possède ou travaille des parcelles entre 1 et 7 ha, parfois plus. Une constante : la majorité d'entre eux ont des vignes sur au moins trois appellations, une parcelle en beaujolais ou beaujolais-villages et deux ou trois crus. Les mariages entre fils et filles de vignerons ont, au fil du temps, multiplié les terres d'élection. Ça permet également, en cas de coup dur sur une vendange, de se rattraper sur une autre.
La France boit un peu plus de la moitié de la production totale de la région, le reste est exporté.

La belle histoire du beaujolais nouveau

Depuis la nuit des temps, dans toutes les régions viticoles de par le monde, le vin se buvait jeune, c'est-à-dire qu'on ne lui laissait jamais le temps de vieillir. Et pour cause, il ne tenait pas. Vendangé en septembre, mis en bouteille dans le mois, bu promptement et pissé dans la foulée puisque dès avril on buvait du vinaigre. La tradition rurale (peu de villes à l'époque), les efforts physiques liés à la terre, l'absence de cave faisaient que l'on buvait la vendange que l'on venait de faire, tout simplement. Seuls les notables, ecclésiastiques, nobles et seigneurs avaient droit à la cave. Le vigneron, non. Alors, après avoir fait le vin et réglé son propriétaire, il buvait ce qui lui restait.
Boire un vin jeune est donc une habitude ancienne. Ce qui est nouveau, c'est en fait de boire des vins vieux !
En 1760, la métallurgie met au point le cercle métallique qui permettra aux tonneaux d'être protégés de l'air. Cette même époque voit l'apparition d'un verre plus solide et du bouchon de liège qui permet de protéger le vin. Ainsi

ÉVASION DANS LE BEAUJOLAIS

Durant la Seconde Guerre mondiale, certains Parisiens juifs ont eu pu échapper à la zone d'occupation. Nombre d'entre eux filent à Lyon. Angoisse, saleté et pauvreté les attendent. On passe ses journées au café, on boit pour tuer le temps et on découvre le beaujolais. Même s'il n'est pas toujours bien fait, sa chaleur va droit au cœur. La guerre achevée, ces moments passés au café tiennent une bonne place dans les souvenirs, le beaujolais aussi. Ainsi, on commence à demander ce vin méconnu. Le succès arriva vite.

le vin nouveau se découvre-t-il une capacité technique à vieillir. Mais il faudra attendre le XXe s pour que le beaujolais nouveau croise le chemin de la gloire.
Le décret du 9 novembre 1951 sur les « primeurs » autorise de sortir les vins le 15 novembre et non plus le 15 décembre, date de sortie de toutes les autres AOC. Le terme de « nouveau » fleurit véritablement pour la première fois sur les bouches. La création de la « Coupe du meilleur pot », qui depuis 1954 récompense un bistrot à vins, favorise la notoriété du vin nouveau. Celle-ci entraîne les producteurs de primeurs à faire un effort régulier pour améliorer la qualité.

« Fallet » que ça arrive un jour !

C'est le titre d'un bouquin de René Fallet, écrit en 1968 et qui deviendra plus tard le slogan magique et mythique d'une soirée de folie : « Le beaujolais nouveau est arrivé. » D'abord circonscrit à la région, à Lyon et à quelques relais parisiens, le voilà qui conquiert doucement la France dans les années 1960, l'Europe dans les années 1970, les États-Unis et le Canada dans la foulée, puis le Brésil, le Sud-Est asiatique et l'Australie, et enfin la muraille de Chine à la fin des années 1990.
Le 3e jeudi de novembre, on accroche aux devantures des magasins un large bandeau. Transgression des barrières sociales : bistrots de quartier, troquets borgnes, mais aussi cafés et restaurants des beaux quartiers annoncent ensemble la bonne nouvelle. En quelques jours, un tiers du beaujolais et des beaujolais-villages (seules appellations pouvant être vendues en primeur) est commercialisé, soit à peu près 17 millions de bouteilles, ce qui correspond à environ un tiers de la production totale de la région (300 000 à 400 000 hl selon les années). Évidemment, ces chiffres varient avec le temps et ils sont nettement à la baisse quand la météo est capricieuse comme en été 2008. Du coup, la récolte du beaujolais a nettement diminué. Environ 40 % de la production est exportée, majoritairement en Asie.
Quelques infos pour tuer les idées reçues :
– le beaujolais nouveau est obligatoirement et uniquement issu des appellations beaujolais et beaujolais-villages. Ainsi, on ne trouvera jamais de chiroubles, de chénas ou de juliénas nouveau ;
– la notoriété énorme du beaujolais nouveau provoque parfois des erreurs d'interprétation importantes. Les mots « beaujolais » et « beaujolais-villages » inscrits sur les bouteilles n'impliquent en rien le côté « nouveau ». Seuls les vins vinifiés en primeur ont le droit de porter cet adjectif et d'être mis sur le marché à partir du 3e jeudi de novembre. Le reste de la production ne diffère en rien de celle des autres régions viticoles.
AVERTISSEMENT : lorsque l'on déguste, il n'est pas impoli de recracher le vin. Les viticulteurs ont toujours un récipient conçu à cet effet. On vous rappelle aussi que l'alcool est à consommer avec modération, surtout si vous reprenez la route ensuite. Et puis, rien ne vous empêche de faire une petite sieste dans l'herbe au bord du vignoble. Enfin, les alcootests individuels sont des instruments bien pratiques. Pensez-y !

les ROUTARDS sur la FRANCE 2017-2018

(dates de parution sur • *routard.com* •)

Découpage de la FRANCE par le ROUTARD

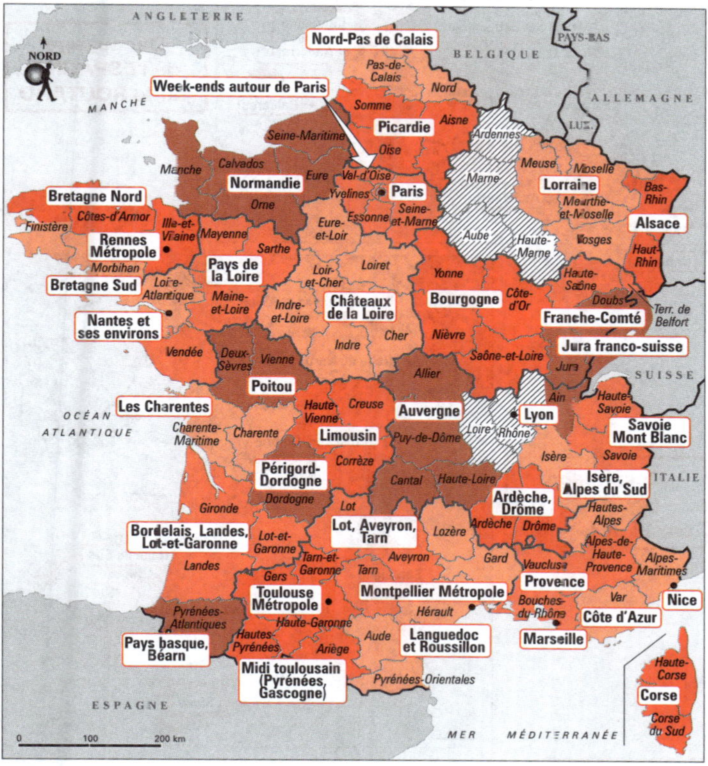

Autres guides nationaux

- Hébergements insolites en France (mars 2017)
- La Loire à Vélo
- La Vélodyssée (Roscoff-Hendaye)
- Nos meilleurs campings en France
- Nos meilleures chambres d'hôtes en France
- Nos meilleurs restos en France
- Les visites d'entreprises

Autres guides sur Paris

- Paris
- Paris balades
- Restos et bistrots de Paris
- Le Routard des amoureux à Paris
- Week-ends autour de Paris

les ROUTARDS sur l'ÉTRANGER 2017-2018

(dates de parution sur • *routard.com* •)

Découpage de l'ESPAGNE par le ROUTARD

Découpage de l'ITALIE par le ROUTARD

Autres pays européens

- Allemagne
- Angleterre, Pays de Galles
- Autriche
- Belgique
- Budapest, Hongrie
- Capitales baltes (avril 2017)
- Crète
- Croatie
- Danemark, Suède
- Écosse
- Finlande
- Grèce continentale
- Îles grecques et Athènes
- Irlande
- Islande
- Madère
- Malte
- Norvège
- Pologne
- Portugal
- République tchèque, Slovaquie
- Roumanie, Bulgarie
- Suisse

Villes européennes

- Amsterdam et ses environs
- Berlin
- Bruxelles
- Copenhague
- Dublin
- Lisbonne
- Londres
- Moscou
- Prague
- Saint-Pétersbourg
- Stockholm
- Vienne

les ROUTARDS sur l'ÉTRANGER 2017-2018

(dates de parution sur • *routard.com* •)

Découpage des ÉTATS-UNIS par le ROUTARD

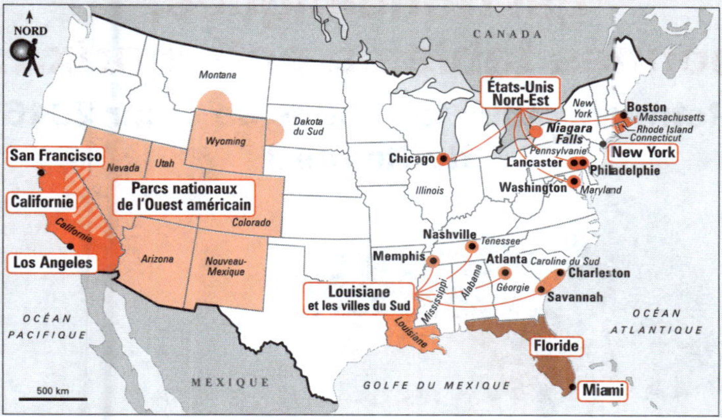

Autres pays d'Amérique

- Argentine
- Brésil
- Canada Ouest
- Chili et île de Pâques
- Costa Rica (novembre 2016)
- Équateur et les îles Galápagos
- Guatemala, Yucatán et Chiapas
- Mexique
- Montréal
- Pérou, Bolivie
- Québec, Ontario et Provinces maritimes

Asie et Océanie

- Australie côte est + Red Centre
- Bali, Lombok
- Bangkok
- Birmanie (Myanmar)
- Cambodge, Laos
- Chine
- Hong-Kong, Macao, Canton
- Inde du Nord
- Inde du Sud
- Israël et Palestine
- Istanbul
- Jordanie
- Malaisie, Singapour
- Népal
- Shanghai
- Sri Lanka (Ceylan)
- Thaïlande
- Tokyo, Kyoto et environs
- Turquie
- Vietnam

Afrique

- Afrique du Sud
- Égypte
- Kenya, Tanzanie et Zanzibar
- Maroc
- Marrakech
- Sénégal
- Tunisie

Îles Caraïbes et océan Indien

- Cuba
- Guadeloupe, Saint-Martin, Saint-Barth
- Île Maurice, Rodrigues
- Madagascar
- Martinique
- République dominicaine (Saint-Domingue)
- Réunion

Guides de conversation

- Allemand
- Anglais
- Arabe du Maghreb
- Arabe du Proche-Orient
- Chinois
- Croate
- Espagnol
- Grec
- Italien
- Japonais
- Portugais
- Russe
- G'palémo (conversation par l'image)

Les Routards Express

Amsterdam, Barcelone, Berlin, Bruxelles, Budapest, Dublin, Florence, Istanbul, Lisbonne, Londres, Madrid, Marrakech, New York, Prague, Rome, Venise.

Nos coups de cœur

- Les 50 voyages à faire dans sa vie (octobre 2016)
- Nos 52 week-ends dans les plus belles villes d'Europe
- France - Monde

PARCOUREZ
LA VÉLODYSSÉE
Avec le Routard
La Vélodyssée
L'Atlantique à vélo, de Roscoff à Hendaye
Le Routard
routard.com
16€
UN GUIDE ILLUSTRÉ
TOUT EN COULEURS
POUR PARCOURIR
LA CÔTE ATLANTIQUE
À VÉLO
1200 Km
de voies cyclables
54
étapes
12
itinéraires
ET TOUS LES BONS PLANS DU ROUTARD

Les plus belles chambres d'hôtes sont dans Le Routard
Nos meilleures chambres d'hôtes en France
+ de 950 adresses à moins de 70 € !
Le Routard
2016
hachette
routard.com
©alle12
Dont 950 adresses à moins de 70 € petit déjeuner compris
et plus de 300 adresses avec piscine

PETITS TRUCS ET ASTUCES POUR ÉVITER LES ARNAQUES !

Un routard informé en vaut deux ! Pour éviter les arnaques en tous genres, il est bon de les connaître. Voici un petit vade-mecum destiné à parer aux coûts et aux coups de bambous. À commencer par **l'affichage des prix** : dans les hôtels comme dans les restos, il est **obligatoire** et doit être situé à l'extérieur de l'établissement, de manière visible. Vous ne pouvez donc contester des prix exorbitants que s'ils ne sont pas clairement affichés.

À L'HÔTEL

1 - Arrhes ou acompte ? : au moment de réserver votre chambre par téléphone – par précaution, toujours confirmer par écrit (ou mail) – il n'est pas rare que l'hôtelier vous demande de verser à l'avance une certaine somme, celle-ci faisant office de garantie. Il est d'usage de parler d'arrhes et non d'acompte (en fait, la loi dispose que « sauf stipulation contraire du contrat, les sommes versées d'avance sont des arrhes »). Légalement, aucune règle n'en précise le montant. Toutefois, ne versez que des arrhes raisonnables : 25 à 30 % du prix total, sachant qu'il s'agit d'un engagement définitif sur la réservation de la chambre. Cette somme ne pourra donc pas être remboursée en cas d'annulation de la réservation, sauf cas de force majeure qu'il vous faudra justifier (maladie ou accident) ou en accord avec l'hôtelier si l'annulation est faite dans des délais jugés raisonnables. Si, au contraire, l'annulation est le fait de l'hôtelier, il doit vous rembourser le double des arrhes versées. À l'inverse, l'acompte engage définitivement client et hôtelier.

2 - Subordination de vente : comme les restaurateurs, les hôteliers ont interdiction de pratiquer la subordination de vente. C'est-à-dire qu'ils ne peuvent pas vous obliger à réserver plusieurs nuits d'hôtel si vous n'en souhaitez qu'une. Dans le même ordre d'idées, on ne peut vous obliger à prendre votre petit déjeuner ou vos repas dans l'hôtel ; ce principe, illégal, est néanmoins répandu dans la profession, toléré en pratique, surtout en haute saison... notamment dans les zones touristiques, où la demande est bien plus importante que l'offre ! Bien se renseigner.

« QUI DORT DÎNE ! »

Cet adage, venu du Moyen Âge, signifie que les hôteliers imposaient le couvert aux clients qui prenaient une chambre. Déjà de la vente forcée !

3 - Les réservations en ligne : elles se sont généralisées. Par l'intermédiaire de sites commerciaux ou en direct sur les sites des hôtels, elles sont simples et rapides. Mais voilà, les promesses ne sont pas toujours tenues et l'on constate parfois des dérives, notamment via les centrales de résa telles que promos bidons, descriptifs exagérés, avis d'internautes truqués... Des hôteliers s'estiment étranglés par les commissions abusives. N'hésitez pas à contacter l'hôtel sur son site pour vous faire préciser le type de chambre que l'on vous a réservé (sur rue, sur jardin ?).

4 - Responsabilité en cas de vol : un hôtelier ne peut en aucun cas dégager sa responsabilité pour des objets qui auraient été volés dans la chambre d'un de ses clients, même si ces objets n'ont pas été mis au coffre. En d'autres termes, les éventuels panonceaux dégageant la responsabilité de l'hôtelier n'ont aucun fondement juridique.

5 - En cas d'annulation : si vous avez réservé une chambre (sans avoir rien versé) et que vous avez un empêchement, passez un coup de téléphone pour annuler, c'est la moindre des politesses. Trop peu de gens le font, ce qui rend les hôteliers méfiants.

AU RESTO

1 - Menus : très souvent, les premiers menus (les moins chers) ne sont servis qu'en semaine ou que le midi, et avant certaines heures (12h30 et 20h30 généralement). C'est parfaitement légal, à condition que ce soit clairement indiqué sur le panneau extérieur : à vous d'être vigilant et d'arriver dans les bons créneaux horaires ! Il peut arriver que ce soit écrit en tout petit. Par ailleurs, bien vérifier que le « menu d'appel », le moins cher donc, est toujours présent dans la carte qu'on vous donne une fois installé. Il arrive qu'il disparaisse comme par enchantement. N'hésitez pas à le réclamer si vous êtes entré pour ce menu précis.

2 - Le « fait maison » : cette grande « tendance culinaire » de ces dernières années s'oppose aux plats sous-vide ou congelés achetés par les restaurateurs, réchauffés sur place et « agrémentés » d'une petite touche personnelle pour noyer le poisson (ou la souris d'agneau). Depuis 2013, le label « fait maison » permet de vérifier si les plats sont réellement préparés ou non sur place.

3 - Commande insuffisante : il arrive que certains restos refusent de servir une commande jugée insuffisante. Sachez, toutefois, qu'il est illégal de pousser le client à la consommation. Mais l'on peut également comprendre que commander un seul plat pour 3 personnes peut agacer un tantinet le restaurateur. Tout est une question de juste équilibre.

4 - Eau : une banale carafe d'eau du robinet est gratuite – à condition qu'elle accompagne un repas – sauf si son prix est affiché. On ne peut pas vous la refuser, sauf si elle est jugée impropre à la consommation par décret. La bouteille d'eau minérale quant à elle doit, comme le vin, être ouverte devant vous. L'arnaque dans certains restos « pousse-conso » consiste à proposer d'emblée une eau minérale et de la facturer 7 €, voire plus… À la question du serveur : « …et pour l'eau, Badoit ou Vittel ? » vous êtes en droit de répondre « une carafe ! ».

5 - Vins : les cartes des vins ne sont pas toujours très claires. Exemple : vous commandez un bourgogne à 16 € la bouteille. On vous la facture 32 €. En vérifiant sur la carte, vous découvrez que 16 € correspondent au prix d'une demi-bouteille. Mais c'était écrit en petits caractères illisibles. Attention au prix parfois exorbitant des vins au verre. Abus bien courant, l'année de référence n'est plus disponible : on vous sert un millésime plus récent mais au même tarif ! Vous devez obligatoirement en être informé avant le débouchage de la bouteille.

6 - Couvert enfant : le restaurateur peut tout à fait compter un couvert par enfant, même s'il ne consomme pas, à condition que ce soit spécifié sur la carte. Parfois il est libellé « Enfant ne mangeant pas », tant d'euros ! Cela dit, ce n'est quand même pas courant et ça donne une petite idée de la générosité du restaurateur !

7 - Sous-marin : après le coup de bambou et le coup de fusil, celui du sous-marin. Le procédé consiste à rendre la monnaie en plaçant dans la soucoupe (de bas en haut) : les pièces, l'addition puis les billets. Si l'on est pressé, on récupère les billets en oubliant les pièces cachées sous l'addition. Malin !

N'oublions pas que l'hôtellerie et la restauration sont des métiers de service, qui ne souffrent ni l'approximation, ni les (mauvais) écarts. Nous supprimons de nos guides tous les établissements qui abusent. Mais la réciproque est aussi valable : tout est question de respect mutuel.

Bonne route !

INDEX GÉNÉRAL

A

B

C

D-E

F-G

H-I

J-K

L

M

N-O

P

R

S

T-U

V-Y

RESTAURANTS OUVERTS LE DIMANCHE

LISTE DES CARTES ET PLANS

Nous tenons à remercier tout particulièrement Loup-Maëlle Besançon, Thierry Bessou, Gérard Bouchu, François Chauvin, Grégory Dalex, Fabrice Doumergue, Cédric Fischer, Carole Fouque, Michelle Georget, David Giason, Claude Hervé-Bazin, Emmanuel Juste, Dimitri Lefèvre, Fabrice de Lestang, Romain Meynier, Éric Milet, Pierre Mitrano, Jean-Sébastien Petitdemange et Thomas Rivallain pour leur collaboration régulière.

Emmanuelle Bauquis
Jean-Jacques Bordier-Chêne
Michèle Boucher
Sophie Cachard
Lucie Colombo
Agnès Debiage
Émilie Debur
Jérôme Denoix
Flora Descamps
Louise Desmoulins
Tovi et Ahmet Diler
Clélie Dudon
Sophie Duval
Alain Fisch
Romain Fossurier
Bérénice Glanger
Adrien et Clément Gloaguen
Marie Gustot
Bernard Hilaire
Sébastien Jauffret
Jacques Lemoine
Amélie Mikaelian
Caroline Ollion
Martine Partrat
Odile Paugam et Didier Jehanno
Émilie Pujol
Prakit Saiporn
Jean-Luc et Antigone Schilling
Caroline Vallano

Direction : Nathalie Bloch-Pujo
Contrôle de gestion : Jérôme Boulingre et Adeline Cazabat Barrere
Secrétariat : Catherine Maîtrepierre
Direction éditoriale : Catherine Julhe
Édition : Matthieu Devaux, Géraldine Péron, Olga Krokhina, Gia-Quy Tran, Julie Dupré, Emmanuelle Michon, Sarah Favaron, Flora Sallot, Elvire Tandjaoui, Quentin Tenneson, Clémence Toublanc et Sandra Vavdin
Préparation-lecture : Aurélie Joiris-Blanchard
Cartographie : Frédéric Clémençon et Aurélie Huot
Fabrication : Nathalie Lautout et Audrey Detournay
Relations presse France : COM'PROD, Fred Papet. ☎ 01-70-69-04-69. • *info@comprod.fr* •
Illustration : Anne-Sophie de Précourt
Direction marketing : Adrien de Bizemont, Clémence de Boisfleury et Charlotte Brou
Contacts partenariats : André Magniez (EMD). • *andremagniez@gmail.com* •
Édition des partenariats : Élise Ernest
Informatique éditoriale : Lionel Barth
Couverture : Clément Gloaguen et Seenk
Maquette intérieure : le-bureau-des-affaires-graphiques.com, Thibault Reumaux et npeg.fr
Relations presse : Martine Levens (Belgique) et Maureen Browne (Suisse)
Régie publicitaire : Florence Brunel-Jars

Remarque importante aux hôteliers et restaurateurs

Les enquêteurs du *Routard* travaillent dans le plus strict anonymat. Aucune réduction, aucun avantage quelconque, aucune rétribution n'est jamais demandé en contrepartie. Face aux aigrefins, la loi autorise les hôteliers et restaurateurs à porter plainte.

Avis aux lecteurs

Le Routard, ce n'est pas comme le bon vin, il vieillit mal. On ne veut pas pousser à la consommation, mais évitez de partir avec une édition ancienne. Les modifications sont souvent importantes.

Les réductions accordées à nos lecteurs ne sont jamais demandées par nos rédacteurs afin de préserver leur indépendance. Les hôteliers et restaurateurs sont sollicités par une société de mailing, totalement indépendante de la rédaction, qui reste donc libre de ses choix. De même pour les autocollants et plaques émaillées.

Avec routard.com, choisissez, organisez, réservez et partagez vos voyages !

✓ Rejoignez la plus grande communauté francophone de voyageurs : plus de **2 millions** de visiteurs !

✓ Échangez avec les routarnautes : forums, photos, avis d'hôtels.

✓ Retrouvez aussi toutes les informations actualisées pour choisir et préparer vos voyages : plus de 200 fiches pays, une centaine de dossiers pratiques et un magazine en ligne pour découvrir tous les secrets de votre destination.

✓ Enfin, comparez les offres pour organiser et réserver votre voyage au meilleur prix.

Les **Routards** *parlent aux* **Routards**

Faites-nous part de vos expériences, de vos découvertes, de vos tuyaux. Indiquez-nous les renseignements périmés. Aidez-nous à remettre l'ouvrage à jour. Faites profiter les autres de vos adresses nouvelles, combines géniales... On adresse un exemplaire gratuit de la prochaine édition à ceux qui nous envoient les lettres les meilleures, pour la qualité et la pertinence des informations. Quelques conseils cependant :

– Envoyez-nous votre courrier le plus tôt possible afin que l'on puisse insérer vos tuyaux sur la prochaine édition.

– N'oubliez pas de préciser l'ouvrage que vous désirez recevoir, ainsi que votre adresse postale.

– Vérifiez que vos remarques concernent l'édition en cours et notez les pages du guide concernées par vos observations.

– Quand vous indiquez des hôtels ou des restaurants, pensez à signaler leur adresse précise et, pour les grandes villes, les moyens de transport pour y aller. Si vous le pouvez, joignez la carte de visite de l'hôtel ou du resto décrit.

– N'écrivez si possible que d'un côté de la lettre (et non recto verso).

– Bien sûr, on s'arrache moins les yeux sur les lettres dactylographiées ou correctement écrites !

En tout état de cause, merci pour vos nombreuses lettres.

122, rue du Moulin-des-Prés, 75013 Paris

• *guide@routard.com* • *routard.com* •

Routard Assurance *2017*

Née du partenariat entre *AVI International* et le *Routard*, *Routard Assurance* est une assurance voyage complète qui offre toutes les prestations d'assistance indispensables à l'étranger : dépenses médicales, pharmacie, frais d'hôpital, rapatriement médical, caution et défense pénale, responsabilité civile vie privée et bagages. Présent dans le monde entier, le plateau d'assistance d'*AVI International* donne accès à un vaste réseau de médecins et d'hôpitaux. Pas besoin d'avancer les frais d'hospitalisation ou de rapatriement. Numéro d'appel gratuit, disponible 24h/24. *AVI International* dispose par ailleurs d'une filiale aux États-Unis qui permet d'intervenir plus rapidement auprès des hôpitaux locaux. À noter, *Routard Assurance Famille* couvre jusqu'à 7 personnes, et *Routard Assurance Longue Durée Marco Polo* couvre les voyages de plus de 2 mois dans le monde entier. *AVI International* est une équipe d'experts qui répondra à toutes vos questions par téléphone : ☎ 01-44-63-51-00 ou par mail • *routard@avi-international.com* • Conditions et souscription sur • *avi-international.com* •

Édité par Hachette Livre (58, rue Jean-Bleuzen, CS 70007, 92178 Vanves Cedex, France)
Photocomposé par Jouve (45770 Saran, France)
Imprimé par Jouve 2 (Quai n° 2, 733, rue Saint-Léonard, BP 3, 53101 Mayenne Cedex, France)
Achevé d'imprimer le 19 août 2016
Collection n° 15 - Édition n° 01
75/3224/1
I.S.B.N. 978-2-01-323693-5
Dépôt légal : août 2016

PAPIER À BASE DE FIBRES CERTIFIÉES